王朝拐点系列

秦末汉初大变局

姜越◎编著

辽宁人民出版社

© 姜越 2017

图书在版编目（CIP）数据

秦末汉初大变局 / 姜越编著. —沈阳：辽宁人民
出版社，2018.1

（"王朝拐点"系列）

ISBN 978-7-205-09195-8

Ⅰ.①秦… Ⅱ.①姜… Ⅲ.①中国历史—秦汉时代—
通俗读物 Ⅳ.①K232.09

中国版本图书馆CIP数据核字（2017）第296231号

出版发行：辽宁人民出版社

地址：沈阳市和平区十一纬路25号　邮编：110003

电话：024-23284321（邮　购）　024-23284324（发行部）

传真：024-23284191（发行部）　024-23284304（办公室）

http://www.lnpph.com.cn

印　　　刷：三河市航远印刷有限公司

幅面尺寸：170mm×240mm

印　　　张：15.25

字　　　数：220千字

出版时间：2018年1月第1版

印刷时间：2018年1月第1次印刷

责任编辑：常　策

封面设计：侯　泰

版式设计：姚　雪

责任校对：解炎武

书　　　号：ISBN 978-7-205-09195-8

定　　　价：43.80元

前　言

　　"是非成败转头空，青山依旧在，几度夕阳红。"历史的车轮不断滚滚向前，是非成败如今都成了历史的记忆而已。然而，我们常常又把历史翻过来重读与思考，因为历史是一面镜子。以古鉴今，可以明得失。一位先哲说：有的人死了，他还活着；有的人活着，他已经死了。其实，不管是被钉在历史耻辱柱上也罢，被万世敬仰也罢，我们都不能盖棺而定。因为历史总是有许多无奈，同时又不能假设。正如武则天为自己立"无字碑"，千秋功罪都留与后人评说。

　　秦末汉初是大秦帝国走向衰亡，英雄豪杰并起的时期。

　　秦始皇完成兼并六国的使命，中国正式进入大一统的中央集权时代。秦始皇在历史上最突出的贡献：一是统一中国；二是确立了国家的基本模式。秦始皇建立秦朝之初，曾经期望他的大秦帝国可以传承千秋万代，为了加强统治，制定了一系列巩固统治与加强中央集权的措施。但是他"焚书坑儒"给中华文化带来了严重的浩劫，他修筑长城、修建始皇陵、修建阿房宫给人们带来了沉重的徭役与负担。就是这样一个集大功大过于一身的一代帝王，求仙问道，欲求长生，不惜重金，最后也难逃生老病死，死后竟然身同鱼臭，下场令人深思。

　　秦始皇死于沙丘时，本想传位给长子扶苏，结果被奸臣篡改了诏书，拥立他的第十八子胡亥。胡亥昏庸无能，听信谗言，杀兄弟、屠忠良，竟然还闹了一出"指鹿为马"的千古笑谈。

　　秦始皇行暴政，其子胡亥较其父竟然有过之而无不及。终于引发

了农民起义。首先发难的是陈胜、吴广。此次起义是中国历史上第一次大规模农民起义。陈胜在大泽乡起义后，应者云集。接着，陈胜定都陈县，确立了反秦中心。然而，陈胜错析时局，加上小农阶级思想的局限性，导致内部分裂，兵败身亡。这次起义虽然失败了，却沉重地打击了秦王朝，开辟了中国古代农民反抗封建统治的道路。

大泽乡起义不久，项家叔侄在会稽郡斩杀郡守后举兵反秦。巨鹿之战后，率军入关中，以灭暴秦，威震海内。是时，丈量天下，册封十八路诸侯。司马迁评价道："大政皆由羽出，号称西楚霸王，权同皇帝。位虽不终，近古以来未尝有也。"他的出现，为中国的历史掀起了一场风云，谱写下了一段不朽的神话。

在大泽乡起义的推动下，义军不断攻城略地，建立政权，使秦王朝的统治日益瓦解。在这种情况下，沛县的刘邦也起兵抗秦，一步步从市井小民一跃成为同霸王项羽相抗衡的重要人物！

刘邦与项羽成了彼此抗衡的力量后，接着就是著名的"楚汉争霸"。刘邦虽出身市井，但是他大丈夫能屈能伸，善于用人。而项羽出身贵族，刚愎自用，不善用人，保留着贵族的习气，这也是项羽失败的重要原因。最后，项羽兵败自刎。

自古太平将军定，不许将军见太平。刘邦在长安称帝，乾坤已定，沿袭了秦朝的制度。然而，"功高震主，尾大不掉"的古训却使刘邦坐在皇帝宝座上也不踏实。为了稳定江山，刘邦诛韩信、残杀彭越。萧何怕惹来杀身之祸，自污名声才保全性命。这些事情都不禁令人慨叹：飞鸟尽，良弓藏，狐兔死，猎狗烹！

历史已经离我们远去，然而，奸臣贼子也罢，忠臣良将也罢；英明圣主也罢，昏庸残暴也罢……他们都已经作古，我们再次重读历史，主要因为"前车之鉴，后世之师"！

本书将秦末汉初所发生的那些重大事件都做了详细的描述，包括史学家的评论及重要的文献论证。本书语言通俗易懂、故事生动有趣，将历史如电影画面般重现在读者面前。以史为鉴，可以明得失，希望你能从本书中受益。

第一章 始皇行暴政，千秋梦难圆

秦始皇是中国历史上叱咤风云的帝王。建国之初，他曾经梦想自己的大秦帝国将能传承千秋万代。坐稳江山后，他又制定了一系列巩固政权及加强中央集权的措施，为中国成为一个文明古国创下了不朽的业绩。然而，他"焚书坑儒"禁锢思想，给中国的文化带来了严重的浩劫与灾难；他求仙问道，欲求长生，不惜民力财力又是那样的荒唐可笑；他横征暴敛、修筑长城、修建陵墓、修建阿房宫，使人民处于水深火热之中，最后死于沙丘，身同鱼臭。

嬴政的万代皇帝梦 …………………………………… 003

刀枪入库，马放南山 ………………………………… 006

焚书坑儒，禁锢思想 ………………………………… 018

求仙问道，欲求长生 ………………………………… 023

万旦长城与孟姜女 …………………………………… 025

阿房阿房，亡始皇 …………………………………… 032

病死沙丘，身同鱼臭 ………………………………… 038

第二章 昏君僭位，奸佞当朝

秦二世胡亥是秦始皇的第十八子，是一个毫无政治才能、鲁莽顽皮的公子哥。而他的大哥，秦始皇的长子——公子扶苏，却与胡亥截然不同。扶苏爱民如子、谦逊待人、勇猛善战，但是，秦始皇病死沙丘时，赵高与李斯竟然扣下秦始皇传位给扶苏的诏书，把诏书篡改成让胡亥继承皇位。胡亥即位后，残暴昏庸、杀兄弟、屠忠良。胡亥听信赵高谗言，竟制造了历史闹剧——指鹿为马。当胡亥醒悟后，面临着身死国破的结局。

扶苏、胡亥其人其事 ·············· 049

赵高的崛起 ·············· 052

矫诏篡位 ·············· 056

杀兄弟，屠忠良 ·············· 060

李斯之死 ·············· 064

指鹿为马，欺君罔上 ·············· 069

第三章 揭竿而起，应者云集

秦始皇在位期间，不顾百姓死活，穷奢极欲，滥用民力，大兴土木。秦二世篡权夺位后，较其父有过之而无不及，人民怨声载道，最终爆发了农民起义。公元前209年，陈胜、吴广率先在大泽乡发动起义，他们势如破竹、连战连捷，很快定都陈县，确立了反秦的中心。接着，起义烽火呈燎原之势，应者云集。然而，由于缺乏作战经验及战略失误，攻秦受挫后，又出现了叛徒与内部分裂，最终兵败身亡。

大泽乡起义 ·············· 075

定都陈县 ·············· 079

西进攻秦 ·············· 084

叛徒与内部分裂 ·············· 090

兵败身亡 ·············· 095

第四章　项家叔侄，勇冠天下

项梁和项羽是楚国的贵族，两人是叔侄关系。他们出身高贵，再兼人脉较广，因此吴中百姓对他们颇为敬仰。大泽乡起义爆发后，项梁也顺势以复国为名发动起义，实力日渐强大起来。陈胜死后，项梁便将所有义军联合起来抗秦，沉重地打击了秦王朝的统治。项梁后来轻敌被秦将章邯所杀。项羽以讨伐暴秦与为叔父报仇为重大使命，在巨鹿打败秦军，并且最终收服秦军大将章邯。

项梁、项羽其人其事 …………………………………………… 105

项梁起兵 …………………………………………………………… 106

项梁的成败 ………………………………………………………… 110

巨鹿之战定乾坤 …………………………………………………… 119

第五章　斩蛇起义，刘邦崛起

在大泽乡起义的推动下，农民起义的烽火很快烧遍了秦王朝的各个地方。义军不断攻城拔寨，建立政权，使秦王朝的统治日益瓦解。在这种情况下，沛县的刘邦也起兵抗秦。俗话说：英雄莫问出处。刘邦本是一个农民，但是他为人豪爽，广结人缘，他所结交的人物就包括萧何。正是因为他结识的一些重要人物，加上他本人具备的王者风范，最后才使他一步步从市井小民成为同霸王项羽彼此抗衡的重要人物！

英雄莫问出处 ……………………………………………………… 133

刘邦斩蛇，沛县起义 ……………………………………………… 137

刘邦借兵，知己难逢 ……………………………………………… 141

刘邦西进，巧取武关 ……………………………………………… 147

关中留美名，鸿门巧逃脱 ………………………………………… 153

第六章 楚汉争霸，斗智斗勇

鸿门宴之后，反秦斗争宣告结束，但刘邦、项羽之间的楚汉之争却正式开始。因实力悬殊，刘邦被迫放弃在关中称王的机会，接受项羽分配之地。刘邦离开咸阳后，去巴蜀和汉中地区，心中非常窝火，于是在谋臣们的建议下，同项羽展开了一场斗智斗勇的战争：明修栈道，暗度陈仓；步步为营，借刀杀人；离间君臣，声东击西……

明修栈道，暗度陈仓 ………………………………………… 163

步步为营，借刀杀人 ………………………………………… 170

霸王以少胜多，英布降汉 …………………………………… 174

离间君臣，声东击西 ………………………………………… 181

围魏救赵，郦生被烹 ………………………………………… 188

鸿沟分界，定大局 …………………………………………… 195

第七章 乾坤既定，兔死狗烹

四年的楚汉战争，以楚霸王自刎乌江宣告结束，最终，刘邦统一天下，登上了帝位，并且沿袭了秦朝的制度。然而，他做了皇帝，却无时无刻不担心自己的皇位受到威胁，首先让他如鲠在喉的就是各地的异姓王。于是接下来就上演了一幕幕兔死狗烹、鸟尽弓藏的"好戏"：诛杀韩信，彭越冤死，萧何自污其名才得以保全性命。

刘邦称帝，汉承秦制 ………………………………………… 207

封王封臣，制定朝仪 ………………………………………… 212

白登之围，和亲匈奴 ………………………………………… 218

韩信遭诛，彭越冤死 ………………………………………… 221

英布谋反，萧何污名 ………………………………………… 225

第一章

始皇行暴政，千秋梦难圆

秦始皇是中国历史上叱咤风云的帝王。建国之初，他曾经梦想自己的大秦帝国将能传承千秋万代。坐稳江山后，他又制定了一系列巩固政权及加强中央集权的措施，为中国成为一个文明古国创下了不朽的业绩。然而，他"焚书坑儒"禁锢思想，给中国的文化带来了严重的浩劫与灾难；他求仙问道，欲求长生，不惜民力财力又是那样的荒唐可笑；他横征暴敛、修筑长城、修建陵墓、修建阿房宫，使人民处于水深火热之中，最后死于沙丘，身同鱼臭。

赢政的万代皇帝梦

万代皇帝梦的规划

　　秦始皇（前259—前210），嬴姓，赵氏，名政，秦庄襄王之子，13岁即王位，39岁称帝。战国末年，秦国实力最强，已具备统一东方六国的条件。秦王嬴政初即位时，国政为相国吕不韦所把持。公元前238年，他亲理国事，平定嫪毐之乱，免除吕不韦的相位，收回权力，并任用尉缭、李斯等人。自公元前230年至公元前221年，先后灭韩、魏、楚、燕、赵、齐六国，终于建立了中国历史上第一个统一的、多民族的、专制主义中央集权制国家——秦朝。

　　一统华夏后，秦始皇让丞相、御史大夫发布命令，说明他扫荡六国、统一天下的理由，其实是为秦国武力征服天下进行一个总结，让天下人相信，秦国发动那场持续十年之久的战争，是迫不得已，责任在六国，而不在秦国。其内容大致如下：

　　韩国，韩王本来已经纳地献玺，请为藩臣，却与赵国、魏国合纵叛秦，所以兴兵讨伐之。

　　赵国，赵王派丞相李牧来与秦国结盟，于是秦国归还赵国人质，但赵国转过身来就撕毁盟约，反攻太原郡，不得不兴兵诛灭之。赵公子嘉不奉秦命，自立为代王，也举兵消灭之。

　　魏国，魏王也答应臣服秦国，竟悄悄与韩国、赵国谋划，企图偷袭秦国，所以兴兵破大梁。

楚国，楚王本来已经献地入秦，转而背叛盟约，出兵攻我南郡，所以也发兵征讨之，攻灭其国。

燕国，燕王昏乱，竟敢让太子丹派荆轲来刺秦王，也兴兵诛灭之。

齐国，齐王采纳后胜的计谋，与秦国绝交，意图作乱，不能不兴兵消灭之，收平其地。

这道命令还有一个内容，秦始皇认为自己的功劳无人能及，觉得"秦王"的称号不足以表明自己的盖世伟业，所以决定重新宣示尊号。秦始皇说："寡人以眇眇微小的身躯，兴兵诛暴乱，天下大定，若不变更名号，无以称成功、传后世。各位爱卿，寡人该用什么名号？"

秦始皇像

丞相王绾、御史大夫冯劫、廷尉李斯（这三个官职在汉朝演变成为"三公"）说："过去三皇五帝，地方不过千里，外夷不相宾服，诸侯不受节制。现在陛下平定天下，海内为郡县，法令统一，此等盛事自古没有，三皇五帝不及。臣等与众博士官商量，一致认为，古时有天皇、地皇、泰皇，泰皇是人最尊贵的名号，大王就称'泰皇'。大王发布的口头命令叫'制'，大王发布的书面文告叫'诏'，大王自称'朕'。"

秦始皇以极度的信心说："去掉泰字，保留皇字，采上古帝位号，称'皇帝'，其他按你们说的办。"秦庄襄王被追尊为太上皇。

这就是秦始皇高明的地方，从三皇五帝中各取一字，亲自确定皇帝名号，站得高，看得远，所以结论不同，他的创造性是符合逻辑的。

用人者自己不够高明，如何能够驾驭天下人才？齐桓公用管仲成就霸业，秦孝公用商鞅变法图强，都是因为他们博大的胸襟和高明的见识，所以能发现大才，任用大才。

秦始皇成为中国历史上第一位皇帝，他所下的第一道命令是："朕听说太古有号无谥，中古有号，死了才为谥。子议父，臣议君，朕可不想这样。从今往后，废除谥法。朕是第一个皇帝，就称始皇帝，后世累计，二世三世至于万世，传之无穷。"秦二世胡亥的名号就是这么来的。秦始皇反对"子议父，臣议君"，显然跟儒家思想有关系。

制定皇帝名号的意义

秦始皇迈出了帝制谋略的第一步，中国从此进入帝制时代，到1912年中华民国成立、宣统皇帝退位，帝制在中国延续了两千一百多年，对中国产生了巨大、深远的影响。秦始皇确立皇帝这个名号，表明自己功盖三皇，德超五帝，也显示出他对自己的极度自信，为后面的极度自负画出一条轨迹来。

确立皇帝名号的谋略意义在于：

1. 先从称谓上把皇帝神圣化。皇帝不是凡人，所以拥有至高无上的权力。皇帝的意志就是法律，命曰制，令曰诏，集立法、行政、司法大权于一身，确定皇帝的独裁地位不可动摇，也不容侵犯，连神权都不能约束。

2. 废除谥法。不准"臣议君、子议父"，加强皇帝的神圣性与权威性，也就加强了皇帝的独裁统治。

3. 皇帝这个位子，只能在皇帝家族中传承，二世三世，至于万世。

秦始皇自称"始皇帝"，再传至二世三世，乃至于万世，幻想秦王朝的统治能够延续千秋万代，永远不灭。然而，大秦帝国传至二世就灭亡了。归根结底，是因为他所实行的暴政，致使他的千秋霸业梦难圆。

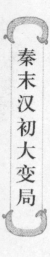

刀枪入库，马放南山

 改革旧制及便利交通的举措

秦始皇统一六国之后，建立起统一的政权，并在此基础上，推出了一系列措施，在社会生活的各个方面强化统一。从此，"大一统"就由一种观念变为现实。而"大一统"的观念，又在新现实的基础上，进一步升华。秦始皇的"大一统"举措主要有以下几个方面。

1. 统一文字

殷商以后，文字逐渐普及。作为官方文字的金文，形制比较一致，但是春秋战国时期的兵器刻款、陶文、帛书、简书等民间用字，则存在着区域间的差异。这种状况妨碍了各地经济、文化的交流，也影响了中央政府政策法令的有效推行。秦统一后，诏书发到桂林，当地人均不认识。于是，秦始皇下令李斯等人进行文字的整理、统一工作。

李斯等人以战国时秦人通用的大篆为基础，吸取齐鲁等地通行的蝌蚪文笔画简省的优点，创制出一种形体匀圆齐整、笔画简略的新文字，称为"秦篆"，又称"小篆"，作为官方规范文字，同时废除其他异体字。

李斯、赵高、胡毋敬又分别用新颁布的文字，编写了《仓颉篇》《爰历篇》《博学篇》等，作为儿童识字课本，向全国推行。

另外，一位名叫程邈的衙吏因犯罪被关进云阳的监狱，在坐牢的10年时间里，他对当时字法演变中已出现的一种变化（后世称为"隶变")进行了总结。他的这一行为令秦始皇非常赏识，于是将他释放，还提升为御史，命其制定一种新字体。程邈经过努力探索，制定出来新字体。这种新字体的特点是：将篆体圆转的笔画变成方形，字形扁平。这种文字书写起来更为流畅、快捷，很受欢迎，尤其是深得方文传抄者"徒隶"的青睐，所以很快流行开来，后人叫它为"隶书"。隶书打破了古体汉字的传统，奠定了楷书的基础，提高了书写效率。

秦始皇下令进行的统一和简化文字工作，是对我国古代文字发展、演变做的一次总结，也是一次大的文字改革，对我国文化的发展产生了重大作用。

2. 统一度量衡和货币

战国时期，各国的度量衡制度和货币制度很不一致。秦统一后，规定货币分为金和铜两种：黄金称上币，以镒为单位，一镒为 20 两；铜钱为下币，统一为圆形方孔钱，以半两为单位。金币主要是皇帝赏赐用，铜币是主要的流通媒介。铜币圆形方孔，对应了古代的"天圆地方"之说，同时在使用上也很方便。所以在我国货币史上，圆形方孔的钱币占据主要地位，通行时间也最久。

秦国早在商鞅变法时，就已在国内对度、量、衡的标准做过统一的规定。秦始皇以原秦国的度、量、衡单位为标准，淘汰与此不合的制度。秦朝在原商鞅颁布的标准器上再加刻书铭文，或另行制作相同的标准器刻上铭文，发放到全国，与标准器不同的度、量、衡器具一律禁止使用。在田制上，秦王朝规定 6 尺为步，240 步为一亩，这一亩制以后沿用千年而大致不变。

3. 统一车轨

战国时期，各国车辆形制不一。秦始皇统一全国后，定车宽以六尺为制，这样的车，可以通行全国。

4. 统一风俗

秦统一全国后，秦始皇对建立统一的伦理道德和行为规范也很重视。公元前 219 年，他来到泰山下，这里原是齐国故地，号称"礼仪之邦"。秦始皇就令人在泰山所刻的石上记下："男女礼顺，慎尊职事，昭隔内外，靡不清净，施于后嗣，予以表彰。"这几句话的意思是说，男女之间界限分明，以礼相待，女治内，男治外，各尽其职，从而给后代树立好的榜样。而始皇帝三十七年（公元前210年），秦始皇命在会稽石刻留下的铭文，则对当地盛行的淫泆之风，大加鞭笞，严令"禁止淫泆"，以杀奸夫无罪的条文来矫正吴越地区男女之大防不严的习俗。

秦王朝还在各地设置专掌教化的乡官，名叫"三老"。这一制度为秦以后的历代所承袭，成为中国古代社会的一大特色。这些"三老"掌管教化，凡是有孝子贤孙、贞女义妇、让财救患以及学识可为民所效法的人，都要在他们的门上制匾加以表彰，以兴善行。

5. 构筑四通八达的全国交通网

由于长期战争，战国时期各诸侯国在各地都修筑了不少关塞堡垒，大大限制了交通运输的发展，也阻碍了各地之间的进一步沟通和交流。秦始皇在统一六国后的第二年（前220年）即下令"治驰道"。再过一年，开始出巡各地。公元前215年，下令拆毁各地阻碍交通的关塞堡垒。公元前212年，又令大将蒙恬修了一条由咸阳向北延伸的"直道"。在秦始皇统一南方百越的战争中，南方地区也开辟出一系列交通线。这样，秦始皇统一天下后，在先秦已有的各地交通线的基础上，通过修筑驰道、直道等，构筑起了全国性的交通网，这是秦王朝缔造"大一统"的又一重要内容。

下面，以秦始皇在公元前220年之后几次巡行全国所经过的线路，和秦王朝其他几条交通要道为重点，对当时沟通全国的干线和以咸阳为中心辐射出去的交通网，做一番简略的巡视。

（1）咸阳至芝罘。始皇帝二十八年（前219年），东出函谷关，经洛阳、定陶，进入山东半岛，登泰山，然后过黄、腄、成山，登芝罘山。又转而南临琅琊，过彭城，渡淮水，转去长江中游的衡山和南郡，最后向北经武关回咸阳。秦始皇此次东巡前半段所经路线，尤其咸阳到芝罘一线，是横贯王朝腹地的一条大动脉。

（2）咸阳至云梦，会稽至琅琊。这两段线路，是始皇帝三十七年

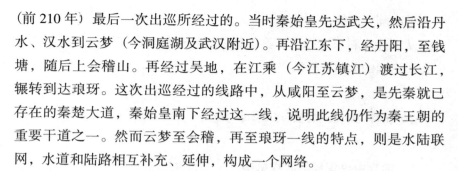

（前210年）最后一次出巡所经过的。当时秦始皇先达武关，然后沿丹水、汉水到云梦（今洞庭湖及武汉附近）。再沿江东下，经丹阳，至钱塘，随后上会稽山。再经过吴地，在江乘（今江苏镇江）渡过长江，辗转到达琅玡。这次出巡经过的线路中，从咸阳至云梦，是先秦就已存在的秦楚大道，秦始皇南下经过这一线，说明此线仍作为秦王朝的重要干道之一。然而云梦至会稽，再至琅玡一线的特点，则是水陆联网，水道和陆路相互补充、延伸，构成一个网络。

（3）咸阳至碣石，碣石至九原。始皇帝三十二年（前215年）出巡北方就是沿着此线经太行山东麓，过上党、邯郸、东垣、蓟县（今北京市）到达碣石（今河北昌黎北）。又从碣石向西北，经渔阳（今北京密云西南）、上谷、代郡、雁乃、云中至九原（今内蒙古包头市西北）。

（4）咸阳至陇西。始皇帝二十七年（前220年）首次出巡即沿此线。先沿通向洮河河谷的大路，到达渭水发源地陕西，又翻过六盘山口到北地（今甘肃宁县西北），再至鸡头山（今甘肃平凉市西），然后过回中，沿泾水返回咸阳。

（5）从咸阳至巴蜀。在这条交通线上，遍布着高山深谷，行路异常艰难。先秦已沿岸搭设栈道，到秦始皇时已有数条栈道可通巴蜀，一是陈仓道，二是褒斜道，三是石首道。其中起自陈仓（今陕西宝鸡），经褒水而达汉中的陈仓道，虽然绕行较远，但易于通行，成为连接秦岭南北的主要通道。

（6）从云阳至九原。这条道路笔直，极为壮观，又称"直道"。它是为了便于调动兵力，防御匈奴南下掠夺，由蒙恬率军修建的，其起点是云阳（今山西淳化西北），一直向北，到终点九原。

（7）岭南新道。在统一南方百越的战争中，秦王朝又开辟了一系列交通线。主要有赣南—兰浦关—溱水—番禺（今广州），湘南—阳山关—溱水，九疑山—湟溪关—连江—番禺，湖南潇水—广西凡步—贺江—苍梧—灵渠（即今广西兴安运河）。其中以灵渠最为著名，它沟通了湘江上游与漓江上游，使长江水系与珠江水系连接起来，成为进入

岭南的水陆交通线。

从上述史料可以看出，秦王朝四通八达的全国交通网，犹如"大一统"帝国的动脉和经络。

加强中央集权实行的举措

1. 创立中央集权的政权机构

为了有效地管理国家，也为了替子孙万代奠定基业，秦始皇吸取了战国时期设置官职的具体经验，建立了一套相当完整的中央集权制度和政权机构。下面我们先看一下秦代国家机构设置的大致情况。

丞相：又分左丞相和右丞相，是中央政权机构的最高行政长官，协助皇帝处理全国政务。

太尉：是中央的最高军事长官，协助皇帝处理全国军务。

御史大夫：掌管监察工作，协助丞相处理政事。

丞相、太尉、御史大夫古代习称"三公"，"三公"以下设有"九卿"，它们是：

奉常：负责宗庙礼仪。

郎中令：执掌宫廷戍卫大权，统辖侍卫皇帝的诸郎，郎为帝王侍从官的通称。

卫尉：掌管宫门的警卫。

太仆：负责皇帝使用的车马。

宗正：管理皇族事务。

典客：主管少数民族事务。

少府：负责山林池泽的税收和宫廷手工业，属于管理皇室私家财富的机构。

治粟内史：负责租税田赋和财政开支。

廷尉：掌管刑罚。

此外，秦代还有一些比较重要的官职，比如：

博士："掌通古今"，即通晓古今史事以备皇帝咨询，同时负责图书收藏。

典属国：与典客一样主管少数民族事务，不同的是典客掌管与秦友好的少数民族的交往，而典属国则负责已投降秦朝的少数民族。

詹事：掌管皇后和太子的事务。

将作少府：负责宫殿建造。

秦王朝所建立的这套中央集权的政权机构，以后一直被历代王朝所仿效。

从秦朝的政权机构设置可以看出，为了使国家的军政大权能操纵于一己之手，实行皇帝的个人独裁，同时又要让政府部门各司其职，有效地运作起来，以加强对国家的管理，秦始皇对如何集权，又如何分权，是颇费了一番苦心的。其中，他对相权、兵权以及司法权，进行了独到的处置。从这里，我们最能看出秦始皇是怎样加强君主专制的。

丞相，秦时或称相邦、相国，他的职责是"掌丞（丞：帮助，辅佐）天子，助理万机"，是皇帝以下最重要的官职，有"百官之首"之称。

秦国的丞相最早出现于秦武王二年（公元前 309 年）。虽然此前史籍中有"商鞅相秦"（《汉书·地理志》）一类的记载，但此"相"并非官名，因为商鞅担任的是"左庶长""大良造"。自秦武王任甘茂、樗里疾分别为左、右丞相以后，丞相才正式在秦国成为官职。

自设丞相以后，秦国的一些国君就将军国大事全部委任于丞相，以至于出现了像魏冉那样擅权的丞相。秦王政刚即位时吕不韦为相国，也是总揽一切军政大权。因此，君权与相权之间既存在着互相依赖的一面，又存在着矛盾的一面：皇帝要依靠丞相处理政务，但丞相又最容易侵犯和削弱君权。这一点，虽然君主在丞相设置初期就意识到了，因而设了左、右二相，其目的就是要分散相权，便于国君控制，但以后的事实证明，以这种方法分散相权，还不能解决君权与相权之间的矛盾。

秦始皇为此总结了历史经验，进一步缩小了相权。主要有以下举措：

首先，丞相仅为文官之长，武事由太尉掌管（其实此职未委授任何人）。太尉与丞相地位对等，同由皇帝颁予金印紫绶，即任官时授印，免官时缴印。印及缚印的绶带，因官职的高低而有所不同。

其次，以御史大夫分割相权。列于"三公"之一的御史大夫，原为秦始皇参照六国官制在统一后所设。御史大夫地位低于丞相，标志是"银印青绶"，但他掌管监察，又参与处理朝政，对丞相起到牵制作用。

最后，用博士侵削相权。秦王朝博士的地位和作用向来为人们所忽视，其实，博士在秦王朝的政治生活中发挥着重要的作用。这些类似于顾问和智囊的人物，经常活动在秦始皇的左右，发表各种议论。由于秦始皇很迷信，他对"通古今"的博士也就格外信赖。始皇帝二十六年（前221年），天下初步统一，命令朝臣议帝号时，丞相、御史大夫、廷尉与博士商议后才向上回奏（《史记·秦始皇本纪》）。始皇帝三十四年（前213年）"焚书"时，博士是唯一有权读禁书的人。因此，博士以其特殊的地位可以谈及各种言论，影响秦始皇，影响朝政，从而在事实上构成了对相权的一种侵削。

秦始皇不仅在官制上制约相权，在平日里也对丞相存在戒心。

秦王朝的兵权理论上是交给太尉执掌的，太尉是最高的军政长官，负责军事事务。但事实上从来没有一个人担任过太尉之职，在重大军事行动中也从不见太尉出场。战时只听从皇帝的命令，军权实际上也是掌握在皇帝手中。秦始皇始终亲自控制着兵权，太尉形同虚设。

秦朝的"三公九卿"制，确立了古代中国的一种分权原则。比如，有人就将设丞相、太尉、御史大夫比喻为中国的"三权分立"。不过要注意，这种分散的权力最后又都集中到皇帝一人的权力之下。分权，只是为了让百官公卿通过互相牵制，更好地服务于皇权，也就是为了更好地集权。

2. 不封一尺土，实行郡县制

秦国统一天下后，围绕地方政权究竟是采用分封制还是郡县制，在大臣中展开了一场争论。丞相王绾认为，由于刚刚清灭六国诸侯，

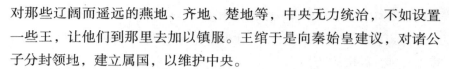

对那些辽阔而遥远的燕地、齐地、楚地等，中央无力统治，不如设置一些王，让他们到那里去加以镇服。王绾于是向秦始皇建议，对诸公子分封领地，建立属国，以维护中央。

对此，秦始皇没有马上表态，而是把王绾的这一建议交给群臣讨论。大多数官员以为分封可行，支持王绾。但廷尉李斯力排众议，反对封地立国。他说："当初周文王、周武王分封了那么多的子弟，可他们到后来视若仇敌，互相攻击，周天子不能制止。现在幸赖始皇帝领导的统一战争获取胜利，天下一统，各地都设立了郡县，各个子弟和功臣用国家的赋税收入重赏他们，这样做就很容易控制，使天下没有二心，这样才是安定国家的政术，设置诸侯不利于治理国家。"

秦始皇听后，十分赞同，说："这么多年来天下征战不休，其根源就在于有诸侯王。仰赖宗庙先祖的神威，天下刚刚平定，又要重新设立王国，这是在种下战争的祸根，而想求得天下安宁发展，岂不是非常困难吗？"

于是秦始皇果断地决定，不采用分封制。后来司马迁在《史记》中对此评价说："秦无尺土之封，不立子弟为王、功臣为诸侯者，使后无攻伐之患。"

这话道出了秦始皇不搞分封制，在全国全面推行郡县制，是利在后世的大举措。秦王朝建立了统一的地方行政制度——郡县制。起先，秦分天下为三十六郡。后来，随着疆界的拓展和郡制的调整，郡的总数达到四十六个。下面对这四十六郡做一简要介绍。

巴郡、蜀郡、陇西郡、北地郡（今宁夏青铜峡以东），以上四郡为秦国早先设置。

太原郡、云中郡（今内蒙古大青山以南）、邯郸郡、巨鹿郡（今河北白洋淀以南）、雁门郡（今山西北部）、代郡（今山西东北部及河北一部）、常山郡（今河北正定南），以上七郡为赵国故地。

上郡（今陕西至内蒙古伊金霍洛旗、乌审旗）、河东郡（今山西沁水县西、黄河以东）、东郡（今山东东河以西、河南延津以东）、砀郡

（今安徽砀山西）、河内郡（今河南中部），以上五郡为魏国故地。

三川郡（今河南灵宝东）、上党郡、颍川郡（今河南登封以东），以上三郡为韩国故地。

汉中郡、南郡（今湖北武汉以西、襄阳以南）、黔中郡（今湖南洞庭湖以西）、南阳郡、陈郡（今河南淮阳、太康、西华等地）、薛郡（今山东新汶、枣庄、济宁之间）、泗水郡（今安徽淮河以北）、九江郡、会稽郡、长沙郡、衡山郡（今湖南衡山周围），以上十一郡为楚国故地。

东海郡（今山东费城以南）、齐郡（今山东境内）、琅玡郡、胶东郡、济北郡，以上五郡为齐国故地。

广阳郡（今河北境内）、上谷郡（河北张家口以东、北京昌平以北）、渔县郡、右北平郡、辽西郡、辽东郡，以上六郡为燕国故地。

闽中郡、南海郡、桂林郡、象郡（今广西西部、越南北部和中部），以上四郡为南越故地。

九原郡，此为匈奴故地。

秦王朝在郡下面设县或道，内地均设县，只在边地少数民族地区才设道。

县是秦代统治机构中非常关键的一级组织，属于秦王朝从中央到地方甚至一整套国家机器中具有相对独立性的一个单位。比如，人民的户籍、征收的粮食均以县为单位保管，地方武装以县为单位编制，徭役也以县为单位征发。县的这种特点和职能，在秦代确立后，对后世产生了深远的影响。

自秦代以来，中国整个基层一级地方行政区划，主要都称县。历史上县的数量，也表现出一定的稳定性。秦代县的数量不太清楚，估计有好几百个，汉代达1500多个，以后历代几乎在1100—1200个之间，唐代达1500多个，到中华民国增至2000个左右。

秦代推行的郡县制的影响是深远的，今天中国的省县制，就是由郡县制逐渐演变发展而来的。

秦王朝的地方行政官员，郡一级设守、尉、监等。郡的最高长官

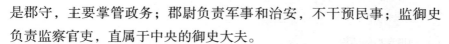

是郡守，主要掌管政务；郡尉负责军事和治安，不干预民事；监御史负责监察官吏，直属于中央的御史大夫。

县一级政令（或长）、丞、尉。万户以上的县设县令，不满万户的设县长，他们主要掌管政务；县尉掌管军事，县丞掌管司法。

郡县的主要官吏都由皇帝任免。

县以下还有乡、里和亭两种不同的政权系统，乡和里是行政机构，亭是治安组织。

乡：乡是隶属于县的基层行政组织。其职能主要有四：一是摊派徭役；二是征收田赋；三是查证本乡被告案情；四是参与对国家仓库粮食的保管工作。乡官设有"三老""啬夫""游徼"。"三老"掌教化，"啬夫"掌诉讼、收赋税，"游徼"掌捕盗贼，多数乡官由当地地主豪绅担任。

里：乡以下是里。里设里正或里典（为避秦始皇名讳，而改"正"为"典"）。里中设置严密的伍户籍组织，以便支派差役，收赋税，并规定互相监督告揭，一人犯罪，邻里连坐。

亭：亭属于治安系统的基层组织，是县尉的派出机构。亭有亭长，下面还设有"亭父""求盗"各一人。亭除了主要管理治安，还要负责接待往来的官吏，掌管为政府输送、采购、传递（文书）等事务。

秦始皇构建的一套严密而又完整的地方与基层的政权系统，强化了国家对老百姓的管理。这套系统对后世产生了很大的影响，开创了此后两千多年中华帝国的基本形态。

以上几个方面的"大一统"举措，顺应了历史发展的潮流，巩固了秦王朝的政权，同时也推动了全国各地的经济发展和文化交流。秦王朝在新的生产力基础和文明程度之上，继承和发展了商、周两代的王朝传统，将"统一"的中国推向了一个更高的形态——中央集权的君主专制帝国。

销毁兵器

除了在原来政权机构的基础上调整和完善统一的、中央集权的封建国家机器，建立一套从中央到地方的、严密的统治机构和封建官僚制度外，还采取了一系列其他措施，其中有一条就是下令收缴天下兵器，铸成十二个重千石的铜人，立于咸阳。

这十二个大铜人，屹立于秦都咸阳阿房宫前，因为铜是黄色的，所以又称作"金人"。他们身着外族服装，每个都非常巨大和沉重，各个耀武扬威，精神抖擞，英勇无比，日夜守护着秦王宫殿。铜人造型之大，制作之精巧考究，为历史上所罕见。在这方面，有很多历史书籍记载。据《三辅黄图》载：营朝宫于渭南上林苑中"可受十万人。车行酒，骑行炙，千人唱，万人和，销锋镝以为盎人十二，立于宫门"。又据史书记载，铜人背后铭刻着李斯篆、蒙恬所书的"皇帝二十六年初兼天下，改诸侯为郡县，一法律，同度量"等字样。《史记·秦始皇本纪》也记载："二十六年……收天下兵，聚之咸阳，销以为钟镰，金人十二，各重千石，置迁宫中。"贾谊的《过秦论》也有"收天下之兵聚之咸阳，销锋铸镰，以为金人十二，以弱黔首之民"的记录。

秦代一石约折合现今 37.5 公斤，以此推算，12 个大铜人就重达 45 万公斤。秦始皇为什么要铸造 12 个如此巨大的铜人？围绕这个问题，存在这几种主要说法。

有人认为秦始皇在统一全国后，始终在忧虑和思考着如何长治久安、使江山传之万世的问题。而要坐稳天下、江山永固，首先解决的一个问题就是应该收缴和销毁流散在民间的各种兵器。应该说，秦始皇收兵器造铜人，完全是出于政治上安定的考虑。

也有人认为秦始皇铸造铜人是出于迷信，是为了"祥瑞"。秦始皇相当迷信，曾封泰山，禅梁父，访神州，求仙人，轻信方士之言，竭力搜寻长生之药。《汉书·五行志》也记载："始皇帝二十六年，有大人长五丈，足履六尺，皆夷狄服，凡十二人，见于临洮。天戒若曰，勿大为夷狄之行，将受其祸。是岁始皇初并六国，反喜以为瑞，销天下兵器，作金人十二以象之。"这种说法有一定依据，但也有疑点，那就是秦始完全可以征集天下一般铜料作为铸造的原料，何必非要下令收缴天下的兵器呢？

一部分学者还认为，秦始皇销毁兵器、铸造铜人，是表明今后不再将铜兵器作为主要作战武器。但是，这种说法同样也有疑点，那就是虽然铁制兵器始于秦始皇之前，但到汉代才普及化。秦始皇统一天下时，便决然把青铜武器废除不用，让百万军队全部换上铁制武器，以当时的制铁水平来说，是不可能的事情。

最让人信服的说法是，秦始皇这一举措的目的，有两方面：一是为了夸耀武功、粉饰太平；二是为了防止人民反抗。实际上，秦统一后，曾采取不少措施防止人民反抗，而收缴天下兵器的做法，也是有先例的。《左传·襄公十九年》载，春秋时鲁国的季武子曾经"以所得于齐之兵，作林钟，而铭鲁功焉"。秦始皇铸铜人只是做得更为彻底，把民间的兵器也收缴了。根据《史记·秦始皇本纪》记载，秦统一后，秦始皇接受李斯的建议，不封国置王，说："天下共苦战斗不休，以有侯王。赖宗庙，天下初定，又复立国，是树兵也，而求其宁息，岂不难哉！"于是"收天下兵，聚之咸阳，销以为钟鐻，金人十二，重各千石，置廷宫中；一法度衡石丈尺、车同轨、书同文字"。这里把"收天下兵"与"求其宁息"联系在一起可以看出，秦始皇的意图是为了太平无事。他宣布"大酺"、举国同庆这一伟大胜利，表现出好大喜功的情绪，而铜人、钟鐻也是象征吉祥、天下太平的意思。此外，秦始皇巡游各地的刻辞，也都是夸耀武功、粉饰太平之语。

焚书坑儒，禁锢思想

 焚烧诗书

春秋战国以来，儒家、墨家、道家、法家等各门学派百家争鸣，不同的学说广泛流行。

始皇帝三十四年（前213年），北方的匈奴被远远驱逐，南方的百越也渐次平定，秦朝的疆域大大超过夏、商、周三代，统一帝国的梦想得到了前所未有的实现，秦始皇心里自然很得意。逼逢秦始皇生日，咸阳宫大摆酒宴，博士官七十人上前祝寿。他们有渊博的知识，凡事喜欢引经据典，说起话来，文绉绉的，听着很舒服、很受用。博士官的头头周青臣率先歌颂道："早先秦国地方不过千里，陛下英明神武，平定海内，驱逐蛮夷，日月所照，莫不宾服。诸侯为郡县，人人自安乐，无战争之苦，传之万世，这是自古没有的威德啊。"听得秦始皇龙颜大悦。

周青臣前半截话颂扬秦始皇统一海内，建立郡县，可谓实事求是，后半截话就言过其实了——"人人自安乐，无战争之苦，传之万世"，此等盛世至今也无法做到：秦始皇统一海内，威风虽然自古不及，德行却差得远了。

博士官淳于越站出来，他是个思想保守的读书人，当着众人的面，他不仅反对秦始皇设立郡县、郡守的决定，还批评李斯等大臣阿谀逢迎，淳于越说："臣听说周朝延续千年，封子弟功臣为枝辅。今陛下子弟俱为匹夫，一旦有人作乱，谁来相救呢？做事不向古人学习而能立于长久者，还没听说过。周青臣当面奉承陛下，也不是忠臣。"

秦始皇听了，没发表意见，交给大臣讨论。

丞相李斯说："过去诸侯混战，辩士到处游说，褒贬是非，蔚然成风。今天下已定，法令已出，各有制度。诸生不师今而学古，非议当世，惑乱百姓，在上削弱主威，在下结成党羽。臣请求陛下，除了《秦记》，别的史书统统烧掉。除了博士官之外，任何人不得藏匿《诗经》《尚书》及诸子百家书，全部上缴官府，当众烧毁。私语《诗经》《尚书》者，弃市。以古非今者，灭族。官吏知情不报，同罪。命令下达三十天仍不烧书者，在脸上刺字，发配边疆筑长城。保留医药、卜筮、农桑之书，想学法令，以吏为师。"

一场由最高统治者主动发起的文化破坏运动就这样开始了。

秦始皇觉得有理，便接受了李斯这个提议，他下令：

一、史书除《秦纪》以外，六国史书一律烧掉。

二、《诗》《书》、百家语除博士官收藏的以外，其他人藏书都集中到郡，由郡守、尉监督烧掉。

三、偶语《诗》《书》者弃市，以古非今者族，吏见知不举者与同罪，令下三十日不烧，黥为城旦。

四、医药、卜筮、种树等书不在禁列。

五、若有学法令者，以吏为师。

就这样，在全国范围内，发生了大规模的焚书事件。

不过，秦始皇并没有烧尽所有的书，民间保留了医药、卜筮、农桑之书，而咸阳官府还大量收藏着诸子百家著作，供官吏学习、教育之用，供那些积极主动向政府靠拢的读书人使用。

周青臣没有想到，他的阿谀奉承竟然引出一个历史大变局。淳于越也没有想到，他忠心耿耿为秦朝天下着想，竟惹来这样一场文化大灾难。

坑杀儒生

燕人卢生炮制谶语"亡秦者胡也",促使秦始皇下定决心,北逐匈奴。这件事本身对秦朝并无危害,甚至可以说有功,但谋略动机是为了逃避惩罚,颇为卑鄙。这是秦始皇身边的一个小人,与赵高同样可怕。赵高毕竟还精通律法,也算一个人才,卢生显然什么都不是。

始皇帝三十五年(前212年),卢生又向秦始皇献出一个谋略:"臣等奉命寻求仙药,一直未得见,因为有物妨碍。人主应该时常微行以辟恶鬼,恶鬼跑了,真人才会出来。人主生活的地方若被人臣知道,也会妨碍真人。真人不怕水火,腾云驾雾,与天地久长。只有不让外人知道皇上的行止,然后才能得到长生不老药。"

秦始皇说:"我仰慕真人。从今日起,我自称'真人',不再称'朕'。"

于是,咸阳二百里内的二百七十座宫观,复道甬道统统连接起来,帷帐、钟鼓、美人充之,各宫观人员不得随便走动,有敢泄露皇上行踪者,罪死。

有一天,秦始皇驾幸梁山宫,在山上看到丞相车骑甚众,颇为不悦。有人透露给李斯,李斯立即减少了车骑。秦始皇大怒:"一定有人泄露我的话,给我查,看谁有这么大的胆子,敢泄露我的行踪。"但无人承认,就把当时在场的人全部杀掉了。从此以后,秦始皇去那里、住哪里,再也没人知道了。朝廷有事,不论大小,都在咸阳宫商议。

韩人侯生跟卢生暗自谋划说:"秦始皇生性刚愎自用,以刑杀为威,天下畏死,莫敢尽忠。事无大小,皆决于己,不处理完毕,夜半也不休息。如此贪恋权势,怎能为他寻求仙药?"这两个可恶的家伙就悄悄逃跑了。

秦始皇知道自己被骗了,非常生气,说:"先前我下令焚书,不中用的都收起来。也召集天下文学方术之士,欲以兴太平,炼仙药。现在侯生跑了,徐福入海费用巨万,寻不到药不说,还天天到处乱说。

卢生得了那么多赏赐，还不知足，竟敢诽谤我。凡在咸阳的诸生，都查问一遍，看有谁在妖言惑众。"

这一查，诸生人人自危，互相检举揭发，拼命为自己开脱，结果查出四百六十多人犯禁，都被活埋在咸阳西边的一个小村子里。活埋的消息广布天下，以恐吓天下的书生，再不得诽谤皇上，还加重了刑罚。

公子扶苏站出来说："天下初定，远方未附，诸生读孔子之书，诵孔子之法，皇上加倍处罚他们，臣担心天下不安。恳请皇上明察。"

秦始皇听后不大高兴，把扶苏支到上郡去，与蒙恬搭档，一起管理北部边防。他的地位比蒙恬高，是整个边防部队的监军。

韩生、徐福、卢生都是所谓的术士，算不得正宗儒生，秦始皇迁怒于诸生，搞出了历史上首次文化清洗运动。四百六十人中，除了平日枉自评论者，难免有人被冤枉，其中肯定有不少儒家弟子。后世称其为焚书坑儒，算是比较恰当。

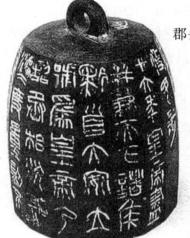

秦斤权

焚书起源于政见分歧，或许还掺杂了个人私利。坑儒则直接起源于术士欺骗，伤害了秦始皇的感情。秦始皇不对此中原因做仔细分析，而采用简单、粗暴、猛烈的报复手段，造成了极为严重的政治后果。

不过，史书对这段历史的记录并不相同。绝大部分只对焚书做了详细的说明，对坑儒则非常笼统，而且出现了歧义。有的说秦始皇只坑过一次儒，有的则说坑过两次。

著名的《史记》《藏书》，宋代司马光编纂的《资治通鉴》都说秦始皇的坑儒只有一次，即公元前213年，在咸阳活埋了四百六十多个辱骂秦始皇的方士和儒生。

但有《史记·儒林列传》诸多注解中则是这样记载的："秦既焚

书，恐天下人不从所更法，而诏诸生，到者拜为郎。前后七百人，乃密种瓜于骊山陵谷中温处。瓜实成，诏博士诸生说之，人言不同，乃令就视。为伏机，诸生贤儒皆至焉，方问难不决，因发机，从上填之以土。皆压，终乃无声也。"

也就是说，在第一次的坑儒结束后，广大的儒生不仅没有噤若寒蝉，减少对朝政的议论，反而更加强烈地反对秦始皇了。由于有了第一次公开、大规模的坑儒，引起很多人的不满，因此第二次秦始皇采用了更隐秘、更残忍的方法，让被害者在不知不觉中突然死去。

如果这种说法成立的话，那么秦始皇坑儒的人数就不仅仅只有四百六十多人，而是一千一百六十多人，但直到现在，坑儒的人数依然是个未解之谜。

不过，不管是一次还是两次，"焚书坑儒"都是秦始皇对不同政见人士的残酷镇压。一把大火将中华民族千余年的文化结晶付之一炬，极大地摧残了中国的古代文化，同时，也扼杀了百家争鸣的活跃局面，导致我国自春秋时期发展起来的百家争鸣的文化氛围彻底中断，开了"文字狱"的先河。

虽然那些提出反对意见的儒生思想比较保守，但秦始皇采取的行动是野蛮而残酷的，造成了很坏的后果。

从一开始，这个事件就是愚昧的，它的目的是为了维护封建王朝的统治，推行愚民政策，但结果却事与愿违，因为防民之口甚于防川，"坑灰未冷山东乱，刘项原来不读书"。没几年，就爆发了陈胜吴广起义。

秦帝国统一不到十年，各种反抗势力潜隐未发。秦始皇焚书坑儒，严重地伤害了知识分子的感情，把他们赶到了自己的对立面。秦始皇太自信了，而不对其后果做充分的估量。

求仙问道，欲求长生

求仙问道，不惜民力财力

自古以来，所有皇帝都希望自己的江山可以永世不倒，自己可以长生不老，秦始皇也不例外。秦始皇自从坐上皇帝的宝座之后，就非常害怕死亡。因此，他十分渴望能够找到一种仙丹，以使自己寿与天齐。为此，他在称帝后，便常常到全国各地游走。一来是为了宣扬自己的盖世伟业；二来就是希望见到神仙，求得长生药。

为了求得长生不老的仙药，他四处打听有能力的术士，并将他们召集到咸阳，为其炼制仙丹。

但是，这世上哪有不死药呢？眼看时间一天天过去，术士们百般推脱，秦始皇明白自己上当受骗了，这时恰好发生了儒生散布反对言论的事件，于是他顺水推舟，将这些炼药不成的术士也一并活埋了。

不过尽管如此，秦始皇并未死心，他曾多次南巡，除了视察长城的修筑情况、了解民情之外，还有一件他念念不忘的大事，那就是寻找三神山，求取长生不老药。

秦始皇第一次东巡山东，是在公元前219年。这一年，秦始皇刚刚在泰山举行了封禅大典，回来时路过琅琊市，这里有一个很有道行的术士徐福向始皇帝上书。

徐福说："渤海中有三座神山，分别叫蓬莱、方丈和瀛洲，山里住着很多仙人，他们手上就有一种可以让人长生不老的奇药。如果皇

上愿意提供船只、珠宝，我愿意冒险出海，为您求取仙药。"

秦始皇正盼着不老药，听他这么一说，于是高兴地批准了他的请求。就这样，徐福带着人马浩浩荡荡地出发了。

在秦始皇的望眼欲穿中，徐福回来了，他说："臣在海中遇到海神，告诉他想求取仙药，没想到海神觉得礼物太少，只能进去参观。臣在蓬莱山见到了灵芝生成的宫阙，里面的仙人各个光彩照人，臣问他们：'需要什么礼物才能得到仙药？'海神说：'必须用三千童男、童女作为献礼。'"

一心想长生不老的秦始皇对这番话毫不怀疑，他马上命人在全国搜寻童男、童女，让徐福将他们带去。

公元前 218 年春天，秦始皇再次东巡山东，距离上次还不到一年时间，但这次徐福出海没有回来，他只得先返回咸阳。公元前 210 年，秦始皇第三次东巡。这一次，徐福亲自从家乡赶来面见皇帝，从他最初入海求仙到现在，已经过了十年时间，其间耗费了大量的人力和财力，但他始终没有拿出不死药。

为了逃避惩罚，徐福只好禀报说："虽然长生不老药就在蓬莱仙山，但海神派了大鲛鱼守护，一般人无法靠近，希望您增派一些弓箭能手同去。"

秦始皇一口答应，为了给徐福扫清道路，他甚至派人带上捕鱼工具入海捕捉大鲛鱼。他们一行人乘船从琅琊港出发，一路并没有什么发现，直到临近芝罘才看见一条大鱼，杀死大鱼之后，徐福出海从此没了音讯。

在此次出巡返回咸阳的路上，秦始皇病死于沙丘平台（今河北省平乡县），他到死也没吃上仙丹。

为了求得长生不老仙丹，秦始皇耗费了巨大的财力，加重了人民的苦难。

万里长城与孟姜女

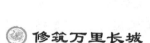

修筑万里长城

长城是中国古代的军事防御工程，世界建筑史上的奇迹。东起鸭绿江，西达嘉峪关，途经辽宁、河北、天津、北京、内蒙古、山西、陕西、宁夏、甘肃等 9 个省、直辖市、自治区，随着不同的地形、山势和地貌而筑，大都建在山岭最高处，全长 7300 千米以上，号称万里长城。其中从鸭绿江到山海关段，由于工程比较简单，毁坏较为严重。山海关到嘉峪关段，工程较为坚固，保存也较为完整，两端两个关城东西遥遥对峙，长度为 6700 千米。长城是由烽火台和列城等单体建筑发展起买的，初建的是彼此相望的烽火台，或是连续不断的防御城堡，而后用城墙把它们联系起来，便成了长城。

这是现代长城的概况。其实在秦始皇年间（始皇帝三十三年），秦始皇派遣大将蒙恬，在原秦、赵、燕三国原有长城基础上，修建了西起甘肃临洮、东至辽东的长城，东西横贯西吉、固原、彭原三县。后经历代王朝的修葺、扩建，才达到今日之规模。

有关秦长城的工程布局，专家说法不一，这里只能择其善者而从之。

从战国中期开始，中原兼并战争日益加剧，游牧民族南下侵扰也日益频繁。秦、赵、燕三国无法两面兼顾，于是各筑边墙，防备这些游牧民族。秦筑边墙始于秦惠文王，成于秦昭襄王，西起临洮（今甘

肃岷县），越六盘山、宁夏固原、陕西环县、榆林、神木，一直向北延伸，在内蒙古十二连城乡与黄河南岸相接。赵国筑边墙始于赵武灵王，筑有阴山南北两道。燕国在秦开破东胡之后，也筑起一道边墙，西起内蒙古的化德与商都县之间，沿北纬42°往东，经辽东而到达今日朝鲜清川江入海口，绵延1600公里，边墙，后来被称为长城。

秦始皇打算先服南越，再击北胡，蒙恬受命以后的职责是侦察敌情、修缮边墙、训练军队，为打击匈奴做准备。此时所修边墙，主要是秦国边墙，即使有新筑，也不多，与后来大规模修筑长城不同。始皇帝二十六年（前221年），秦朝疆土"北据河为塞"，应该是指秦国边墙北至黄河南岸而言，而不是以整个黄河为北部边界，当时的河南地还在匈奴手中。

始皇帝三十二年秋（前215年），蒙恬收复河南地，在黄河南岸过冬。来年春天，开始沿黄河内侧修筑工事，作为进退的屏障，也是秦朝大规模修筑长城的开始。这一段长城全长1000公里，西起临洮（今甘肃岷县），沿洮河与黄河相依，再依黄河东岸向北发展，一直到达黄河"几"字形的顶端，在河套地区与赵国所筑阴山南长城相接，大都借助黄河的自然天堑，沿河筑44城，差不多20公里一城，加强河塞防御，即史书说的"城河上为塞"。主要修筑了44座城，估计还有若干烽隧，工程量似乎谈不上巨大。修这一段长城用了几年时间，现在无法知道。

始皇帝三十三年（前214年），蒙恬渡过黄河，将匈奴逐出阴山，占领整个河套，开始修筑第二段长城。这一段长城从高阙往西南延伸，直至与流沙相连，从遗迹看，已经到达宁夏北境。流沙就是今日的巴丹吉林沙漠、腾格里沙漠、乌兰布和沙漠的总称，当时的面积应该没有现在这么大。这一段总长400公里，以亭障为主，很像今天的据点式工事，而不是绵延的墙体。障就是戍堡，有围墙，只驻军，不住民。城比障大，军民混住。亭就是瞭望哨，相当于岗亭，常与烽火台并用，大都设在高处，相隔10里。工程量似乎也谈不上巨大。高阙以东，主要是利用赵国的北长城，做了大量修复工作。这一段长城逶迤于群山

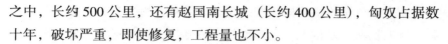

之中，长约 500 公里，还有赵国南长城（长约 400 公里），匈奴占据数十年，破坏严重，即使修复，工程量也不小。

第三段长城就是赵长城与燕长城的连接段，从内蒙古卓资、集宁（乌兰察布）一带往东，穿过兴和县北端，在河北围场县北部，与燕长城相连。这一段长 400 余公里，为厚实边墙，当是蒙恬新筑。

秦始皇长城的东段，基本沿用燕国旧长城，蒙恬只进行了若干修复。而燕长城的辽东段，即从辽宁阜新起，一直到朝鲜清川江入海口，似乎未加利用。考古发现证实，燕长城东段沿线出土的遗物，全是燕国与汉代特征，没有秦文化特征。换言之，蒙恬打败匈奴之后，威名远播，东胡不敢来骚扰中国，也没有力量来骚扰中国，所以辽东段长城就没有利用。

秦始皇长城的西段，可以黄河为界，分为内、外两道。

内长城在黄河内侧，以新筑 44 城加赵国南长城为主体，起至临洮，沿洮河与黄河相接，然后沿黄河内侧北上（即蒙恬收复河南地以后，沿黄河内侧修筑的部分），在今内蒙古乌拉特前旗穿出黄河，与赵国南长城相连，一直延长到呼和浩特以东。

外长城在黄河外侧，即蒙恬修筑的第二段长城，起至宁夏北境（也许起点就是贺兰山），在黄河外侧穿过乌兰布和沙漠，走在狼山之巅，在高阙塞与赵国北长城相连，再依阴山而东，到达呼和浩特北部时，与内长城合拢，继续东去，就与蒙恬所筑的第三段长城连接起来，最终在河北围场县以北，与燕长城相连，构成一个整体。

一般认为，内、外两道长城与秦国原来所筑而经蒙恬修缮的旧长城一起，构成保卫关中的三道防线，但自内、外长城筑成之后，秦国旧长城已经失去价值，所以到汉武帝时就弃之不用了。因此，在说秦始皇长城时，与其说西段有三道，不如说有外、内两道，也许更符合当时的情况。不过，在西汉初年，冒顿单于建立匈奴帝国以后，他们再次南下，秦国旧长城还是发挥了作用。

今天能看到的秦始皇长城已经很少，而且都是名副其实的遗迹，比断壁残垣还断壁残垣。

简言之，秦始皇所修长城，名义上号称万里，其实是在充分利用赵、燕旧长城的基础上，适当增筑三段新墙，而构成一道绵延万里的新长城。增筑的三段新墙，其中1000公里以新筑44城及烽隧为主体（黄河内侧），另400公里以亭障烽燧为主体（黄河外侧至流沙），完整增筑的厚实新墙只有400公里（赵、燕旧城连接段），三段加起来，总长约1800公里，与"万里"相去甚远。

但是，万里长城在当时起到了防御匈奴南侵、保障中原人民经济文化的积极作用，蕴含着我国古代劳动人民的血汗，是智慧的结晶。而到了现在，它仍然以其蜿蜒起伏的雄姿，向世界展示了中华民族悠久的历史，象征着我国辉煌灿烂的古代文明。

孙中山先生曾对此做出评价："始皇虽无道，而长城之有功于后世，实与大禹治水等。"

孟姜女哭长城的传说

民间流传"孟姜女哭长城"，是我国古代著名的民间传兑。它以戏剧、歌谣、诗文、说唱等形式，广泛流传，可谓家喻户晓。"孟姜女哭长城"是否真有其事历来争论不一。

后人主要是拿长城来批判秦始皇耗尽民力，甚至说秦朝因此而亡的，这种说法有两个原因。

一个原因是真实存在的。增筑以上三段新长城，加上修复燕、赵旧墙，工程总量不算小，不少地方还是穿山埋谷而成，而且只用了八年时间（公元前214年开始大规模修筑，到公元前206年秦朝灭亡时停止），必须快速、高效、大量地集中人力，是名副其实的高强度作业。另一个原因就是后世文人的附会与想象了。

关于修长城的人数，后人使用的数字，有三十万、三十六万、五十万、一百万等。《淮南子·人间训》说："发卒五十万，使蒙公、杨翁子将，筑修城，西属流沙，东结朝鲜。"《史记》说的是"发兵三十

"万"，两者差了二十万，显然难以确定五十万的准确性。《中国通史》第五册则说是"三十六万"。《中国军事通史》第四卷则说："据估算，当时投入筑长城的部队约五十万，民夫约五十万，总人力不下一百万。"由于没有提供具体的估算方法，所以也难判断其准确程度。用一百万除以一万里，一里站一百个人，那不是边墙，而是人墙。筑长城需要多少人呢？

《淮南子》说，秦始皇"发卒五十万"，由蒙恬率领，修筑长城，"中国内郡挽车而饷之"。于是男人不能在田间耕作，女人不能在家里纺织，无衣无食，也得去拉车运输。这就给人一种错觉，除了五十万军队之外，还动用了无数百姓，国民经济遭到极大破坏。该书还说，为了运转粮草物资，中国东西南北的广大地区，道路两边的排水沟里，无不填满了尸体。该书把修筑长城和南平百越都说成是"五十万"。

《水经·河水注》引用了一段话："始皇使蒙恬筑长城，死者相属，民歌曰：'生男慎勿举，生女哺用脯。不见长城下，尸骸相撑柱。'"死了那么多人，搞得大家都不愿养孩子了，养大了也白养，反正都要去送死。

司马迁也说，他自己去北边，沿途所见蒙恬所筑长城亭障，堑山堙谷，通于直道，固轻百姓力矣。这是司马迁的观感，筑长城确实消耗了民力，但消耗了多少，他没有说。他是严谨的，知道的说出来，不知道的不乱讲。

《史记·平津侯主父列传》摘抄主父偃的话说，秦始皇携战胜之威，欲伐匈奴，李斯曰不可，秦始皇不听，派蒙恬将兵攻胡，暴师于外十余年，死者不可胜数。又使天下百姓飞刍挽粟，转运粮草，启程时装三十钟，到达时仅剩一石，有效运送率才百分之一（有人还说只有一百九十二分之一或二百四十分之一，疑莫能定）。道路死者相望，天下始叛秦。——主父偃为了劝阻汉武帝不再伐匈奴，很可能故意夸大事实。

附在该文之后的徐乐也劝阻汉武帝说，秦始皇北击匈奴，南平百越，征战十余年，男人披甲，女人转输，苦不聊生，死者相望，所以在秦始皇死后，天下就乱了。——徐乐的目的与主父偃一样，但他把南北用兵放在一起来谈，相对要公正一些，是否到了"死者相望"的地步，还应该画个问号。

"孟姜女哭长城"的故事，已被证实纯属文学创作。孟姜女实有其人，但不生在秦朝，也跟秦始皇长城没有任何关系。《左传》记载说，齐国南下攻莒，一个名叫杞梁的人战死了。杞梁是贵族，不是普通百姓，他的妻子按照当时的礼法规定，坚持要求齐庄公来家里吊唁。

到了汉代，故事有所变化。齐庄公吊唁完走了，杞梁妻在莒国城下抱着丈夫的遗体痛哭，路人为之垂泪，这里，地点已由杞梁家变为莒国城下。她哭了十天十夜，把城墙哭塌了，举身赴淄水而亡。再往下传时，又变成哭倒边墙。这个边墙，是齐长城，离莒国四五十公里，而非秦始皇长城。

杞梁妻的故事在汉代流传甚广，《烈女传》《说苑》中都有记载。由汉代文人创作的著名的《古诗十九首》，也提到这个烈女子："西北有高楼，上与浮云齐。交疏结绮窗，阿阁三重阶。上有弦歌声，音响一何悲。谁能为此曲，无乃杞梁妻？清商随风发，中曲正徘徊。一弹再三谈，慷慨有余哀。不惜歌者苦，但伤知音稀。愿为双鸿鹄，奋翅起高飞。"

到了唐朝，故事又变化了，哭塌齐长城变成了哭倒秦始皇长城。唐朝前期，李白赋诗说："城崩杞梁妻，谁道土无心。"（《白头吟》）李白这里提到的还是"城"，而非长城，更不是秦始皇长城。但另有证据表明，就在唐明皇时期，杞梁妻已经与秦始皇长城联系起来。唐末五代时，一个号为"禅月大师"的贯休和尚，在其大作《杞梁妻》中，明确把杞梁妻与秦始皇长城扯在一起：

> 秦之无道兮四海枯，筑长城兮遮北胡。
>
> 筑人筑土一万里，杞梁贞妇啼呜呜。
>
> 上无父兮中无夫，下无子兮孤复孤。
>
> 一号城崩塞色苦，再号杞梁骨出土。
>
> 疲魂饥魄相逐归，陌上少年莫相非。

宋元时代，以孟姜女为主题的文学故事已经广泛流传。其中一个为《范杞良一命亡沙塞，孟姜女千里送寒衣》，说范杞良是修筑秦长城的逃犯，躲入孟氏园子来，适逢孟女沐浴，身体为范杞良所见，于是成婚。婚后不久，范杞良又被抓去筑城，在工地上暴露了逃犯身份，被处死刑，尸首埋筑于长城之下。孟女闻讯赶来，恸哭不已，把长城哭塌，收拾好范杞良的尸身，归葬故里。"姜"字传递了孟姜女是齐国女子的信息。

再后来，范杞良的名字也有做万喜良的。孟姜女哭倒长城的地方，一说在河北秦皇岛，但陕西宜君县南有一个地名叫哭泉，也说与孟姜女有关，而变成一眼流不尽的泉水，因此得名哭泉镇。陕北本来缺水，但在 20 世纪 90 年代中期，哭泉水势还很旺盛，所筑公路时常被浸毁。而江南也有一处与孟姜女有关，难怪有的故事把范杞良（万喜良）说

秦长城遗迹

成南方人，被抓到北方去筑长城。孟姜女千里寻夫，终于找到筑城之处，但万喜良已经死了，埋于长城之下。她痛哭三天三夜，也把长城哭塌了。

蒙恬大规模修筑长城只动用了三十几万人，前后八年，绝对不会是导致秦朝灭亡的原因，即使说加重了秦朝人民的负担，也不符合事实。在秦朝整个的劳役中，筑长城最多只占五分之一，而且是为了巩固边防，非个人享乐。赵国、齐国、魏国都修筑过边墙，赵国长城最长，南北加在一起，总长有 1200 公里，为蒙恬新筑长城的三分之二，为何它没有导致赵国灭亡，反而是赵国强大的标志？何况赵国国力最多只及秦王朝的七分之一。后世评论者不对这些数据进行一个比较，而简单袭用汉代人的说法，实不可取。

阿房阿房，亡始皇

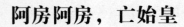 劳民伤财的阿房宫

秦始皇（前 259—前 210）在消灭六国统一全国以后，在都城咸阳大兴土木，建宫筑殿，其中所建宫殿中规模最大的就是阿房宫。据《史记·秦始皇本纪》记载，始皇帝三十五年（前 212 年），秦始皇认为都城咸阳人太多，而先王的皇宫又小，下令在故周都城三镐之间渭河以南的皇家园林上林苑中，仿集天下的建筑之精英灵秀，营造一座新朝宫，这座朝宫便是后来被称为阿房宫的著名宫殿。

由于工程浩大，秦始皇在位时只建了一座前殿。但是，直到秦始皇逝世，阿房宫也仅仅只修建了一部分。这部分有宫城环护，俗称"阿城"，所有石料均运自北山，木材则来源于四川和荆楚。阿城的北门安装了磁铁，如果有少数民族觐见时身披铠甲，怀藏利刃，进门就会被发现，因此这道门也叫"却胡门"。

阿房宫的主体建筑就在丰镐遗址不远的东北处，按照秦始皇的总体规划，阿房宫是从位于古城村聚家庄一带的阿房前殿开始，五步一楼，十步一阁，向东有阁楼延伸到骊山，向南则通往终南山巅，向北有道路连接咸阳宫。这个计划气势磅礴，如果全部实现，阿房宫将"复压三百余里，隔离天日"，是任何一个帝王的宫殿都望尘莫及的。

秦阿房宫遗址位于三桥镇南，其范围东至皂河西岸，西至长安县纪阳寨，南至和平村、东凹里，北至车张村，总面积 11 平方公里，在现辖域内约 7.8 平方公里。史载秦惠文王时在此建离宫，宫未成而亡。始皇帝三十五年（前 212 年）再次修建阿房宫，秦二世胡亥元年（前 209 年）继续修建。

1. 前殿遗址

前殿是阿房宫的主体宫殿。史载其东西五百丈，南北五十丈，上可坐万人，下可建五丈旗。现存一座巨大的长方形夯土台基，西起长安县纪阳乡古城村，东至巨家庄，经探测实际长度为 1320 米，宽 420 米，最高处高约 9 米，是中国目前已知的最大的夯土建筑台基。台基由北向南呈缓坡状，南面坡下探出大面积路土，现存长 770 米，宽 50 米，面积约 4 万平方米，为一广场，广场南沿有 4 条道路向南延伸。台基东、西边是现代挖成的断崖；北边为 3 层高出地面的台阶，阶宽 1—2 米，高 2—4 米。20 世纪 50 年代初，台上东、西、北三边都有土梁且连接在一起，现仅残存北边土梁，其高出台面 2 米多，略短于台长，应为倒塌了的夯土墙，现存墙迹厚 3.6 米，残高 0.7 米。发现有绳纹、布纹瓦片，分别有一戳印"千（隶体）右（篆体），北司（篆体）"文字。

2. 上天台遗址

上天台位于阿房宫村南，俗称"上天台"。台底东西长 42.5 米，宽 20 米，台顶平面长 11.5 米，宽 4.5 米，台高约 15 米。台上西北角有一条向西伸出的坡道，直通台下。坡道长约 30 米，底宽上窄。台下夯土基向西、向南各延伸约 20 米，向东延伸近 100 米，向北约 300 米直至阿房宫村附近，台下北边还残留一段 30 多厘米高的白灰墙迹，台下四周地面散见战国晚期至秦的细绳纹和中绳纹瓦片、几何纹空心砖块、红陶釜片和许多烧红了的土块。

3. 磁石门遗址

磁石门为秦阿房宫门阙之一。秦阿房宫的建筑以磁石为门，一是为防止行刺者，以磁石的吸铁作用，使隐甲怀刃者在入门时不能通过，从而保卫皇帝的安全；二是为了向"四夷朝者"显示秦阿房宫前殿的神奇作用，令其惊恐却步。

磁石门的准确位置，历来说法不一。《三辅旧事》指为阿房宫的

北阙门，《雍录》指为阿房宫的西门，《三辅黄图》指为阿房宫前殿之门。其位置据《西安地方志丛书·汉代长安词典》载："磁石门遗址在今咸阳东南的双楼村（今三桥镇双楼寺）。"20世纪90年代，在三桥镇阿房宫殿遗址北面（现中国人民武装警察部队技术学院院内）发现夯土层，文物部门推测此处可能是秦磁石门遗址，并设有磁石门遗址的保护标志。

4. 其他遗址

在前殿东北200米处有一"北司"建筑遗址，发现排列有序的大型石柱础和绳纹瓦片，瓦片上有"北司""左宫""右宫""宫甲"等字样的小篆文字。

在今阿房宫村北高窑村发现秦代麻点纹板瓦、筒瓦、云纹瓦当等建筑材料和著名的高奴禾石铜权。

前殿正北约1公里的小苏村，发现铜建筑构件6件。一件可能是铜柱础，一件是门砧，一件是户枢，其他3件都是做加固木质梁柱用的。

前殿北约3公里的后围寨村北有一高台建筑遗址，出土有用花纹空心砖砌筑的踏步和排列有序的柱础石、五角陶质水道，也应为一宫殿基址。

秦始皇死后，秦二世胡亥先修完骊山陵墓，接着便对阿房宫进行大规模扩建。但是，他的倒行逆施加速了秦朝的灭亡，项羽入关后，阿房宫和其他宫殿一起被烧得精光。

这座凝聚着智慧的千古名宫就这样成了一片焦土，不过，不管是秦始皇陵还是阿房宫，都浸染着人民的血汗。为了修建它们，秦始皇曾役使七十万人，以至于最后男子人数不够用，只得让女人来担负运输工作，"丁男披甲，丁女转输"。据统计，服徭役的人数居然不少于全国总人口的15%。

当时就有童谣唱道："阿房阿房，亡始皇。"果然不出所料，阿房宫还未修完，秦始皇就死掉了。

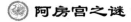 **阿房宫之谜**

1. 考古现场

2006 年，考古人员经过漫长的考察，在每平方米 5 个探洞这样密集的探查下，除了发现夯土之外，没有其他。

因为怕疏忽，专门把土质送到一显微镜专家那里，用显微镜检测，但依旧没有发现因焚烧而产生的碳化物。

而且在考察过程中，只有在咸阳宫旧址上发现了焚烧的痕迹，其他地方并无焚烧痕迹。相传的当年项羽烧阿房宫，恐怕只是人们的想象，阿房宫从来就没有被烧毁过的证据，而咸阳宫确实被项羽烧毁。

2. 考古推测

根据历史资料中的凤毛麟角，还有所记录的时间上来看，得出最后可信度很大的结论：几千年来人们所传说的阿房宫并非是不存在，而是根本没有建完。

秦始皇征 70 万苦力用了 4 年时间只打好了坚如磐石的夯土，最后秦始皇到死都没有建成阿房宫，秦二世为了完成先皇的遗愿，又召集苦力打算建完阿房宫，而当时各地已经开始纷纷起义，最终还是没有建成。

而唐代杜牧所写的《阿房宫赋》里面的描述，只存在于人们的幻想之中，或者说，阿房宫根本没有建完。

3. 其他看法

以前一般认为楚霸王项羽率领军队入关以后，移恨于物，将阿房宫及所有附属建筑纵火焚烧，化为灰烬。但《史记·项羽本纪》中只是说"烧秦宫室，火三月不灭"，未提及阿房宫。考古发现所谓"项羽火烧阿房宫"是历史误传，在对阿房宫遗址的考古挖掘中，考古人员也未发现焚烧的痕迹。近年，考古人员花费一年多时间勘察阿房宫，勘察超过 20 万平方米，只发现数片烧过的土块。如果依照史料所载，阿房宫应该是遍地大量的草木灰才对。考古人员推断项羽焚烧的是秦咸

阳宫，因为咸阳宫遗址发现大片烧过的遗迹。

相传阿房宫规模空前，气势宏伟，"离宫别馆，弥山跨台，辇道相属"，景色蔚为壮观。传说阿房宫大小殿堂700余所，一云之中，各殿的气候都不尽相同。秦始皇巡回各宫室，一天住一处，至死时也未把宫室住遍。后世这种辉煌的想象基本上来自《阿房宫赋》，唐朝诗人杜牧的《阿房宫赋》写道："覆压三百余里，隔离天日。骊山北构而西折，直走咸阳。二川溶溶，流入宫墙。五步一楼，十步一阁；廊腰缦回，檐牙高啄；各抱地势，钩心斗角。"阿房宫成为当时非常宏大的建筑群。可以想见，阿房宫宫殿之多、建筑面积之广、规模之宏大。但这都是传说，都是后世臣子借秦之喻，谏当朝帝王。依据现有考古证据，阿房宫并未建成。

4. 阿房宫名字由来

阿房原来只是朝宫前殿的名字，秦始皇本打算在整座朝宫建成之后"更择名命名之"。由于宫殿规模实在太大，虽然每天都有一几万苦役参加营建工作，但一直到秦朝灭亡时，此宫仍然没有竣工。这样，人们就称它为阿房宫了。这座宫殿为何取名叫"阿房"？历代记载分歧，说法不一，主要有以下几种观点。

第一种观点认为阿房一名是由于宫址靠近咸阳而得名的："阿，近也，以其去咸阳近，且号阿房。"

第二种观点认为阿房一名是根据此宫"四阿旁广"的形状来命名的。阿，在古意中亦可解释为曲处、曲隅、庭之曲等。阿房宫"盘结旋绕、廊腰缦回、屈曲簇拥"的建筑结构就体现了这种"四阿房广"的风格和特点。正是由于阿房宫建筑的这种风格，在《史记·秦始皇本纪》索引中解释此宫为何称阿房宫时说："此以其形命宫也，言其宫四阿旁广也。"

第三种观点则认为此宫之所以被称为阿房宫，是因为上宫宫殿高峻，若于阿上为房。这一观点出自《汉书·贾山传》，传中的注释曰："阿者，大陵也，取名阿房，是言其高若于阿上为房。"这就是说，阿房宫是由于宫殿建筑在大陵上而取名。从考古发掘来看，这种说法也是言之有理的。西安市郊约 15 公里的阿房村一带是古阿房宫的遗址所在地，从发掘的遗址可以看出，当年的阿房宫坐落在地势高峻的丘陵上，这里至今还残存着宫殿的高大地基。在阿房村村南附近，有一个宫殿遗留的大土台基，周长约 31 米，高约 20 米；在村西南还有一个据考证是阿房宫前殿遗址的高大夯土台基，东西长约 1200 米，南北长 500 至 600 米，最高处约有 8 米。阿房宫就建在这些高峻的台基之上，恰如《汉书》所言"高若于阿上为房"。

还有一种说法，《长安志》解释为"阿"是因宫殿与山相邻，未有名，先称阿房。这种说法出自《史记》中，阿房未成，宫成就会命名的说法。

还有一种民间离奇的传说，传说中，秦王嬴政爱上过一个赵国女子，芳名阿房，秦皇统一天下后本想立她为后，却遭到众大臣反对，只因她是赵女。阿房为了不让嬴政为难，上吊自杀。秦始皇为了纪念这个他深爱过的女子，因而起名阿房宫。

由此可见，以上几种观点都是论有所据，言之成理，并且都能自圆其说，因此在没有发现更新的确实有说服力的材料以前，很难断定孰是孰非。所以，对于这座千古留名的著名宫殿当时究竟为何取名阿房，阿房的真正含义至今只能说仍是个没有定论的历史之谜。

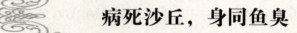

病死沙丘，身同鱼臭

出游病死，与鱼为伍

由于秦始皇横征暴敛，年年修建工程，老百姓逐渐开始怨声载道，一些具有侠义心肠的人于是准备暗杀他。

公元前 218 年，秦始皇兴冲冲地登上泰山，举行封禅大典，这种"一览众山小"的感觉让他非常受用，因此从泰山下来后，他继续四处巡游。

当车马队伍浩浩荡荡地经过博浪沙（今河南中牟西北）时，一个大铁锤腾空而来，"轰隆"一声击中了随行的车辆。由于秦始皇一向多疑，对自己的安全非常重视，他伪装了一辆车作为自己的后备，这个铁锤击中的不过是后备车。但即便如此，秦始皇依然惊出了一身冷汗，他再也没有心思巡游了，急忙命人快马加鞭地赶回咸阳。

始皇帝三十六年（前 211 年）秋天，长期操劳国事又纵欲过度的秦始皇，时常被一种不祥的预感所侵扰。信奉神祇的他，让人为他占卜，结果卦辞显示的是巡游迁徙才会吉祥。于是他先迁徙了三万家民户到北河榆中定居，赏赐每户一级爵位。第二年十月癸丑日，又开始他的第五次巡游。

这次随同秦始皇出巡的，有已升任丞相的李斯，执掌始皇车骑和符玺的中东府令赵高。幼子胡亥因为羡慕出游请求跟从，秦始皇准许了他的请求。出发之前，秦始皇对军国大事进行了一番安排，由右丞相冯去疾留守都城咸阳，总理朝政。至于长子扶苏，早已派往上郡，与大将蒙恬一起率兵防御匈奴。

秦始皇带着大队人马从咸阳出发，出武关，沿丹水、汉水到了方梦。又沿长江东下，经丹阳，来到钱塘。按计划准备在这里渡江上会稽山。因水波汹涌，就向西进了120里，从江水最狭窄的地方渡过。登上会稽山，祭祀大禹，遥望南海，立石碑刻字而歌颂秦德。回程经过吴县，从江乘县渡过长江，沿着海岸北上，到达琅玡。

当他们来到沙丘（今河北平乡东北）时，本来就体弱多病的秦始皇，加上旅途劳累，患上了重病。这位被长生不老梦想迷住的暴君，一向忌讳说死，因此群臣没有谁敢说死的事。然而事实无情，秦始皇的病情日益严重。生命垂危之际，他终于意识到死亡之神已经向他招手。关于他的死因，至今也是众说纷纭。

《史记·秦始皇本纪》中说，始皇第五次出巡时，行至平原津得病，勉强抵达沙丘平台，遂崩。按照这种说法，秦始皇之死是由于体弱多病。他为人又刚愎自用、事必躬亲，每天批阅的文书（竹简）多达60公斤，再加上巡游时正赶上七月的高温，因此突发疾病，一命呜呼。

有人则根据《史记·李斯列传》和《蒙恬列传》中的记载判断，秦始皇死得蹊跷。因为他的身体并不像其他皇帝那样羸弱，而且查遍史籍，也没有找出他患有宿疾的记录。也就是说，他的身体一向强壮。公元前227年，荆轲带着匕首、地图来到秦王大殿行刺他时，秦始皇面对这种突如其来的状况，依然能挣脱衣袖绕着柱子逃跑，任凭荆轲死命追赶也没追上。第五次出巡时，秦始皇不过50岁，这个年纪并不算老，即便他在平原津得病，也没有休息，又走了140多里行至沙丘。在沙丘平台养病时，曾口授诏书给长子扶苏。这些都表明他的思维很正常，不像患有致命急病的样子。值得注意的是，沙丘的宫殿原本是殷纣王豢养禽兽之处，战国时的赵武灵王也曾被困在这里，由于无法出去找寻食物，最后活活饿死在沙丘宫中，由此可见这个四面荒凉的地方与外界隔绝很远，在这种环境下，不能排除秦始皇被暗

杀的可能性。

而且秦始皇死后，宰相李斯和宦官赵高的做法让人颇为费解。《史记》中写道："丞相李斯恐天下有变，秘不发丧，置棺木于辒凉车中，让亲信宦官守护。每到一处，按例进膳。百官奏事，也由宦者在车内应答。时值酷暑，又用车载上一石鲍鱼，来混淆尸体的臭味。直到进入咸阳，才正式发丧。"这种种做法都不能不让人怀疑。

还有一种说法是，宦官赵高杀死了秦始皇。赵高是胡亥的老师，曾受命教他学习法律，他对秦始皇想立长子扶苏做皇帝的心思了如指掌。可是，野心勃勃的赵高不愿意扶苏继承皇位，因为扶苏为人正派、有头脑，和阿谀奉承的赵高根本不是一路人，如果扶苏当了皇帝，赵高恐怕没有立足之地了。而胡亥是个昏庸的家伙，赵高完全能控制他。

那么，赵高是否敢做出弑君的勾当呢？他的言行完全能证明这一点。他曾对胡亥说："臣闻汤武杀其主，在下称义焉，不为不忠。卫君杀其父，而卫国载其往，孔子著之，不为不孝。"

这些话表明，赵高根本不觉得弑君有什么不对，为了自己的利益，对患病的秦始皇下毒手完全是有可能的。

而且，在巡游途中，赵高还借口"还祷山川"，将蒙毅从秦始皇身边调走了。

秦始皇暴毙之后，赵高等人并未公布秦始皇已死的消息，而是将尸体放在车中，饮食、奏请和平常一样。为了继续欺骗臣民，他们不仅没有直接回去，反而摆出继续出巡的架势，整整绕了三四千里。

当时天气炎热，秦始皇的尸体已经腐烂发臭，为了掩盖一路上的臭气，李斯只得在车上装满死鱼，老百姓虽然觉得诧异，却猜不出原因。

回到咸阳之后，他们马上公布了秦始皇已死的消息，胡亥继位，是为秦二世。

《史记·李斯列传》中说："沙丘之谋，诸公子及大臣皆疑焉。"从情理上分析，每个人都有嫌疑，而赵高的嫌疑最大。但不管秦始皇是暴病身亡，还是遭人谋杀，这都是一场宫廷政变。

公元前 210 年，秦始皇逝世，享年 50 岁，葬于陕西西安临潼境内的秦始皇陵。

规模空前的葬礼

秦始皇死后三个月，秦二世胡亥把始皇帝安葬在了骊山北侧，在今陕西省西安市临潼区东北部一带，北临渭水，南依骊山。

据《史记·秦始皇本纪》记载，秦始皇的陵墓是秦始皇开始即位的时候就着手兴建了。由此可见，秦始皇虽然梦想着长生不老，但是，他心里非常清楚，这种可能性极小，因此他从继位起就开始为自己建造陵墓。

他将地址选在陕西省临潼县城东 5 公里处的骊山，因此秦始皇陵也叫"丽山"或"骊山"。史书中记载"坟高五十余丈，周回五里余"，经过折算，也就是高 120 多米，底边周长 2167 米，上面种满了树木，远远看去的确像一座山。

北魏时的著名地理学家郦道元说："始皇陵所在地区的地质多半是沙石，很少有纯净的黄土，因此他只好命人从距离陵墓东北五里的吴家寨附近将黄土运过来。"

始皇陵从公元前 246 年就开始修建，直到公元前 208 年才完工，共费时 39 年。在历史文献中，《史记》是首次记载秦始皇陵地宫情况的典籍，弓中写道："穿三泉，下铜而致椁，宫观百官奇器珍怪藏满之，令匠做机弩矢，有所穿近者辄射之。以水银为百川、江河、大海，机相灌输。上具天文，下具地理，以人鱼膏为烛，度不灭者久之。"

这段话到底是什么意思呢？

"穿三泉"是指地宫的深度。地宫的核心部分叫"玄宫"，也就是盛殓尸体的棺材所在地，它位于地宫最底层。"三泉"指的是第三层地下水，根据水文资料表明，第一层地下水距地面为 16 米，根据现在的勘探，地宫口至底部约为 26 米，按照年代继续推算，那么至秦代，地表最深约为 37 米，不过这个结果是否属实，还需要考古学家进一步

验证。

"宫观百官"是指秦始皇生前居住过的宫殿，比如阿房宫和咸阳宫，百官的意思很好理解，就是三公九卿及文武官员。不过，这些东西是用什么材料制作的，现在也是一个谜。

"奇器珍怪"则表明陵墓里装满了奇珍异宝和制作精美的器物，"怪"一般是指兽类，所以可以理解为珍稀动物，现在有两种说法，一种是活的珍稀动物直接埋入地宫，另一种是用陶土或其他材料制作的动物。

"令匠做机弩矢，有所穿近者辄射之"的意思是说，为了防止有人盗墓，秦始皇命工匠制造了机关暗箭，一旦有盗墓者靠近，就会被突如其来的弓箭射死。

"以水银为百川、江河、大海，机相灌输"是指在模具中注入水银，使其循环往复，江是长江，河是黄河，海是秦始皇东巡时到过的东海，毫无疑问，这里描述的是一幅秦代疆域的模拟图。

此外，水银很容易挥发，其蒸气更是剧毒无比，只要进入墓穴，就会被蒸气毒死，这个方法也是为了防止盗墓者的。

"上具天文"是说玄宫顶部有一幅天体图，秦朝的天文知识已经达到较高水平，咸阳城的扩建就是对应着星宿位置分布的。有的学者推测："这幅天体图的形象是正中为斗星，围绕斗星一周应有二十八宿，与之相配的是青龙、白虎、朱雀、玄武、扶桑、桂树、太阳、月亮、金乌和玉兔。"

"下具地理"是指地理概况，以及统一中国后划分的三十六郡。

以"人鱼膏为烛，度不灭者久之"是说用人鱼膏制成的蜡烛可以在地宫中燃烧很久。实际上，这种做法也是一种防腐措施，因为蜡烛燃烧需要大量的空气，地宫封闭后，里面的空气逐渐被消耗，最终形成一个相对稳定的真空，直到近代，这种方法还在使用。

据文献记载，人鱼就是鲵鱼，俗称"娃娃鱼"，也有学者认为人鱼指的是鲸鱼，蜡烛是用鲸鱼油制作而成的。不过，对这个问题，现在也没有答案。

由于陵墓过于庞大和精致，秦始皇生前未能看到它竣工。秦始皇死后，秦二世加以突击修建。始皇下葬后，工程还在继续，直到反秦大起义的队伍打进关中，才被迫中止。

秦始皇陵的规模以及奢华、精致的程度，不仅超过了秦国历史上所有先公、先王的陵墓，而且在中国历代帝王陵墓中也是绝无仅有的。

秦始皇葬礼的细节，史书记载不多。但从秦始皇陵的规模看，当时治丧的盛况，一定是空前的。

当时，秦二世曾下令，凡没有生育过子女的秦始皇后妃以及大批宫女，全部为始皇殉葬，这是秦史上规模最大的一次人殉。并且，秦二世又生怕修建秦始皇陵的工匠泄露墓室中的机密，竟下令在始皇灵柩下葬后，迅速关闭出口，将所有在墓内工作的工匠全部活埋在里面。此外，秦二世还在秦始皇陵墓外围埋下了大量的殉葬物。

经过近几十年来的考古发掘和研究，人们已对秦始皇陵有了进一步的了解，弥补了文献记载的不足。

整个秦始皇陵园区占地 56.25 平方公里，主要包括五个部分：封土、地宫、城垣、寝殿等附属建筑及陪葬坑。封土，即坟墓，它是由黄土堆积，夯匀，呈上小下大的方锥体状。据记载，秦始皇陵原来坟高近 170 米，周边长有 2500 多米。封土的底部南北长 515 米，东西宽 485 米，总面积约 25 万平方米。由于历经两千年的风雨侵蚀，现有封土已比原来小了很多，但高度仍在 50 米以上，东西长 345 米，南北宽 356 米，面积为 12 万多平方米。高大的坟墓像一座山峦，林木葱郁，与南面的骊山遥遥相对。

地宫位于封土堆地面下 30 米左右，东西长约 170 米，南北宽约 145 米，呈矩形，地宫内存在明显的汞异常。考古过程中发现了大范围含量较高的汞，且东南、西南强，东北、西北弱，从而验证了《史记》中有关秦始皇陵地宫内"以水银为百川、江河、大海"记载的真实性。墓室位于地宫中央，高 15 米，东西长约 80 米，南北宽约 56 米，墓室周围有一层细夯土质地的巨大宫墙，夯土层厚约 8 毫米，宫墙高度 30 米，顶端比秦代当时的地面要高。地宫内有东西两条墓道，还有十分发达的排水系统，以保证内部的干燥。

封土四周有内外两道城垣。城垣已倾塌，目前仅存墙基。内城和外城均呈南北向的长方形。内城南北长 1355 米，东西宽 580 米。外城南北长 2165 米，东西宽 940 米。内外城四面都有门，门上有阙楼。

在城垣以内，封土的北侧和西侧是地表建筑，封土北侧的建筑为陵园的寝殿，西侧的建筑是供奉陵寝内墓主灵魂饮食的饮官的住处。这是模仿人间宫殿"前朝后寝"制度而来的，反映了侍奉始皇遗体如他生前一样的观念。

在城垣内外，有数不尽的陪葬坑。例如，在封土西侧有大型彩绘铜车马两组，它们是供墓主灵魂乘坐巡行用的车马仪仗中的副车。西边的内、外城之间，有珍禽异兽坑及跪坐俑坑 31 座，有鹿麂及其他珍贵动物，象征着宫廷的苑囿。在外城东边的上焦村，发现了马厩坑及跪坐俑坑，它们象征着宫廷的厩苑；跪坐俑是古代负责饲养马的人员，此外，还有戏俑、文官俑、乐手俑和青铜水禽等。

特别是在秦始皇陵东侧 1.5 公里处，还发现了一组大型的陪葬坑，这就是震惊世界的秦始皇兵马俑群。

1974 年 3 月，几位农民在距秦始皇陵东侧 1.5 公里处打井时，偶然发现几片陶俑的碎片。聪明的他们立刻意识到地下一定埋有重要的文物，就向文物部门报告，于是，引出了一项震惊世界的考古发现。

经发掘，那里有以军阵形式排列的兵马俑坑 3 个。一号坑呈东西向的长方形，东西长 230 米，南北宽 62 米，面积为 1.426 万平方米。二号坑位于一号坑的东端北侧，为曲尺形，东西最长处 124 米，南北最宽为 98 米，深约 5 米，面积约 6000 平方米。三号坑位于一号坑的西端北侧，呈"凹"字形，东西长 17.6 米，南北宽 21.4 米，深 4.8 米，面积约 520 平方米。

3 个兵马俑坑出土的陶俑、陶马和真人真马大小相似，形态逼真，它们的排列是按照当时的军阵编组的。一号坑是以战车与步兵组合排列的长方阵，二号坑为战车、骑兵、步兵混合编组的曲尺形军车，三号坑的陶俑作仪卫式的夹道排列，是统率一、二号坑军队的指挥部。

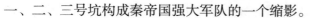

一、二、三号坑构成秦帝国强大军队的一个缩影。

这三处兵马俑坑呈"品"字形排列，共出土陶俑、陶马 8000 件、战车百乘以及数万件实物兵器等。兵马俑坑不但是一个丰富的地下军事博物馆，也是一个雕塑艺术的宝库。数以千计的高大的兵马俑群，其规模的宏伟、气势的磅礴，在中国和世界雕塑史上十分罕见。这些多彩多姿、形态逼真、充满个性特征的艺术形象，具有永恒的艺术魅力，表现了古代中国人民在艺术创造上的卓越才能。

秦始皇陵的兵马俑坑，生动地再现了秦帝国军队训练有素、兵强马壮的情景，显示了秦王朝横扫六合、威震天下的军事力量及其雄伟的气势，被称为"世界第八大奇迹"。

整个秦始皇陵，更是这样一座奇迹。根据以上情况可知，秦始皇陵园的整个建筑布局，模拟了始皇生前居住在京城的形式：那高大的封土下的地宫象征着皇宫，内外两城象征着京城的宫城和外郭城。内城里有寝殿、便殿、苑囿、吏舍，还有供皇帝出行用的乘舆；外城外边的厩苑内有供驾车和骑乘用的骏马。至于兵马俑，则象征着驻扎在京城外的宿卫军守卫着京城。再加上地宫内具有的百官位次以及无数奇珍异宝，构成了一幅"千古帝王"理想的生活宫城图。

然而，奇迹是用天下百姓的生命和血汗换来的，是用无数建造者的尸骨堆出来的。据研究，仅秦始皇陵园外的那组兵马俑坑，占地面积总计 2 万平方米，光挖坑一项的土方工程量就达 10 万余立方米。所用木料均为巨大的松柏，根据遗留的木槽看，有的棚木直径为 68 厘米，长达 10 余米。初步计算，一、二、三号俑坑共用木料 8000 余立方米，棚木上铺的苇席和竹席 1800 余平方米，铺地用砖 25 万块。加上 8000 件大型陶俑、陶马的制作，其工程量和所耗费的人力、物力都是十分惊人的。

这还仅是一个陪葬坑而已。因此，司马迁记载的秦始皇派发 70 万人修建陵墓，不会是一个失实的数字。正如元代张养浩在《山坡羊》小曲中所唱的："兴，百姓苦；亡，百姓苦。"

但是不管怎么说，秦始皇陵完全是按地下王国构想的，它藏品丰

富、规模宏大，而且是世界上结构最奇特的帝王陵墓之一。毫不夸张地说，它就是一座豪华的地下宫殿，生动再现了秦代灿烂的文化和科学技术。

昏君僭位，奸佞当朝

秦二世胡亥是秦始皇的第十八子。是一个毫无政治才能、鲁莽顽皮的公子哥。而他的大哥，秦始皇的长子——公子扶苏，却与胡亥截然不同。扶苏爱民如子、谦逊待人、勇猛善战，但是，秦始皇病死沙丘时，赵高与李斯竟然扣下秦始皇传位给扶苏的诏书，把诏书篡改成让胡亥继承皇位。胡亥即位后，残暴昏庸、杀兄弟、屠忠良。胡亥听信赵高谗言，竟制造了历史闹剧——指鹿为马。当胡亥醒悟后，面临着身死国破的结局。

扶苏、胡亥其人其事

 公子扶苏

公子扶苏是秦始皇的长子，因其母郑妃是郑国人，喜欢吟唱当地流行的情歌《山有扶苏》，始皇便将两人之子取名"扶苏"。"扶苏"是古人对树木枝叶茂盛的形容，秦始皇以此命名，显见对此子寄托着无限的期望。年少时的扶苏机智聪颖，生就一副悲天悯人的慈悲心肠，因此在政见上，经常与暴虐的秦始皇背道而驰。始皇偏执地认为这是扶苏性格软弱所致，于是下旨让扶苏协助大将军蒙恬修筑万里长城，抵御北方的匈奴，希望借此培养出一个刚毅果敢的扶苏。几年的塞外征战果然使扶苏成长得与众不同，他身先士卒、勇猛善战，立下了赫赫战功，敏锐的洞察力与出色的指挥才能让众多的边防将领自叹弗如，他爱民如子、谦逊待人更深得广大百姓的爱戴与推崇。

扶苏是秦朝统治者中具有政治远见的人物，他认为天下未定，百姓未安，反对实行"焚书坑儒""重法绳之臣"等政策，因而被秦始皇贬到上郡监蒙恬军。秦始皇死后，赵高等人害怕扶苏继位执政，便伪造诏书，指责扶苏在边疆和蒙恬屯兵期间，"为人不孝""士卒多耗，无尺寸之功""上书直言诽谤"，逼其自杀。

"始皇有二十余子，长子扶苏以数直谏上，上使监兵上郡，蒙恬为将。"（《史记·李斯列传》）《史记·秦始皇本纪》记载："始皇长子扶苏谏曰：'天下初定，远方黔首未集，诸生皆诵法孔子，今上皆重法绳扶苏之，臣恐天下不安。唯上察之。'始皇怒，使扶苏北监蒙恬于上郡。"他为天下苍生请命，可见其仁；他宁愿冒着失去父皇信任的巨大威胁，而犯颜数次直谏，竟不惜被贬出秦国都，可见其勇；他冷静地看到秦帝国表面无比强大下巨大的危机，可见其智。秦横扫六合，始皇踌躇满志，对臣下说："寡人以眇眇之身，兴兵诛暴乱，赖宗庙之灵，六王咸伏其辜，天下大定。今名号不更，无以称成功，传后世。其议帝号。"而那帮包括廷尉李斯在内的重臣则皆投始皇所好："今陛下兴义兵，诛残贼，平定天下，海内为郡县，法令由一统，自上古以来未尝有，五帝所不及。"秦始皇闻之大悦："朕为始皇帝。后世以计数，二世三世至于万世，传之无穷。"千古一帝的志得意满之情跃然纸上。然而秦帝国的巨大危机有几个人能够清楚而冷静地看到呢？扶苏看到了，而且数次直谏。

二世胡亥

胡亥，即秦二世（前230—前207），嬴姓，名胡亥，在位时间公元前210年—公元前207年，也称二世皇帝，是秦始皇的第十八子，公子扶苏的弟弟，从中车府令赵高学习狱法。始皇帝三十七年（前210年），始皇出巡死于沙丘，胡亥在赵高和丞相李斯的扶持下，得立为太子，并承袭帝位，称二世皇帝。秦二世即位后，赵高掌实权，实行惨无人道的统治，终于在公元前209年激起了陈胜吴广农民起义。二世胡亥在赵高逼迫下自杀，时年24岁。

胡亥是始皇帝最小的儿子。俗话说："幺儿幼子最可爱，年少天真无嫌猜。"爱幼之情，不但平民百姓如此，权势在手的人，更是如此。身在高位，逼宫抢班的危险，使人不得不有所提防，首当其冲的提防对象，就是自己的继承人。父子继承的体制下，长大成人的亲骨肉，越是能力强，越是力量大，越是有逼迫的危险，也越是容易成为猜忌的对象。与此相反，幼子继承皇位的可能性最小，利害上没有逼迫的可能。年幼天真，与父亲的关系多是难得的真情，不仅没有嫌猜，常常滋生格外的爱怜。格外的爱怜，生于平民之家，不过是人间的亲情；生于帝王之家，往往衍生成王位继承的政情。胡亥之所以格外受到父亲的宠爱，也出于他可爱的性格。胡亥其人，本来是没有政治抱负也没有政治野心的青年，鲁莽而顽皮。

胡亥在秦始皇的儿子中是出了名的纨绔子弟，没有什么帝王儿子的风度。有一次，秦始皇设宴招待群臣，让儿子们也参加。胡亥也遵命赴宴，但他不愿和大臣们循规蹈矩地在父亲面前喝酒，早早吃饱便借故退席了。在殿门外整齐地排列着群臣的鞋子，因为按照当时秦的规定，大臣进入宫殿时必须将鞋子脱下放在殿门外。参加酒宴的群臣的鞋子摆放得整整齐齐，这却成了胡亥胡闹的道具。他借着酒劲，边走边随意地将群臣的鞋子踢得横七竖八，将看起来招眼的鞋，都一一踩上一脚，诸位兄长无不叹息。人的言行是一致的，后来胡亥做皇帝治理天下，结果就像他原来踢鞋一样把国家"踢"得乱七八糟，最后乱得连自己的性命也搭进去了。

胡亥的公子哥形象加上赵高的教唆，使他在邪路上渐渐地越走越远。赵高本是卑贱之人，但他也有一些才干，如精通刑法，不但身高力气大，字也写得很好，深得秦始皇的宠信，一直提拔他做了中车府令，负责皇帝的车马仪仗。为了巴结胡亥，赵高经常教胡亥书法和如何断案，加上赵高的三寸不烂之舌，将胡亥牢牢地控制住，一切听他指挥，这是以后赵高鼓动胡亥篡位的基础。

赵高的崛起

 赵高其人

司马迁在《史记·蒙恬列传》中记载了赵高的身世："赵高者，诸赵疏远属也。赵高昆弟数人，皆长隐宫，其母被刑戮，世世卑贱。秦王闻高强力，通于狱法，举以为中车府令。"

这段话的意思是说，赵高本是秦国某位国君之后，他的父亲是秦王的远房本家，因为犯罪被施刑，其母受牵连沦为奴婢，赵高弟兄数人世世卑贱。秦始皇听说他身强力大，又精通法律，便提拔他为中车府令掌皇帝车舆，还让他教自己的少子胡亥判案断狱。

由于赵高善于察言观色、逢迎献媚，因而很快就博得了秦始皇和公子胡亥的赏识和信任。但自古以来，"善泳者溺于水，明法者则多犯法"，赵高也是这么一个人。他自恃有才而恣意妄为，结果被大臣蒙毅（将军蒙恬的弟弟）抓了个正着，按律当斩。秦始皇觉得他也是个人才，不忍心杀死他，便赦免了他的罪，还让他担任中车府令并兼管符玺大权，为自己起草诏书。由此不难看出秦始皇对赵高的偏爱，可他万万没有想到，就是这位在自己眼中"敏于事"的宠臣，日后会成为断送大秦江山的罪魁祸首。

没多久，他又任命赵高做儿子胡亥的老师，专门教授法律。赵高心胸狭窄，善于弄权，对曾经处置过自己的蒙氏兄弟怀恨在心，总想找机会报仇。

另外，赵高还是秦汉时期的书法大家，东汉时许慎《说文解字序》云："赵高作《爰历篇》，取史籀大篆，或颇省改。"北魏时王愔《古今文字志目》中卷列秦、汉、吴三朝书法家59人，其中就有赵高。南朝时羊欣《采古来能书人名》谓赵高"善大篆"。唐朝张怀瓘《书断》卷上《大篆》曰："赵高善篆，教始皇少子胡亥书，著有《爰历篇》六章。"

赵高非宦官之说

赵高到底是一个什么样的人物？关于他的身世，2000年来了解甚少而曲解甚多。

有不少书上说赵高是有儿女的人，他的女儿嫁与阎乐。阎乐任咸阳令，曾经参与望夷宫政变，这是赵高不是宦阉的明确证据。实际上，司马迁从来没有说过赵高是宦阉，不仅司马迁没有说过，东汉以前的所有史籍中都没有赵高是宦阉的记载。说赵高是宦阉的误解，一是出于对"宦"字理解的错误，二是基于错误的文字"隐宫"所作的丑化曲解。

《史记·李斯列传》记载说赵高是"宦人"，有"宦籍"，这是赵高被误解为宦阉的一条材料。然而，根据新出土的《张家山汉墓竹简》，"宦"，就是在宫中内廷任职的意思。宦人，就是任职于宫内之人，相当于王或者皇帝的亲近侍卫之臣。宦籍，就是用来登录出入宫门者的登记册。秦汉时代，不管是"宦人""宦籍"，还是"宦官"的用语，都没有指被去势的男人出仕宫内官职，也就是后代所谓的"宦官"的语义。当时，被去势后的男人被称为"奄（阉）人"，在宫中任职的阉人被称为"宦奄（阉）"，定义非常清楚。根据这个最新的材料，赵高是任职于宫中的宦人，也就是皇帝的亲近之臣，而不是被去势的宦阉。

《史记·蒙恬列传》说"赵高兄弟皆生隐宫"，这是赵高被曲解为宦阉的另一条材料。"隐宫"一词，本来语义不明。东汉以后，一位为

《史记》做注解的刘姓人士借题发挥，他将"隐宫"之"宫"解释为去势的宫刑，进而生发开去说，赵高的父亲受宫刑去势，后来与他人野合生下了赵高兄弟。赵高兄弟冒姓赵，也受宫刑被去势成了宦官。谎话越编越大，越编越痛快，于是以讹传讹。到了唐代以后，赵高一家都是宦阉的不经流言就逐渐固定下来。秦史专家马非百先生早就根据《睡虎地云梦秦简》指出，"赵高兄弟皆生隐宫"的"隐宫"一词，是"隐官"的误写。《张家山汉墓竹简》出土以后，"隐官"的意义更加清楚明白。"隐官"，既用来指称刑满人员工作的地方，也用来指称刑满人员的身份，与宫刑和"去势"完全没有关系。

著名历史学家顾颉刚先生有一个非常有名的论断，叫作层累地形成的古代史。顾先生以为，今天我们所见到的古代史，经过了历代不断的改造重写，已经不是原汁原味，而是添加了历代所喜好的口味。为了了解真实的古代史，必须清理历代的添加，复原古代的真相。东汉因为宦阉之祸亡了国，刘氏的曲解投合了当时人痛恨宦阉的心情，大家都愿意传布亡国祸首都是宦阉的流言。唐代又是宦官专权乱政，古来宦阉亡国的阴魂未散，在类比声讨的风气下，赵高是宦阉的流言飞语，自然发扬光大，成了不刊之论。

历史叙事，是基于历史事实的叙事。核实历史事实的真相，是历史学家所从事的工作的基础，因为没有真实，而后的一切都是流沙上的建筑。不过，真假的鉴定，史料的考证，那是需要用论文的形式表达的另一种历史。眼下，我们还是回到历史叙事上，再次切入沙丘之谋前赵高的为人行事上来。

"嬴"与"赵"是秦国王室与赵国王族共有的姓与氏，赵高的父系当为秦国王室的疏族。赵高祖上大概是秦国某位较远的君王其一不得势的公子，而秦国自商鞅变法以来，启用军功爵制度，但凡没有军功之人，即便是王室子弟，也难以得到升迁，秦国的公子们以及他们的后代地位逐次降低，传至赵高已与普通庶民无异。

赵高有兄弟数人，都出生于隐官，在历史上留下姓名者，只有弟弟赵成。赵成后来接替赵高，做了秦帝国的郎中令，曾经参与谋杀秦二世的望夷宫政变，也是一位人物。隐官是政府设置于不引人注目处的手工作坊，用来安置刑满罪人工作。赵高的母亲因为有罪受过刑罚，赦免后，由于身体有受刑后的残疾，不便见人，也不愿被人瞧见，就一直在隐官劳动生活。

在秦代的等级身份规定中，在隐官劳动生活的人，其身份也叫隐官，用现在的话来说，相当于刑满释放人员，地位在普通庶民之下，所能占有的土地和住宅，只有普通庶民的一半。隐官虽然地位低下，其婚姻却不受限制，隐官子女的身份也同于普通庶民。赵高的父亲，大概是在隐官工作的下级文法官吏，通晓法律，精于书法，在隐官任职时结识了赵高的母亲，组建了家庭，生下赵高兄弟。秦是注重世业的国家，子承父业、以吏为师成了帝国的国策。赵高成年以后能够走文法的道路入仕，成为第一流的书法家和法学家，都与父亲的职业和影响密切相关。

秦国自商鞅变法以来，以耕战立国，以法律治国。军人，最受社会推崇；官吏，最为民人敬畏。秦国男子走上社会的途径，不外乎从军和为吏两条正道。男子 17 岁成年，傅籍开始承担国家的徭役租税，或者应征参军，杀敌立功，或者入学室学习，通过选考出任官吏。学室是专门培养文法官吏的官设学校，分别设置在首都和各郡。学生多从文法官吏的子弟当中选拔，17 岁入学，学习 3 年，主要学习识字、书法和法律。学满 3 年以后，在所在学室参加资格考试，可以背写5000 字以上者为合格，除授为史，即可以担当文法事务的小吏，也就是办事员。除授为史者，进而可以参加中央政府主持的初等选拔考试。初等选拔考试在各地举行，各郡的试卷送到首都咸阳，统一由少府属下的大史审阅判定。判定的结果，提拔最优，处罚最劣。成绩最优秀者被任命为出身县的令史，相当于秘书一类，直接在县令的手下工作；成绩最差者，其所除授的史职将被取消。3 年后，出任令史者还有一次高等选拔考试，经过严格的考试和审查，选拔最优秀者一人，进入宫廷担当尚书卒史，以内廷秘书的职务，直接在秦王的左右工作。

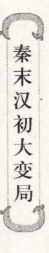
矫诏篡位

 始皇病死，阴谋矫诏

公元前 210 年，秦始皇再度东巡，他带着丞相李斯、最宠爱的小儿子胡亥和中车府令赵高开始了第五次也是最后一次出巡。

回程时天气炎热，队伍到达沙丘时，秦始皇突然患了重病。或许他预感到自己躲不过这一劫，就召来赵高，让他写一封诏书给在北面边境驻守的长子扶苏。但老奸巨猾的赵高并没有按时发出诏书，反而将其扣留在手中，他早已打好了算盘。

走出宫殿后，赵高立刻找到胡亥，意味深长地说："皇上已经不行了，他没有给你的其他兄弟下诏，独独写了诏书给你的哥哥扶苏。没多久，他就是新皇帝了，而你没有寸土之地，以后打算怎么办呢？"

胡亥没听懂他的意思，傻乎乎地回答："父亲这个决定没什么呀，我自小就知道，明君了解臣子，明父则了解儿子，既然父亲做出这个决定，那我没什么可说的。"

眼看胡亥碌碌无为，丝毫没有夺权的野心，赵高忍不住继续说："不然，当臣子和让别人称臣完全不同，前者受制于人，后者却能制人，怎么可能一样呢？如今生杀大权都掌握在我和丞相手中，只要你说句话，我们肯定会帮你图谋这个江山。"

胡亥不敢相信地说："废兄而立弟是为不义，不奉父诏而畏死是为不孝，而且我能力不够，这么做无异于夺人之功，不行不行！如果我当了皇帝，天下人肯定不服气，到时候说不定连江山都保不住了。"

赵高冷笑道："我只知道，汤、武杀其主，天下人都称其为义举，没听人说他们不忠；卫君杀其父，孔子还专门写书称赞他，谁敢说不孝？如果你顾小而忘大，将来必定后患无穷，后悔自己今天的决定。只要你下定决心，鬼神都会避开，胜利在望啊！我劝你还是听我的话。"

胡亥叹了口气，"可是父亲还在人世你就图谋这种事，恐怕没什么好处，更何况丞相也在，他是万万不会同意的！"

赵高胸有成竹地说："所谓时机都是自己谋划的，只要你愿意，其他的事情都交给我来办。"

经过赵高的一番诱惑，胡亥终于动摇了，最后他表示：愿意听从老师的安排。

说服胡亥之后，赵高又找到李斯。一开始，他并未说明来意，而是转弯抹角地问："和蒙恬相比，你的才能、谋略、功劳，还有太子扶苏的信任程度如何？"

李斯老老实实地回答："我不及蒙恬。""那么，"赵高终于说到正题了，"一旦扶苏即位，必定会任命蒙恬为丞相，到时候，你会是什么样的处境应该能想到吧！"

听了这话，李斯低下头没有言语。赵高看出他动了心思，于是趁热打铁地说："胡亥这孩子心思单纯、性格温顺，不像扶苏那么精明强干，如果他当了皇帝，你的地位和现在拥有的一切都不会消失。"

正所谓"人为财死，鸟为食亡"，再加上宰相李斯一向崇尚权力，因此，他和赵高一拍即合，决定伪造一封诏书："立胡亥为太子。太子扶苏因为不能回京，对皇帝怀恨在心，是为不孝；蒙恬身为臣子，驻守边疆十几年，不仅没立战功，反而多次上书非议朝政，而且不规劝太子的无良行为，是为对皇帝不忠。扶苏不孝、蒙恬不忠，命其自刎，以谢皇恩。"

这次出巡，赵高掌管着印信、墨书以及传达皇帝命令的"玺"和调兵的凭证"符"，正好有利于赵高阴谋矫诏。历史有时就是这样，常常搞一个恶作剧，使得一个平庸可笑的人物可能扮演了英雄的角色。

于是，哪怕在一个短暂的时期里，也使善恶、忠奸、美丑一下子都被颠倒，甚至成为一个社会或者一个王朝分崩瓦解的重要原因之一。

胡亥篡位，残暴昏庸

公元前 210 年，秦始皇病死，胡亥继位。胡亥是秦始皇的小儿子，按理说皇帝的位置怎么也轮不上他，他最终之所以能当上皇帝，完全是赵高为了自己专权而一手策划的，在秦始皇的众位公子中，胡亥论才干绝对不够继位的资格。他的长兄扶苏是最优秀的，秦始皇也将他作为继承人来培养，虽然秦始皇并不是很喜欢他。为了增长他的治国经验，派他到北面的边境上和蒙恬一块戍守。然而，赵高的"沙丘之谋"，却让这个最不可能当皇帝的胡亥坐上了皇帝的宝座。

胡亥出生于皇家，自幼娇生惯养，又是最小的儿子，难免有些任性，贪图享乐。而且他常年住在宫中，耳濡目染的都是权力之争，再加上赵高的"教诲"，胡亥养成了贪婪残忍、昏庸无能的性格。

秦始皇在位时，颁布了非常严酷的法令，其中最残忍的一条就是：一人犯法，罪及三族；一家犯法，邻里连坐。胡亥在制定法令上有过之而无不及，他制定了更为残忍、荒谬的法令，竟然以官员收税和杀人的数量作为评定忠臣的标准，这就直接导致了各级官员滥抢民财、滥杀百姓，使人民苦不堪言。

《史记·六国年表》记载："二世元年十一月，为兔园。"有一次，胡亥居然征集了五万人到咸阳，目的就是为了"令教射狗马禽兽"。胡亥一心寻欢作乐，还养了许多珍禽异兽供自己玩赏。

《史记·滑稽列传》记载："一天，胡亥觉得咸阳的城墙颜色不好看，于是说：'如果将城墙重新油漆一遍就好了。'宫里的滑稽演员优旃说：'皇上的主意太好了！虽然又要花钱，但这么一来，城墙就变得好看了，而且油漆很光滑，就算来了贼寇，想必他们也爬不上去。'胡亥被他的话逗笑了，'漆城工程'总算作罢。"

但是对于老百姓，法律则特别严苛，最后居然导致"刑者相伴于

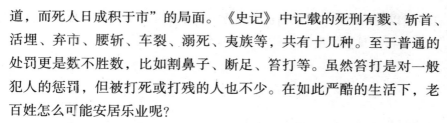

道，而死人日成积于市"的局面。《史记》中记载的死刑有戮、斩首、活埋、弃市、腰斩、车裂、溺死、夷族等，共有十几种。至于普通的处罚更是数不胜数，比如割鼻子、断足、笞打等。虽然笞打是对一般犯人的惩罚，但被打死或打残的人也不少。在如此严酷的生活下，老百姓怎么可能安居乐业呢？

胡亥将秦始皇葬于秦始皇陵后，下令将宫中没有生子的妃子活埋，为其父陪葬。在残杀了众多嫔妃后，胡亥又将数以万计的修建秦始皇陵的工匠活埋在陵墓里，因为他担心陵墓的信息日后被工匠泄露。

胡亥的残暴相对于其父来说，有过之而无不及，但他却没有一点儿政治抱负，一心想享乐一生。有一次他对赵高说："人这一生就像飞奔的马过墙的缝隙一样快，做了皇帝，我想尽心享乐，爱卿，你看呢？"这正合赵高心意，从此讨好胡亥享乐，自己则更大胆地专权。

有了赵高的支持，胡亥还不放心，又向李斯询问如何才能长久地享乐下去。他对李斯说："我听韩非说过，尧治理天下的时候，房子是茅草做的，饭是野菜做的汤，冬天裹鹿皮御寒，夏天就穿麻衣。到了大禹治水时，奔波东西，劳累得以致大腿掉肉，小腿脱毛，最后客死异乡。做帝王如果都是这样，难道是他们的初衷吗？贫寒的生活大概是那些穷酸的书生提倡的吧，不是帝王这些贤者所希望的。既然有了天下，那就要拿天下的东西来满足自己的欲望，这才叫富有天下嘛！自己没有捞到一点儿好处，怎么能有心思治理好天下呢？我就是想这样永远享乐天下，爱卿，你看有什么良策？"

李斯唯恐胡亥听从赵高的话，自己失宠，于是写了一篇文章《行督责之术》，向胡亥献出了独断专权、酷法治民的治国方法。即用督察与治罪的方式来巩固中央集权，镇压百姓的反抗与违法。李斯的策略代表了他的法律观念，后来秦朝的灭亡宣告这种法家思想的历史性破产。

有了李斯的主意，胡亥便肆意放纵自己的欲望。他继续大量征发全国的农夫修造阿房宫和骊山墓地，调发五万士卒来京城咸阳守卫，同时让各地向咸阳供给粮草，而且禁止运粮草的人在路上吃咸阳周围

300 里以内的粮食，必须自己带粮食。除了常年的无偿劳役外，农民的赋税负担也日益加重。

杀兄弟，屠忠良

 残害兄弟姐妹

胡亥登上帝位之前就害死了自己的哥哥扶苏。胡亥和赵高、李斯一起伪造了诏书送到在北面边境戍守的扶苏和蒙恬处，假诏书斥责扶苏和蒙恬戍边十几年，不但没立战功，相反还屡次上书肆意非议朝政。扶苏更是对不能回京城做太子而耿耿于怀，怨恨不已，所以对扶苏赐剑自刎。蒙恬对扶苏的行为不进行劝说，实为对皇帝不忠，也令自尽。

扶苏接到诏书后，如晴天霹雳，肝胆俱裂。他失声大哭，转身回到帐中就要拔剑自杀。蒙恬与始皇素日相交甚厚，对这份意外的诏书产生了怀疑，劝阻扶苏道："陛下而今出巡在外，又没有立定太子，诸公子必定都虎视眈眈，暗含窥伺之心。他委任你我监军守边，足见信任之深。今天忽然派使者送来赐死命令，还不知道其中有没有诈。不如提出恳请，弄清楚再死不迟。"那使者早就受了赵高、胡亥等人的指使，只在一旁不断地催促。扶苏一向仁孝，哪里还去想是真是假，悲伤地说："君要臣死，父要子亡，还有什么好请求的呢？"言罢挥剑自杀。蒙恬不肯不明不白地就死，使者便将他囚禁在阳周（今陕西子长县北），兵权移交给副将王离，又安排李斯的亲信为护军，这才回去复命。赵高见障碍已除，建议胡亥赶快回咸阳继承皇位。

做皇帝后，胡亥对其他众多的兄弟姐妹更是残忍有加，毫无人性。

胡亥的天下本是篡夺而来，因此他害怕诸公子与他争帝位，再加上赵高的怂恿，他决定一不做二不休，残杀众公子。

胡亥屠杀自己兄弟最残忍的是在咸阳市（市即古代城市中的商业区）将12个兄弟处死，另一次在杜邮（现在陕西咸阳东）又将6个兄弟和10个姐妹碾死，刑场惨不忍睹。将闾等三人也是胡亥的兄弟，他们三个人比其他兄弟都沉稳，胡亥找不出什么罪名陷害，就将他们关在了宫内。等其他许多的兄弟被杀后，赵高派人逼他们自尽，将闾他们对来人说："宫廷中的礼节，我们没有任何过错；朝廷规定的礼制，我们也没有违背；听命应对，我们更没有一点儿过失。为什么说我们不是国家忠臣，却要我们自裁？"来人答道："我不知道你们为什么被定罪处死，我只是奉命行事。"将闾三人相对而泣，最后引剑自刎。

在胡亥的众兄弟当中，死得名声好一点儿的是公子高。他眼看着兄弟姐妹们一个接一个被胡亥迫害致死，知道自己也难逃厄运。但逃走又会连累家人，于是下决心用自己的一死来保全家人的安全。他上书给胡亥，说愿意在骊山为父亲殉葬。胡亥很高兴，又赐给他十万钱。

据专家考证，秦始皇共有儿女33个，但史书中有名有姓的只有长子扶苏、幼子胡亥、公子高和公子将闾四人。对于这些人最后的下场，史书中是这样记载的：六公子戮死于杜，公子十二人死咸阳市，十公主死于杜，公子将闾兄弟三人被杀，公子高欲避祸，要求陪葬始皇帝陵。

自1974年发现秦始皇兵马俑之后，考古队又于1976年在秦陵东侧上焦村发现了17座陵墓，根据工作人员的清理，这些陵墓内埋葬的人有男有女，他们身首异处、肢体分离，有的头骨上插着箭头，有的下颚骨左右扭错，这些都是非正常死亡的标志。陵墓中的陪葬品既丰富又精致，绝不是普通百姓所能拥有的，再加上陵墓位置靠近秦始皇陵，因此人们猜测，这些人多半是被杀死的公子和公主。

屠杀忠臣良将

当胡亥铲除了所谓的"眼中钉"之后，赵高又起了别的心思。他一直对蒙氏兄弟心怀怨恨：一来是因为他们当初得罪过自己，二来是他们的地位会对自己产生威胁，因此赵高念念不忘除掉他们。

胡亥听说扶苏已死，心中的一块大石头落了地，就有释放蒙恬的念头。此时正好遇上蒙毅替秦始皇祭祀名山大川归来，赵高本对他积怨已久，同时也担心日后蒙氏重新掌握大权，不如索性一网打尽。于是对胡亥进谗言："先帝本来早就想选贤立太子，就是因为蒙毅屡次阻止才没有实行。这种不忠惑主的人，不如杀之，永绝后患。"胡亥信以为真，于是下诏命蒙毅自尽，接着又派人来到阳周的监狱，对蒙恬说："你作恶多端，早就该死，如今蒙毅已畏罪自杀，按照律法应该株连九族。"

蒙恬气愤地说："自我先人至今，为秦朝出生入死的人已有三代。虽然我被关在这里，但我手下统领的大军足以推翻朝廷，不过我从小接受的教育是应该守义而死，我之所以没有叛变，是不想辱没先人，不敢忘记先帝的大恩。昔日周成王即位时年幼无知，周公旦为了天下大业，曾断指立誓'忠心为主'，并每天背着他上朝，后来成王长大，却听信谣言要杀周公旦，周公旦只得逃往楚国。当成王醒悟过来后，杀了那个妖言惑众的人，请回周公旦。因为这件事，所以《周书》上说：'君王办事要反复考虑。'我蒙氏家族对皇帝忠心耿耿、人无二心，却落得满门抄斩的下场，这一定是有奸臣挑拨。周成王犯错之后能改过自新，最终换来昌盛的局面；而夏桀杀关龙逢，商纣杀比干后不改过，最终国破人亡。所以我认为，圣君做事一定要反复考虑，哪怕犯了错，只要能改正就是百姓的福气。我说这些并不是想免去死罪，我早就做好了死谏的准备，希望你能将这些话转达给皇上，让他为天下万民着想。"

使者无奈地说："我只是奉诏而来，将军的良言我不敢传报。"

蒙恬叹息道："我哪里得罪了上天，竟然落得无罪而被处死的下场？"

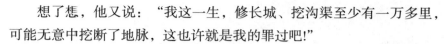

想了想，他又说："我这一生，修长城、挖沟渠至少有一万多里，可能无意中挖断了地脉，这也许就是我的罪过吧！"

说完，他毫不犹豫地服药自杀了。

就这样，赵高和胡亥除掉了对自己不利的人。胡亥高兴了几天，但没多久他又担心起来，因为大臣官员们对这些行为议论纷纷，言谈中流露出很多不满。

胡亥问赵高说："自从杀了诸位公子和蒙氏兄弟，大臣不服，普通官员也议论纷纷，这该怎么办呢？"

赵高说："臣一直想提醒皇上，但又不敢说。先帝的大臣多半是天下累世名贵人，他们的功劳相传久矣。如今我出身低贱，承蒙皇上您抬举，才能主管国家大事，那些大臣虽然表面上尊崇我，其实心里非常不满，除非皇上能治他们的罪，将其一一铲除，否则无法威震天下。"

胡亥连连点头，"你说得对。"

为了杀一儆百，胡亥大开杀戒。这一次，他的目标是右丞相冯去疾和将军冯劫，二人为了免遭羞辱，毅然选择了自尽。

在杀死大臣的同时，赵高将自己的亲信一个个安插进去，他的兄弟赵成做了中车府令，他的女婿做了都城咸阳的县令，都是要职，其他朝中的要职也都是赵高的党羽。

杀了许多朝中的大臣，但是赵高还不满足，又寻找机会唆使胡亥对地方官吏也下毒手。在胡亥即位的第二年，即公元前209年年初，胡亥效法自己的父亲秦始皇，也巡游天下。南到会稽（现在的苏州），北到碣石（现在河北昌黎北），最后从辽东（现在辽宁的辽阳）返回咸阳。在巡游途中，赵高阴险地对胡亥说："陛下这次巡游天下，应该趁机树立自己的威信，把那些不听从的官吏诛杀，这样您才能拥有至高无上的威信。"胡亥不问青红皂白，就连连下令诛杀异己。

在胡亥巡游的过程中，所有的地方官员无不惊慌失措，不知道厄运哪天就会降临到自己头上。一时间，全国人人自危，陷入一片白色恐怖之中。

李斯之死

 李斯与赵高钩心斗角

　　赵高唆使胡亥除掉公子、大臣之后，便将目光锁定在曾经的盟友——宰相李斯身上。对于李斯这个盟友，赵高也没有放过，借胡亥之手除掉了这个对手。

　　当日的"沙丘之变"是二人为了各自的利益暂时联手，虽然赵高凭借这个功劳跃居为郎中令，但他平时利用职权乱杀无辜，大臣们表面上不说，但私底下对他怨声载道。这时，李斯又上了一个《劝行督责书》，规劝皇帝用重刑治天下，对那些犯罪的官员，不管高低贵贱，一律刑法伺候。赵高心想：如果有人上殿对皇帝揭穿自己的伎俩，宰相李斯绝不会袖手旁观，他一定会从中发难，到时候，自己肯定逃不脱刑罚。再者，李斯见赵高控制着秦二世，独揽朝政，十分不满，常与赵高过不去。于是赵高也将李斯视为眼中钉，决心彻底制伏李斯，因此他决定先下手为强。

　　他对胡亥说："您作为万民之主，自称为'朕'，理应高高在上，让大臣们只闻其声、不见其容才对。当年先帝威震四方，虽然每天和大臣见面，但他们不敢随便乱说。如今您刚刚继位两年，年纪又小，很多事未必非常了解，万一和大臣们议事时言语不当，肯定会让他们轻视，虽然他们当面不敢说什么，背后肯定会妄加评论，这不是玷污了皇上的英名吗？依我看，您今后不必上朝，如果有大臣求见，就让

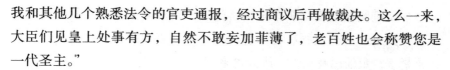
我和其他几个熟悉法令的官吏通报，经过商议后再做裁决。这么一来，大臣们见皇上处事有方，自然不敢妄加菲薄了，老百姓也会称赞您是一代圣主。"

胡亥一听，这个主意甚好，不必上早朝处理那些烦心事，因此他乐得安逸，整日待在宫中寻欢作乐，一切大事统统交给赵高全权处理。

游说成功之后，赵高便开始进行下一步行动——离间李斯和胡亥的关系，并借机除掉李斯。

原来，陈胜、吴广起义时，李斯的长子李由曾镇守荥阳。当时，他没有挡住义军西进的队伍，赵高抓住这一点，打算大做文章：诬陷李由和陈胜是邻县的同乡，因此不肯积极镇压；而李斯身为丞相，虽然手握大权，但似乎很不满足，心怀企图，想自立为王。

不过，胡亥对李斯提出的《劝行督责书》颇为满意，赵高想让自己的计划顺利实施，必须先挑拨他们之间的关系。

这天，赵高来到宰相府拜访李斯，一番寒暄后，赵高便提到起义的事，他说："当今关东大乱，群盗多如牛毛，六国大臣纷纷自立，城池也连连失守，形势很紧张，可是皇上依然每日沉溺于歌舞声色之中。如今战事吃紧，原本应该增调人手去剿灭叛军，但皇上却不闻不问，只顾修筑工程浩大的阿房宫和兔园，大敌当前而不思进取。我实在是心急如焚，本想劝谏皇上，无奈位卑言轻，而您身为宰相，过问此事名正言顺，总不能在这个关键时刻而不进谏吧？"

听了这番高谈阔论，李斯信以为真，以为赵高真的担心国家社稷，于是就说："我对此事也考虑了很久，但是皇上深居宫闱，根本不上朝，就算我要劝谏，也没有机会。"

眼看李斯一步步走进自己设下的陷阱，赵高不动声色地答道："如果您真的想直言进谏，这倒不难，卑臣愿意效劳，只要打听到皇上空闲的时候，就立刻来通报。"

李斯一听，当即应允。

过了几天，赵高看胡亥正兴高采烈地欣赏歌舞，便派人通报李斯，说："皇上今天有空，请速来进谏。"

李斯赶紧换上朝服驱车来到宫门外，请求面见圣上，而胡亥此时正在兴头上，听到通报，他面色一沉，不高兴地说："真扫兴，有什么要紧事？跟他说我正忙，改天再来。"

李斯吃了个闭门羹，又受到训斥，以为赵高的消息不准，完全没想到这是个圈套。

接下来，赵高又耍了好几次同样的手段，李斯的进谏每次都被驳回，如此折腾了三四次。胡亥便认为李斯是故意来败兴的。他生气地叫道："平时没事的时候他不来，一旦我欣赏歌舞，他就来了，这不是欺负我年轻不懂事吗？"

看到自己的诡计奏效了，赵高自然不会放过机会，他说："皇上先别生气，我看这事没那么简单。沙丘矫诏之时，宰相也曾参与其中，他自以为有功，本想皇上会割地封王，谁知您已继位两年，他的心愿一直没有实现。不过，有些事皇上不问，臣也不敢乱说。"

胡亥见赵高欲言又止，反而来了兴致，他追问道："什么事？快说！"

"我听说宰相的长子——三川郡守李由已经私自谋反了。强盗陈胜等人和他是邻县子弟，所以他们攻打荥阳时，李由不肯出击。我还听说，这些强盗与宰相大人一直有书信往来，说什么将来攻打咸阳时里应外合，以后共执江山等。只不过没有人追查此事，因此无凭无据，我也不敢禀告皇上。还有，宰相权倾朝野，儿子皆娶了秦公主，女儿则嫁给秦公子，如此显赫的地位必定会危及您的声威，请皇上三思。"

这番谗言将胡亥吓出一身冷汗，不过事关重大，他也不敢草率行事，于是命人去核查李由是否与强盗暗中联系，如果证据确凿，一定要重重处罚。但是，赵高早已买通了当地官员，陷害李斯父子。

这时，李斯才明白上了赵高的当，他当然不肯束手就擒，于是上书揭发了赵高的罪行。他写道："现在有的大臣专擅刑赏大权。这很危险。当年，司城子罕做宋国宰相时掌握生杀大权，曾挟制了二个国君；简公的大臣田常位高权重，最后杀了宰我和简公，窃取齐国。如今，赵高的奸邪之心就像子罕、田氏一样，如果皇上不早日防范，恐怕他就要图谋不轨了。"

虽然这些话句句切中要害，但胡亥自幼接受赵高教诲，早已先入为主，反而认为李斯多心。

他还将李斯的话私下告诉赵高，赵高一听，立刻跪在地上，"望皇上明察！宰相本来就企图篡权，只不过忌讳赵高一人。如果我死了，宰相就会像田常那样，先除掉我再窃国。依臣之见，宰相是把高看成宰我，而将皇上您当作齐简公了。"

李斯不知胡亥将自己的话告诉了赵高，于是又再次进谏，但此时的胡亥已经被赵高所蒙蔽，他相信李斯是为了篡位夺权，因此下令将他关进监狱。

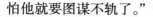 李斯入狱惨死

李斯被关进监狱后，秦二世令赵高审讯李斯，赵高刑讯逼供，让李斯承认谋反之罪，并将其宗族通通收捕殆尽。李斯经不住酷刑的折磨，承认了赵高的指控。李斯之所以没有自杀，是因为自负能言善辩，有功劳，确实没有谋反的动机。他在狱中向二世上书，在书中竭尽其辩才，希望二世省悟而赦免自己。

这时的李斯虽已招供，但依然心存侥幸，他认为自己并没有反叛之心，而且有功于秦，当年被秦始皇治罪时，曾依靠一篇《谏逐客书》而力挽狂澜，如果将自己的冤情告知皇上，说不定能得到赦免。

可惜李斯"聪明一世，糊涂一时"，胡亥怎么能与秦始皇相提并论呢？秦始皇虽然暴虐，但毕竟雄才大略，胡亥却被赵高牵着鼻子走。而且赵高耳目众多，他精心炮制的文章还没送到胡亥眼前，就落入了赵高手中，赵高冷笑一声："阶下之囚，安得上书！"

赵高见李斯不死心，怕他会翻供，于是又派心腹装扮成胡亥派来的官员，对他进行轮番审讯，李斯信以为真，于是推翻原来的供词，说出实情，但这些"官员"对他再次严刑拷打，不许其翻供。就这样反复十余次，李斯终于不敢再改口翻供了。等到胡亥真的派御史来审

讯时，李斯以为又和以前一样，是赵高安排的人，徒受皮肉之苦也不能鸣冤，因此不敢改口翻供。

胡亥见李斯承认了"谋反"，高兴地对赵高说："若非赵君，差一点儿被宰相所卖，好险!"这时，派去调查李由的使臣也回来了，告诉赵高："还未到三川郡，李由就被项梁杀死了。"

赵高大喜，这一下死无对证，于是他捏造出李由意图造反的信件，上报胡亥。胡亥闻言盛怒，下令将李斯具五刑，腰斩于市，并诛三族(父族、母族和妻族)。

行刑那天，围观的人多如牛毛，谁也没想到，曾红极一时的宰相会落得如此下场。

李斯走在队伍的最前列，后面是他的次子，再后面是父母妻子。

这时的李斯已须发皆白，他看着儿子，哽咽地说："吾欲与汝复牵黄犬、臂苍鹰、出上蔡东门逐狡兔，其可得乎?"

说完父子二人抱头痛哭。后人有诗曰：

上蔡东门狡兔肥，

李斯何事忘南归？

功成不解谋身退，

直待云阳血染衣。

很快，行刑的时辰到了，刽子手并列两旁，监刑官下令执行五刑：先在脸上刺字，然后涂墨，这叫"黥刑"，割掉鼻子叫"劓刑"，砍掉左右脚，接着施以"腰斩"，最后是"醢刑"——剁成肉酱。这种死法是当时最残忍的"施五刑"，等到五刑完毕，李斯早已魂归西天了。

其余亲属也一一诛死，只见刑场之上鬼哭狼嚎，围观者无不惊恐万状。

对于李斯的死，有人感慨，有人却认为他是罪有应得："李斯矫诏杀扶苏和蒙恬，才让胡亥坐上皇位；他为了自己的荣华富贵，却断送了大秦江山。"

李斯的一生，颇能发人深思：他在辅佐秦始皇统一天下，建立大一统君主专制帝国的过程中，做出了一定的贡献，是秦始皇身边几个颇具政治见解的大臣之一。但他贪图爵禄，缺乏气节，在专制政治的旋涡中，不敢坚持自己的见解，甘愿与昏君同流合污。最后，不仅毁掉了自己的前半生功业，还在权力的角逐中丧生。他既是被专制政治和昏君奸佞所杀，也是为自己丧失节操所害。

指鹿为马，欺君罔上

 赵高指鹿为马

李斯死后，赵高自认为除掉了心腹大患。而且胡亥深居宫中，对外面的事毫不知情，因此他一跃成为宰相，独揽大权，一时间达到了"一人之下，万人之上"的地位。此时，全国各地已爆发无数次起义。

在国家危亡之际，作为朝廷重臣，赵高不去想力挽狂澜，却想趁机登基称帝。

在政治上，胡亥是个不折不扣的糊涂虫。

他每日除了耽于犬马声色之外，几乎无暇顾及其他事情。善于察言观色的赵高便投其所好，经常收罗一些美女、狗、马送给他。这么一来，胡亥就觉得赵高是最可靠的忠臣，对他的建议也是言听计从。

不过，赵高虽然大权在握，但他依然很害怕大臣们联合起来反对自己。为了试探这些人的真实态度，他精心策划了一起政治闹剧。

公元前207年，赵高乘胡亥会见群臣之时，当众命人领来一只鹿，对胡亥说："臣为皇上精心准备了一件礼物，就是这匹宝马。"

胡亥一向喜欢斗狗赛马，听到这话，马上高兴地说："丞相送来的定是好马。"

说完他定睛一看，眼前并不是宝马，而是一只鹿，也笑着说："丞相，你弄错了，这不马，是只鹿。"

赵高扫视了一眼旁边的群臣，坚持地说："这就是一匹马，皇上您再仔细看看。"

胡亥走到鹿身边看了好一会儿，觉得不敢相信自己的眼睛，于是惶惑地问左右："到底是鹿是马？"

大臣们害怕赵高的权势，又弄不清楚他葫芦里到底卖的是什么药，有的人便随声附和："是马。"

有的不愿助纣为虐，又想明哲保身，于是沉默不语；有的则直言不讳地说："这明明就是一只鹿。"

但大部分人说是"马"。胡亥看他们都这么说，还以为自己真的病了，于是召太医进宫治疗。

太医诊脉后说："皇上曾于春秋之时在郊外祭祀，当时是否没有好好持斋？"

胡亥点点头，太医又说："这就对了，您就是因为斋戒不诚才出现这种情况的，最好是再次虔诚祭祀，才能消灾免祸。"

胡亥信以为真，于是来到上林苑老老实实地斋戒、祭祀。

赵高支开胡亥后，立刻派了几个心腹将在皇上面前说是"鹿"的大臣诱出宫杀掉了。对于那些说假话、阿谀奉承的人，则收罗到自己门下。从此，朝廷内外更加惧怕赵高，所有的人都小心翼翼，生怕一不小心就丢掉性命。

这样一个昏君和奸臣搭配在一起，如果不丢掉江山，岂不是一桩天大的怪事。胡亥的昏庸令赵高更加有恃无恐，对于"一人之下，万人之上"的位置也渐渐不满意，甚至企图夺取皇位。

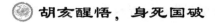 胡亥醒悟，身死国破

赵高"指鹿为马"的同年，起义军首领项羽和秦军在巨鹿 (今河北省巨鹿县) 展开大战。起初，义军将领宋义被秦军的气焰所吓倒，曾周旋了 40 多天不敢前进，项羽痛斥他的怯懦行为，然后处死了他。

接着他率领 3 万人带了 3 天的粮食渡过漳水，过河后，项羽下令：将船全部凿毁，不夺取胜利就不必返回了。项羽的决心和勇气极大地鼓舞了将士们，他们以迅雷不及掩耳之势直奔巨鹿，隔断秦军的粮道。

经过多次激烈的战斗，秦军将士被杀的杀、跑的跑，在这种沉重打击下，秦军大将章邯走投无路，只好率部众 20 万在洹水南殷墟 (今河南安阳) 投降项羽。至此，秦军的 30 万主力就这样瓦解了。

这就是历史上著名的"巨鹿之战"，项羽以 3 万破 30 万的巨大悬殊取得胜利，令无数后人为之景仰，而且它也是秦末农民战争取得的一次最大胜利，扭转了整个局势。

但是，这个消息传不到胡亥耳朵里，当咸阳城内人心惶惶时，胡亥依然在宫中花天酒地。大臣们虽然了解实情，但没有人敢多说一句话。因为赵高正做着篡位称帝的美梦，如果有人跟他作对，项上人头随时可能不保。

不过，当赵高在攀向皇权的路上又进一步时，秦朝的灭亡也随之更近了一步。唐人周昙曾写过一首名为《胡亥》的诗：

鹿马何难辨是非，宁劳卜筮问安危。

权臣为乱多如此，亡国时君不自知。

看到众多起义军向京师杀来，胡亥才猛然醒悟过来，原来赵高说的天下太平竟是谎言，于是言谈之中对赵高很是不满。赵高发现胡亥怀疑自己后，害怕其追究责任，便派亲信直闯胡亥的行宫，逼死了胡亥。

胡亥死时只有 24 岁，皇帝也仅仅当了 3 年，后来以黔首 (即百

姓，因为秦朝崇尚穿黑衣）的礼节埋葬了他，墓地在杜南（现在西安西南）的宜春苑中。秦二世胡亥和始皇帝嬴政一样没有后来皇帝的谥号和庙号，这是因为秦朝实行中央集权制，维护君主的绝对权威，禁止臣下对君主议论评价。

胡亥死后，赵高欣喜若狂，大步走上朝堂准备登基，但文武百官皆低头不从，以无声的反抗粉碎了他的皇帝梦。赵高只得临时改变主意，将皇位传给了扶苏的长子子婴。子婴明白自己不过是一个傀儡，不愿重蹈胡亥的覆辙，便与属下商定计划，准备斩杀赵高。当赵高应约到子婴府邸时，子婴便让事先埋伏好的刀斧手将赵高砍死。随后，将其三族夷灭。

赵高的种种行为加速了秦王朝的灭亡。虽然秦朝灭亡的责任并非都在他身上，但他残害忠良、排除异己的行为，确实为秦王朝的覆灭埋下了祸根。

赵高推着阴谋的车轮，沿着他酿成的血腥道路，走上了高立。他运用阴谋、机诈、权术和恐怖，给自己铺成了达到权势高位的台阶，同时也挖成了跌向粉身碎骨的深渊。机关算尽太聪明，反误了卿卿性命，自己把自己钉上了万劫不复的耻辱柱。

第三章

揭竿而起，应者云集

秦始皇在位期间，不顾百姓死活，穷奢极欲，滥用民力，大兴土木。秦二世篡权夺位后，较其父有过之而无不及，人民怨声载道，最终爆发了农民起义。公元前209年，陈胜、吴广率先在大泽乡发动起义，他们势如破竹、连战连捷，很快定都陈县，确立了反秦的中心。接着，起义烽火呈燎原之势，应者云集。然而，由于缺乏作战经验及战略失误，攻秦受挫后，又出现了叛徒与内部分裂，最终兵败身亡。

大泽乡起义

燕雀安知鸿鹄之志

　　虽然秦始皇统一了中国，但老百姓并没有得到休养生息的机会。为了一统天下，秦始皇四处征战，而且在兼并六国之后，还让人仿照六国的宫殿建筑，在咸阳重新建造，各国宫殿多达二三百座。没多久又开始兴建豪华的始皇陵和规模宏大的阿房宫，再加上修筑长城、驰道（为了皇帝巡游而修筑的宽敞大道），等等，耗费了大量的人力和物力，这样一来，老百姓根本无暇顾及农业生产，社会经济生活受到了严重破坏，最后造成"男子疾耕不足于粮馈，女子纺绩不足于盖形"的局面，对此，老百姓的怨言颇多。

　　秦始皇死后，秦二世胡亥不仅没有收敛暴政，反而变本加厉。他信任善于玩弄权术的赵高，诛杀有功的大臣和自己的兄弟，将朝廷搞得乌烟瘴气，统治阶级的内部矛盾日益尖锐，尤其是公子扶苏的死，激起了众怒。但稀里糊涂的胡亥丝毫没有察觉出这些隐患，他征调二三百万人继续修建阿房宫和始皇陵，每日寻欢作乐，不顾百姓死活，终于爆发了"反对暴秦"的农民起义。

　　在挂翻秦帝国的各种力量当中，首先发难的是陈胜。

　　陈胜，字涉（司马迁把他的传记列为《陈涉世家》），陈郡阳城人，在今河南商水西南。年轻的时候，他受雇佣帮人耕田，突然停止干活，走到田垄上，怅恨久之，说："苟富贵，无相忘。"旁边的人笑他，说："你一个帮工，哪来的富贵？"陈胜叹息说："嗟乎，燕雀安知鸿

鹄之志!"

这段资料意味着，陈胜是当时最穷的人，农村的无业游民，一点儿田产也没有。即使好一点儿，算自耕农，田产也有限得很，必须打短工才够家用。"佣耕"表明他是雇农，有一定人身自由，靠出卖力气挣钱，而不是佃农。又有大志，与一般庸庸者颇为不同。

朝廷征夫，陈胜揭竿

公元前 209 年，胡亥下令征发一批劳役到渔阳（今北京密云县）。但是，大雨连绵不断，当这批人冒雨赶到大泽乡（今安徽宿县）时，前面的道路被洪水冲毁了，队伍无法前行，每个人都焦灼不安，因为按照规定，如果误了时间，所有的人都会被斩首。

这时，队伍中的两个屯长陈胜和吴广挺身而出。

他俩仔细分析了大家的处境，然后说："如今被大雨阻隔，耽误了期限，即使赶到也是死路一条，不如起来造反，干一番大事业，就算是失败，左右也不过是死。"

吴广点头称是："没错，咱们老百姓受到的暴政实在太多，已经到了忍无可忍的地步了。但是，咱们以什么理由造反呢?"

陈胜说："我听说当今皇帝胡亥是秦始皇的小儿子，他根本没有继位的资格，当初立的太子是扶苏，因为扶苏反对父亲的暴政，结果被打发到北边去了。几个月前，秦始皇突然病死沙丘，赵高、李斯等人却宣布胡亥是新皇帝，然后处死了公子扶苏。虽然咱们不清楚宫闱之变到底是怎么回事，但扶苏的贤明有目共睹；另外，楚国名将项燕一向为楚国人敬仰，很多人以为他逃跑了，可实际上，他是被杀了。我们不如以这两个人的名义倡议天下，响应者肯定很多。"

这一番分析有理有据，吴广认为很有道理。他们俩是身份低微的奴隶，想要号令天下，很难让人信服。想到这里，二人便找到算命先生求助。

第二天，他们将写有红字的布放入鱼腹，再命属下买回去烹煮，

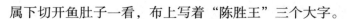

属下切开鱼肚子一看，布上写着"陈胜王"三个大字。

晚上，士兵们又看到住处附近燃起了大火，并传来"大楚兴，陈胜王"的声音，仔细一听，好像是狐狸发出来的一样。当时的老百姓本来就很迷信，他们深信狐狸有灵性，绝对不会骗人。因此经过这一番安排，陈胜在他们心中就是名副其实的天子了。

由于大雨一直下个不停，带领士兵的两个将尉只有喝酒解闷。这时，吴广走过来，故意说要逃跑，将尉一听果然震怒，他拿起鞭子就向吴广挥过来，吴广眼疾手快，夺过他的宝剑将其杀死，陈胜也跑过来杀死另一名将尉。

接着，他们将900个人召集起来，慷慨激昂地说："我们遇到大雨，已经误了期限，都要被杀。即使不被杀，戍边也没什么活路，十有六七回不来。壮士不死则已，死就死出个名堂。王侯将相，宁有种乎！"末尾八字，遂成千古名句。

这番鼓动性很强的话果然收到了效果，大家振臂高呼："敬受命！"

就这样，陈胜、吴广以扶苏和项燕的名义号召人民起义，陈胜自封为将军，吴广为都尉。由于项燕是楚国大将，大泽乡是他当初活动的地方，大部分士兵又都是楚国人，因此为了顺应民心，他们打出"大楚"的旗号。

他们袒露右肩，自称大楚，垒起一个土台子，向神誓约结盟，把将尉的头祭了天。这支不足千人的队伍虽然缺少足够的粮食和兵器，但他们的目标明确，就是"诛暴秦"。而且组织严密，战斗力强，因此一路上所向披靡，迅速攻下大泽乡。首战告捷后，军队更加壮大，接着又攻克了蕲县（今安徽宿县南），当他们来到陈县（今河南淮阳）时，已经拥有几万步兵、几千名骑兵、马车六七百辆了。

陈县，原是西周、春秋时期陈国的国都。战国后期，楚国也曾在此建都（楚国迁都四次）。陈县有这样光辉的过去，自然被秦帝国列为镇压、安抚楚人的重要据点。当时有一条鸿沟，连接黄河与淮河，沟通河南、黄淮、关中三大地区。陈县坐落在鸿沟边上，南北漕运往来，都要经过这里，是一个重要城市。秦始皇分天下为郡县，陈郡郡治就

设在陈县，有郡守（行政长官）、郡尉（军事长官）、郡监（监察长官），都是帝国的高级官吏，由皇帝亲自任免。陈县是陈郡的政治、军事、文化中心，军防设施及秦军战斗力肯定超过前面六县。

不知何故，陈县的郡守、县令竟然都不在，郡尉也不知去向，镇压起义军的担子落到郡丞头上。郡丞，郡守的副官，掌兵马，官秩六百石，比郡守的二千石差了不少，甚至还不及县令。秦法规定，万户以上曰县令，万户以下曰县长，县令秩千石至六百石，县长秩五百石至三百石。陈县既是郡治所在地，也是中原的重要城市，县令的官秩多半比郡丞高，最差也是平级。现在起义军来了，临时让一个级别可能比县令还低的官员来总领全郡，秦军一方只怕人心不齐。好在这位郡丞不是胆小怕死的人，所以还能一战。

敌人缺了核心领导，陈胜自然欢喜。

两军在最高的一座城门楼里展开搏杀，战斗颇为激烈，那名郡丞当场战死，算是为帝国捐躯，秦兵败走。陈胜率领他的大楚军第一次占领大城市，如果它能够算大城市的话。至此，陈胜连克七县一郡，再不是大泽乡九百流寇模样了。

还有一点值得注意。从姓氏来看，陈胜与陈国、陈县、陈郡应该有某种关联。陈郡又是陈胜、吴广的家乡——陈胜的老家距陈县35公里，吴广的老家距陈县也是35公里，都属陈郡。陈县距大泽乡也不远，才200公里。把这些情况联系起来，是不是可以推想，他们攻打陈县，目的就是想打回老家？事情来得太突然，完全超出了他们的经验，也没有任何准备，就匆忙造反了，只好凭着直觉，打回老家再说，那里的情况他们最熟悉，能得到诸多便利；祖宗牌位也在那里，能产生某种精神上的皈依感；当时的形势也不允许他们花太多时间来进行深远的谋略分析，有些事总是要先干起来再说。

这个推测可以得到部分证实：他们连夺六县，战斗路线有一个小回折，然后才打到陈县来。可以给这个小回折找到很多理由，但他们确实打到陈县来了。打回老家，只是问题的出发点，下一步怎么走，才是问题的方向。

定都陈县

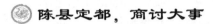

陈县定都，商讨大事

起义军在陈县休整了几天，陈胜便召集当地的三老、豪杰商量下一步行动。

三老就是当地有文化的人，主管地方的教化工作。秦制，十里一亭，有亭长；十亭一乡，有三老掌教化，有法官（兼税务官），有公安捕盗贼。豪杰是地方精英，其中一些可谓地方实力派——包含了一个经济的因素。三老、豪杰都说："将军披坚执锐，伐无道，诛暴秦，复立楚国社稷，功高，应该为王。何况您还要领导大家继续战斗，不立为王，怎么行呢？愿将军立为楚王。"虽然有些奉承，但也很有见地，符合当前形势。

陈胜为此专门征求另外两个人的意见，这两个人颇有一些来头，一个叫张耳，一个叫陈余。

张耳是故魏国大梁人，不是说信陵君魏公子无忌有食客三千嘛，张耳就是其中之一。食客当中也有能人，一位70岁的打扫城门的人，还有一位屠夫，竟帮信陵君完成窃符救赵、大败秦军的壮举。张耳跟这些人混在一起，多少也能长一点儿本事。估计是犯了法，他从大梁逃匿至外黄（两地相距55公里），名籍也被削除。这样更好，可以换张脸重新做人。

外黄有一个富家女，很漂亮，嫁了个庸夫，不甘心，遂离家出走，

投到父亲宾客门下。此人素知张耳，对叛逆女说："欲求贤夫，可嫁张耳。"于是女子请他帮忙，跟前夫离了婚，再嫁张耳。她家有钱，嫁妆丰厚，张耳摇身一变，成了富人，跟着做了外黄县令。又娶妻，又发财，又升官，逃亡者时来运转了，千里之远的宾客都来投奔，其中就有刘邦，那时他还没当亭长（泗水亭亭长，距外黄175公里），一到张耳门下，就停留好几个月。

陈余也是魏国大梁人，好儒术，是个知识分子，与孔子的八世孙孔鲋有交情。秦始皇焚书那一年，他跟孔鲋说："秦现在要灭先王书籍，您为书籍之主，很危险啊！"孔鲋说："我学的都是无用之学，也只有朋友知道我，会有什么危险呢？我要把书藏起来，以待来者。一旦有人求书，危难就过去了。"陈余多次游于赵国苦陉县（今河北定州市邢邑镇），被一个有钱人看中，做了他家女婿。

张耳大，陈余小，陈余把张耳当父辈伺候，两人遂成忘年之交。

秦始皇灭魏大梁，张耳正在外黄。没过几年，朝廷听说张耳、陈余是魏国名士，悬赏千金求捕张耳，五百金求捕陈余。张耳再次潜逃，陈余跟随，两人更名换姓，一起来陈县（在外黄之南105公里）当了杂役，管看门及清洁卫生等事。有一次，小吏故意找碴儿，拿鞭子抽打陈余。陈余想奋起反抗，张耳却把他按住，让他吃了一顿鞭子。等小吏走了，张耳把他拉到桑树底下没人处，数落了一顿："当初我跟你怎么说的？你想因为这点儿破事，就死在小吏手上？"陈余点头称是。

他们终于等来了希望，陈胜军队刚进城，他们就来求见陈胜。陈胜及左右都曾听过两人大名，但没见过面，现在主动找上门来，自然很欢喜。

三老、豪杰建议陈胜自立为楚王。张耳、陈余说："先奠帝王，急引兵西向。再寻找六国后人，立他们为王，为秦多树敌人，您则趁势攻战咸阳，号令诸侯。诸侯因为您而重新称王，自然感激您。您以德服之，则帝业可成矣。您一人称王，只怕天下不肯跟随。"

陈胜不听，自立为王，号为张楚，有张大楚国的意思。这是秦二世七月的事，距大泽乡起义才不过一二十天，可见他们的速度有多快。

有人批评张耳、陈余而赞同陈胜，其实事情没那么简单。张耳、陈余的谋略主张固然不对，陈胜不听，则是出于私心，而不是他更高明。张耳、陈余说过，"刚到陈就称王，显得您有私心，愿将军先莫称王，急引兵西向。"葛英从蕲县分兵以后，也立了一个楚王，在九江郡，比陈胜晚。听到消息，就把那个短命楚王杀了，赶至陈县说明情况，肯定没有背叛陈胜的意思，知错即改，反倒是个忠臣。等他赶到陈县，陈胜却把他杀了——还有比私心更恰当的解释吗？不过，从当时的形势看，陈胜称王，为反秦事业树立一面旗帜，有积极、正面的谋略意义，比其私心重要得多。杀葛英是一个重大错误，为那些分裂起义队伍的野心家提供了口实。

陈县决策奠定了起义军的反秦基础，至少也算一个临时政府，因为陈县成了天下的反秦中心。《史记》一书三次提到"张楚"，考古发现也证实了它的存在：长沙马王堆三号汉墓出土的帛书《五星占·土星行度表》里面，有"张楚"纪元的确凿记载。为了与别的"楚王"区分，也考虑到他姓陈，又在陈郡、陈县设立临时政府，史家把他称为"陈王"。

起义烽火呈燎原之势

定都陈县，等于有了临时政府。天下反秦的起义烽火迅速呈燎原之势时，原先被秦灭亡的六国贵族也开始蠢蠢欲动了。这些人被降为普通人后非常不甘心，但如果他们要造反，作为原先的剥削阶层，老百姓不可能支持他们，因此，他们顶多是搞一些暗杀。当农民的革命如火如荼时，他们便怀着不同的动机投奔了陈胜。

至于各地出现的小规模农民起义，则更是数不胜数。《汉书·严安传》中记载："及秦皇帝崩，天下大叛。陈胜、吴广举陈，武臣、张耳举赵，项梁举吴，田儋举齐，景驹举郢，周市举魏，韩广举燕，穿山通谷豪士并起，不可胜载也。然皆非公侯之后，非长官之吏也。无尺寸之势，起闾巷，杖棘矜，应时而皆动，不谋而俱起，不约而同会，

长地进，至于霸王，时教使然也。"

下面的描述显示了追随盛况：

《史记·陈涉世家》：当此时，诸郡县苦秦吏者，皆刑其长吏，杀之以应陈涉。当此时，楚兵数千人为聚者，不可胜数。

《史记·秦始皇本纪》：山东郡县少年苦秦吏者，皆杀其守尉令丞反，以应陈涉。

《史记·高祖本纪》：陈胜至陈而王，号为张楚，诸郡县皆多杀其长吏以应陈涉。

《史记·张耳陈余列传》：陈王奋臂为天下倡始，王楚之地。方二千里，莫不响应，家自为怒，人自为斗，各报其怨而攻其仇，县杀其令丞，郡杀其守尉。

《过秦论》：斩木为兵，揭竿为旗，天下云集响应，赢粮而景从（自带粮食影子一般追随）。

《汉书·晁错传》：陈胜行戍，至于大泽，为天下先倡，天下从之如流水者。

跟随起兵或来投靠的人，数不胜数：

陈涉打到陈县，张耳、陈余即来拜见。

陈涉称王，故魏国公子魏咎过来跟从，他是参与反秦的六国后裔中唯一的真公子。

上蔡人蔡赐（李斯的老乡）应召而来，拜为上柱国。上柱国本为楚怀王设的官职，现在等于陈涉的丞相。

周文，原系项燕部属，应召而来，说自己懂得带兵，陈涉派他西击秦，攻至戏这个地方，距咸阳40公里，把胡亥吓了一大跳。

齐鲁儒生带着孔子礼器投奔陈涉。孔子的八世孙孔鲋（即孔甲）也在其中，拜为博士，后来与陈涉一起战死了。

刑徒英布与秦番阳县令吴芮，在长江流域聚众数千人叛秦。

张良聚少年百余人反秦，晃荡了一阵子，听说秦嘉势大，想去投奔，道遇刘邦，很投缘，遂从刘邦。

秦嘉、朱鸡石等五人起兵，围攻东海郡守（东海郡的行政长官）。

刘邦初起沛县。

项梁、项羽杀会稽郡守（会稽郡的行政长官）起兵。

齐人田儋杀狄县令，自立为齐王。

东阳少年杀其县令，相聚数千人，推举陈婴为头领，着青帽，称苍头军，一起投奔项梁。

高阳人郦商聚少年起事，得数千人。

在南越，龙川县令赵佗杀秦官吏，聚兵自守，秦灭后，自立为南越王。

在东越，勾践的后人反秦，率众投奔番阳县令吴芮，跟随诸侯灭秦。

还有一些不是立刻追随的造反者：彭越初为盗巨野泽中，项梁起兵一年之后，聚众千余人在昌邑；刘邦的同乡王陵，在刘邦入咸阳时，聚众数千人在南阳。

这些人当中，有秦帝国的官吏（吴芮、陈婴、赵佗），有原六国贵族（魏咎、项梁、张良），有普通农民（秦嘉、朱鸡石、刘邦），有知识分子（陈余、孔鲋），有刑徒盗贼（英布、彭越），还有少数民族地区的人。官、兵、士、农、工、商，除"商"之外，各阶层人士都起来反秦了，可知秦王朝的暴政是如何不得民心，这也是陈胜建立临时政府的意义。唯有关中地区，秦帝国的根据地，一直平安无事，值得研究。

秦末汉初大变局

西进攻秦

战略失误，攻秦受挫

临时政府建立以后，陈胜并没有停留，而是马上派他的亲密战友吴广，督率诸将向西击秦，沿鸿沟北上荥阳，拟从函谷关入秦。

咸阳的东部屏障是三川郡，所以秦始皇派李斯的长子李由镇守三川郡，地形图也显示，秦岭往东延伸，华山、崤山、嵩山连成一片，与北面的黄河夹出一条通道，函谷关—洛阳—荥阳横贯其中。必须先夺荥阳，方可通往函谷关。荥阳北面山上有敖仓，是秦帝国著名的粮仓，正好当军粮。

陈胜给了吴广"假王"这个头衔，意思是代他出征，队伍也是他的主力，可见他对西入秦有多重视。还有一支部队，由宋留率领，目标是略取南阳郡，从武关入秦。东面函谷，南面武关，为进取关中的两扇大门，也是用兵的必由之路。陈胜的谋略意图很清楚：分两路进军，直攻秦帝国的心脏，推翻暴秦，成就帝业。

至于宋留出兵的具体时间，史书没有说清楚，只说陈胜到了陈县，即命令宋留将兵攻略南阳郡，入武关——按字面理解，宋留出兵的时间当不会比吴广晚。

陈胜称王、吴广出兵之后，陈余也对陈胜说过："大王举梁、楚而西，务在入关……"

这句话透露了好几个信息：此时吴广已经夺得魏国旧都大梁（从

陈县出发，沿鸿沟北上，第一个重要城市就是大梁），也意味着吴广带着张楚的主要兵力，正向荥阳挺进（大梁往西 80 公里，即为荥阳）；"务在入关"，务必要攻入函谷关，推翻暴秦（荥阳往西 235 公里，即函谷关）。

陈余的话还没完，他接着说："……未及收河北也。赵地我去过多次，很了解那里的豪杰和地形，愿意领一支奇兵北略赵地。"他说到吴广，但未提及宋留，是不是还没有派出呢？

于是陈胜以武臣为将军，领 3000 人攻打赵地。又派邓宗领一支人马向东发展，攻打九江郡，其目的是巩固和扩大根据地。魏人周市领一支人马向北发展，攻取魏地。这三支部队的兵力不多，也没有直接指向关中，显然不及吴广重要，也不是陈胜的战略核心。其中两支各怀私心，最后严重损害了陈胜的反秦事业，殊为可恨。

随后吴广就开始围攻荥阳了。荥阳城池坚固，守兵骁勇，吴广攻不下来，两军就在那里相持。

这可不是一个好消息。陈胜很重视，为此专门召集国内豪杰商量对策，结果得到两个人才。一是上蔡人蔡赐，陈胜拜为上柱国。另一个叫周文，曾是项燕部下，也当过春申君的门客，说自己通晓兵事。陈胜大喜，当即给了他将军印，带兵西击秦。既然吴广攻荥阳不下，而秦兵又受困于荥阳，那就再派周文一军直扑函谷关，两边都不耽搁。此时为秦二世元年（前 209 年）八月。

周文一路打一路收兵，到函谷关时，有车千乘，兵数十万（不知这个数字有几分可信）。部队发展如此之快，不知道他的后勤如何解决，但影响巨大。函谷关以东的兵力都随章邯在荥阳。函谷关兵力空虚，周文顺利入关，西去 135 公里，攻至戏水河畔，距咸阳仅 50 公里，把胡亥吓了一大跳，此时为秦二世元年（前 209 年）九月。

函谷关以东，精兵都被吴广围困在荥阳。吴广负责围城，周文越寨攻敌，直扑咸阳。若能在戍守长城的帝国精锐未曾调回时，在秦王朝来不及集中兵力时，先把咸阳攻破，战局将会是另一番景象。

速度就成了胜负的关键。

但这里有两个风险：荥阳打不下来，一旦来了援兵，吴广将不攻自破；周文的退路，随时有中断的危险。再从战斗实例来看，越寨攻敌，总是成少败多。因此，起义军必须在两个方向上努力，尽最大可能，在最短的时间里，或者攻破荥阳，或者攻占咸阳，二者必得其一，方有成功的希望。关键时候，一定要顶得住。

换句话说，陈胜西击秦的谋略有一个明显的瑕疵——越寨攻敌。弥补的办法，就是抓紧时间，在秦帝国还没反应过来时，就已攻破咸阳，烂了他的心脏。

如果陈胜真是这么想的，那么他已经犯了一个大错。错不在他的谋略，而在他的执行。陈胜此时也应该在前线，甚至应该在吴广出兵之时，就跟随大部队行动，而不是坐镇陈县，建设根据地。趁秦廷兵力空虚，一鼓作气，攻破咸阳，才是最重要的目标。陈县位处平原，无险可守，很难阻挡帝国军团的进攻，完全不是根据地的理想选择。他随部队行动，军心、士气及进军速度都会明显提高。他的部队刚组建不过两个月，却发展到百万之众，即使有十倍夸张，部队的凝聚力和忠诚度都还差得远，就更应该和部队在一起。可惜他选择了坐镇陈县，当他的楚王。

吴广在荥阳的战斗并不成功，未能给周文提供后路的安全保障，也没有及时支援周文。更加遗憾的是，周文的队伍竟在戏水河畔停留下来，原因不清楚。

这就给了敌人时间。

宋留一支部队，即使不与吴广同时，至少也不会晚于周文。但他正在略定南阳，还没打到武关来，无法从南面策应周文。周文一支大军竟成了孤军深入，还在那里停留，这就更危险了。此时，妥善的办法有两个：一是马上进攻，砸烂秦帝国的精神中心；二是迅速撤退，与吴广会合，保存实力。

这一撤退，后果有多严重。

周文能不能攻破咸阳呢？他不知道咸阳的兵力有多少，住函谷关泄露了消息。函谷关是天下险关，更是关中的门户，却能顺利攻破，

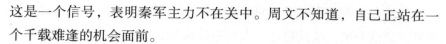

这是一个信号，表明秦军主力不在关中。周文不知道，自己正站在一个千载难逢的机会面前。

更何况，胡亥那边的情况，比他想象的更要糟得多。

大泽乡起义，胡亥不知道。陈胜至陈县称王，号张楚，胡亥也不知道。有大臣从东方来，说他们造反，胡亥大怒，把他投进监狱。再有人从东方来，就改了口辞，骗胡亥说："不过是些小盗贼，郡守尉正在抓他们，不足为虑。"胡亥大悦。

又召博士及诸儒生问道："楚地戍卒攻打蕲、陈二县，你们怎么看？"

其中的30余人上前说："人臣不得做逆乱之事。逆乱，即造反，罪死不赦。"

胡亥怒，变了脸色，眼看就要发飙。说造反，他就生气，说盗贼，他就高兴，因为他的皇位是偷来的，心中有鬼，听不得有些话。这么多人说造反，他当然不高兴。

博士为官职名，战国已设，一直保留至清代。秦始皇有博士70人。诸儒生可能是博士官的候补人群，其中一部分人已有待诏博士头衔。胡亥时，博士及待诏博士有多少，数量不确。

待诏博士叔孙通上前说道："他们说的都不是事实。天下合为一家，城郭已拆毁，兵器也销毁，天下从此无战祸。而且上有明主，下具法令，人人奉公守职，四方安稳，还有谁敢造反！楚戍卒不过是些鼠窃狗盗之徒，何足挂齿。郡守尉正在捕捉他们，何足忧。"

胡亥转怒为喜，说："善。"

胡亥很阴险，一个一个问博士，有的说是造反，有的说是盗贼。说造反的就倒霉了，全部被治罪，说盗贼的没事。叔孙通还得到很多奖赏，升了官：帛二十匹，衣一袭，由待诏博士晋级为博士。

叔孙通出得宫来，回到住地，诸生责备他："你为何要拍马屁？"

叔孙通说："你们是不知道啊，我都差点儿脱不了虎口！"

这个书生太机敏了，不敢贪恋权位，赶紧逃回老家，才有机会在数年以后帮刘邦制定大汉朝廷的礼仪。

吴广大军西击秦，赵、燕、齐、魏各自称王，刘邦在沛县起兵，项梁在会稽举事，数量超过千人的造反队伍，多得不可胜数（比如秦嘉、英布、郦商），更不要说几百人、几十人的小股反秦者了（比如张良）。这些消息都被赵高封锁，胡亥仍然过他的太平日子。山东乱成一锅粥，咸阳还不设战备。

咸阳的守卫力量，主要是先前征召的五万材士，即使超有战斗力，也不能一天就打败周文吧。戏水距咸阳不过50公里，周文率大军冒险一击，总有胜的希望；就算败了，也会产生极大震动，显著动摇秦军的军心，有助吴广破城。以我之强，击敌虚弱，这不是军事冒险主义，而是打得巧妙，打得精准，也是周文取胜的希望。

可惜他错过了这个机会。

这不是他的遗憾，而是一个千古遗憾。

秦军反扑，周文自刭

胡亥还是得到了消息，大惊，与群臣商量道："怎么办？"

少府章邯说："盗已至，又多又强，征发周边各县军队已经来不及了。骊山刑徒众多，赦免他们，编成军队，可出击盗贼。"他们确实一点儿准备都没有，调集周边军队都来不及。

少府是官职名，九卿之一，掌管山海池泽的收入（归皇室专用），兼管皇室手工制造及衣食、器用、医药、娱乐、丧葬等事，仿佛皇室的后勤大管家，也是一个大肥缺。章邯显然不是职业军人，但有胆识，是帝国一大人才，甚至可以称为秦二世时最优秀的人才。

骊山之徒及家奴产子全都武装起来，还有咸阳的卫队，悉由章邯率领，打击周文。双方的数量对比，没有准确数字可考，章邯的武器肯定比周文先进。秦始皇收缴天下兵器，铸成十二铜人，估计社会上再无利器。周文的队伍发展那么快，也找不到足够多的兵器、装备，多数人可能拿着镰刀、锄头、斧子。骊山之徒的劳动是分组进行的，有队长、大队长等组织编制，还有军队监管，显然比周文临时收编的农民军强得多。组织纪律性强，武器也精良，还有 5 万正规军，章邯似乎胜算在握。

至此，可以发现周文另一大错误。戏水发源于秦岭北麓，从骊山东边流过。周文距骊山不过 5 公里，章邯距此则有 45 公里。章邯可以组织骊山之徒，周文则可以解放骊山之徒，而且更近、更快。周文不在戏水河畔停留，一鼓作气，直扑咸阳，就算不曾主动联络骊山，刑徒们可能反秦，或者暴动，或者逃散，反正章邯的部队是没有了。指责周文不事先想到这一点，显然太苛刻，有失公允。但是，忽略这些偶然性，就要吃败仗。

加上一些不为人知的原因，似乎战斗刚开始，周文就败下阵来（仍然是秦二世元年九月），一直逃出函谷关，才停下来休整。这一停就停了两三个月，其间都做了些什么，史无记载。章邯也没有立刻追击，他又在做什么呢？从后来的战斗情况推测，他利用这两三个月时间，把刑徒编练成一支战斗力很强的队伍，然后才出关——确实是一个厉害角色（参见霍印章《秦代军事史》）。

章邯走出函谷关，又跟周文打了一仗。周文再败，再逃，逃至今河南渑池，又停留了十几天。章邯追击过来，大破之。周文自刭，部队就这样散了，此时为秦二世二年十一月。

周文在函谷关外东北 10 公里处停留那么久，既没有得到任何支援，也没撤回与友军会师，结果白白被章邯消灭，这是陈胜犯下的又一个错误。

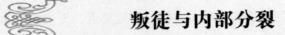

叛徒与内部分裂

危急关头，又起风波

正当各地农民起义进行得如火如荼时，原先投奔陈胜的一些豪杰、名士却纷纷拥兵自重、割地称雄。陈胜称"楚王"后还不到三个月，先后有人自立为赵、燕、齐、魏等王。到了公元前 208 年，项梁（项燕的弟弟）又封韩成为韩王。自此，六国全部复辟，这些人为了争夺城池而相互残杀，从而给了秦军喘息的机会。

周文的主力军覆灭之后，吴广镇守的荥阳便完全暴露在秦军面前，在这种危急关头，必须改变作战策略才能出奇制胜。

然而此时，陈胜却被一系列分裂活动所困扰。自大泽乡起兵以后，陈胜在短短两个月里，分出八支部队，向四个方向出击。下面按时间先后排出分兵情况：

葛英向蕲县以东略地，至九江郡。

吴广西击荥阳。

武臣、张耳、陈余北略赵地，自立为赵王。

邓宗向南攻略九江郡。

周市北略魏地，立魏咎为魏王。

周文西击秦，入函谷关。

宋留西定南阳，入武关。

召平东攻广陵（今江苏扬州）。

 **叛徒自立为王**

叛徒分裂也和陈胜的错估时局是分不开的，下面是叛徒分裂的详细情况。

葛英最早分兵。吴广、周文、宋留三支部队，目的在于攻入函谷关，推翻暴秦，完全正确。邓宗向南攻略九江郡，含有巩固、发展根据地的性质，也值得肯定。唯有召平攻广陵，目的不明。广陵距陈县435 公里。召平是广陵人，可能是他主动请命，陈胜随口就答应了，其实意义不大。

武臣一军，则源于陈余的建议。

在吴广统率大军进逼荥阳之时，陈余跟陈胜说："大王举梁、楚而西，务在入关，未及收河北也。赵地我去过多次，很了解那里的豪杰、地形，愿领一支奇兵，北攻赵地。"

于是陈胜以武臣为将军，邵骚为护军，张耳、陈余为左右校尉，给了他们3000 人马，北攻赵地。陈余显然是想自己领兵去，陈胜却以老熟人武臣为将军（武臣是陈县人，陈胜在陈县混的时候，俩人就认识了），可见他对陈余、张耳并不信任。

既然不信任他们，为何还要采纳他们的建议呢？应该跟陈胜的性格弱点有关。他不忍挫伤天下名士的热情，就打了个一厢情愿的算盘；只给 3000 士兵，随你们怎么干，干砸了，于我大局无损，干好了，怎么也不是坏事；以老熟人为将军，再扣留其家属，等于多了一层保险；何况攻略赵地本身也是一件好事。

陈胜的错误在于，既然不信任他们，就不该让那两个家伙跟着去，而应该把他们留在身边，让他们没有搞阴谋的机会。正是这个疏忽，后来严重损害了他的临时政府及反秦事业。

武臣等从白马津渡过黄河，来到赵国故地，煽动当地豪杰说："秦为暴政，残贼天下，数十年矣，天下父子不相安。陈王奋起，天下莫不响应，县杀其令丞，郡杀其守尉。今已称楚王，又派吴广、周文

率百万大军西击秦。不于此时建功封侯，就不是英雄。"

群豪纷纷响应，轻易收得数万人。武臣号为武信君，先打下十余城，别的城加强防守，竟攻不下来，于是改变路线，去打东北方的范阳。

一个名叫蒯通的人跟范阳县令说："听说你要死了，特来吊唁。又庆贺你因为有我而起死回生。"

范阳县令听不懂，问："为何吊我？"

蒯通说："秦法重，你当县令十年，杀了多少人，砍了多少脚，结了多少冤家？现在天下大乱，有多少人会来找你报仇？所以我来吊你。武信君转眼就到城下，你若坚守范阳，又不知有多少人会争着来杀你献给他。我帮你去见武信君，可转祸为福，不能拖。"

范阳令就派蒯通来见武信君："足下一定要靠战斗才能攻城略地吗？我以为不妥。我有一计，可不战而胜，传檄而定千里，您肯听乎？"

武信君说："说来听听。"

蒯通说道："范阳令怕死得很，又贪图富贵，想来投降，又怕您见官就杀，像前面十城那样。为何不招降他？还让他当范阳令，再派他去招降其余地方。他们认得他，看他毫发无损，官职也没动，自然欢喜，即可不战而降，这就是我说的'传檄而定千里'。"

武信君采纳了这个建议，派车百乘，骑二百，迎范阳令。果然，30余城不战而下，轻松进入邯郸，用一个月时间，圆满完成了北略赵地的任务。

于是张耳、陈余开始搞阴谋诡计了。当初他们劝陈胜先莫称王，陈胜不听，后来又想自己领兵北略赵地，偏偏陈胜不以他们为将，只拜为校尉，所以他们恨他，就跟武臣说："将军以区区三千人马，夺取赵地数十城，功独高，不称王则不足以服众，愿将军毋失时。"

于是武臣背叛了昔日的朋友，自称赵王。两个阴谋家，陈余当了大将军，张耳当了右丞相。原来那个督察军队的邵骚，由"二当家"降级为"四当家"，但也挂了左丞相之名，比护军好听多了。在利益面前，他们集体背叛了陈胜，而不管家人死活。

陈胜听到这个消息大怒，抓了武臣家属，要杀掉泄愤。上柱国蔡赐说："秦还没灭，又杀赵王家属，等于新添一个秦，不如答应他们。"于是陈胜派遣使者去祝贺，又把武臣家眷移至宫中，封张耳的儿子为成都君，一边催促他们赶紧派兵入关。成都距陈县有1000公里，那么远，封了等于白封。这些人连家人都不顾，陈胜也无可奈何。要他们赶紧入关，应该是周文已经入关，甚或已经至戏，还没与章邯接仗。

陈胜有意放他们一马，武臣等人却不买账。

他们谋划道："陈王允许我们自立，非其本意。一旦灭秦，必加兵于我。秦就不要去了，不如北略燕地，巩固自己。赵南据黄河，北有燕、代，陈王胜秦，不能制赵。若不胜，反而会重视我。正该借此机会，壮大我们自己。"

他们的如意算盘打得太好了，完全没有看到陈胜的危机，也没有看到自己的末路，更严重地低估了秦帝国的力量。陈王不能胜秦，确实会重视他们，不杀其家眷，正因为此。但是，秦帝国真的不堪一击，真的没有力量吗？张耳、陈余目光太过短浅了。他们从陈胜那里出来，清楚陈胜的情况，所以断言不论成败，陈胜都拿他们没有办法。他们了解陈胜，也了解自己，仿佛是"知己知彼，百战不殆"；却没看到，他们还有一个共同的、更加厉害的敌人——秦，要把秦的情况搞清楚了才算"知己知彼"。

话又说回来，知己不知彼，一胜一负，他们又真的了解自己吗？事实上并非如此。

谋定以后，赵王武臣不仅不派兵入关，而遣韩广领兵北略燕地。韩广何许人也？曾在上谷郡当过官差，官秩一百石。秦汉官制，百石以下不再用石，而称斗食之类，月俸用斛衡量，而不是石。估计是低得不能再低的"官"了，略同于今日的排长或少尉，所以他的官名叫"卒史"——从字面意思看，当是位于士卒之上的初级职位。赵王武臣不能说没有魄力，敢于信任这样的人才，敢于重用这样的人才，敢于让他担当开疆拓土、攻略燕地的重任。可惜他看走了眼，也不曾深入考虑这个问题：韩广带走了自己的兵，要是他也学我，背叛自立，又

该如何是好？扣留家眷显然无效，你武臣都不顾家人，他韩广为何要顾家人？

反正韩广带着大兵上路了。

有燕国故贵人对他说："楚已称王，赵也称王。燕虽小，也是万乘之国，愿将军自立为王。"

韩广说："母亲在赵，不可。"看来他是个孝子。

燕贵人说："赵王西忧秦，南忧楚，哪有力量来打你？陈胜那么强，尚不敢加害赵王家眷，赵王又何敢害您家眷？"

韩广觉得有理，于是自立为燕王，这发生在秦二世元年（前209年）九月。看来，称王总是那么吸引人。

没过数月，赵王果然把韩广母亲及家眷送归燕王。

赵王的谋划落空了，不仅没有壮大自己，反倒给韩广铺出道路。武臣、张耳、陈余等人连自己的事情都看不清楚，算什么"知己知彼，百战不殆"？但背叛与自立就此成为风气。

三个月后，赵王武臣被部将杀死。

在吴广围荥阳之前，陈胜曾派魏人周市攻略魏地。周市一路向北，打到齐地来了，正要围攻狄县（今山东高青西南），狄县固城自守。

城里有一个人按捺不住了，他叫田儋，跟故齐国君田氏是本家，也算是一条汉子。秦法规定，杀自家奴婢，必须告官。田儋心生一计，绑了家奴，要求谒见县令，一见县令，就把他杀了，然后召集豪吏子弟说："诸侯反秦自立。咱们齐地，古已建国。我田儋，也是王室后人，理当称王。"遂自立为齐王，发兵击周市。周市引兵而去，还归魏地，于是田儋率兵平定齐地。

周市回到魏地。众将士也争着闹独立，要周市当魏王。周市说："天下昏乱，乃有忠臣。今天下共同叛秦，必须立魏后人为王，方可谓忠义。"齐王、赵王各自派出五十乘规模的使者队伍，要周市为王，周市都不肯，坚持要迎立魏咎。周市的义举颇有些感人，但也还没明白过来，当前该对陈胜及张楚忠义，跟故六国已经没有关系。

魏咎何许人也？战国魏国真公子，纯正的王室血统。魏国未亡时，封为宁陵君。秦灭魏，降为普通百姓。陈胜称王，魏咎投奔过来，在帐前效力。周市五次派使者去陈胜处，陈胜才答应，将魏咎遣归魏地，立为魏王，周市做了丞相。

就这样，赵、燕、齐、魏轻松称王。

陈胜容忍武臣自立，不杀其家眷，又遣归魏咎当魏王，就是希望他们出兵相助，也确实要求过武臣派兵入关。周文的部队停驻戏，失败后停留关外，若能得到支援，至少保有一线不被章邯全歼的希望。他们不感谢陈胜，也不支援陈胜，反倒打着自己的小算盘。为了小利的私，而不顾整体的公，他们自己也坚持不了多久。

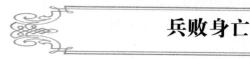

兵败身亡

主力被灭，无力回天

吴广带领的义军迟迟攻不下荥阳，此时，义军将领田臧又与吴广在军事部署上发生了分歧。将军田臧等谋划说："周文军已经破了，秦兵马上就到。我们久攻荥阳不下，秦军一来，必大败。不如留下一些兵，足够围荥阳就行，再率全部精兵迎击秦军。现在假王吴广骄傲，不知兵权，跟他商量没有用。不杀他，无法成功。"

他们伪造陈胜的命令杀了吴广，把首级传给陈胜。陈胜派来使者，拜田臧为令尹，使者为上将。令尹是原楚国官职，相当于相国，掌最高军政大权。吴广攻荥阳不下，陈胜肯定不满意，又碍于他们的关系，不知如何处置。田臧的行径正中其下怀，所以陈胜默许、鼓励、嘉奖了田臧的弑上行径。当然也可能是出于无奈，被迫接受事实。不管出于什么理由，都意味着陈胜已经不能有效地控制前线将领了。

田臧留李归守荥阳城，自引精兵西击章邯。不知何故，两军却在敖仓展开战斗，敖仓在荥阳城北12公里。《史记》说田臧"自以精兵西迎秦军于敖仓"，本来向西，却在北边与秦军战，仿佛是说，田臧以为章邯从西面来，主动向西迎击，章邯却剑走偏锋，直扑敖仓去了，于是田臧追击至敖仓。田臧西迎击秦军，为主；章邯远道来攻，为客。章邯不攻荥阳，先扑敖仓，让田臧追着自己跑，就使主客易位了，此谋略甚为精当。田臧战死，军队破亡。章邯引兵击荥阳，李归战死。

周文、吴广两支大军就这样败了，陈胜的核心队伍濒临瓦解。但是，秦军一方，力量却在增加。章邯整编了他的队伍，才出关作战，力量已经增强。周文死时，秦二世又派长史司马欣、董翳率兵佐助章邯。有学者也确信，在章邯率骊山刑徒打击周文之时，北戍长城的帝国精锐也得到命令，至少有一部已开始南下。一盛一衰，胜负仿佛可以预见。

章邯不走鸿沟水路，而沿嵩山东侧平原南下。至少在此时，司马欣、董翳的队伍已经跟上来。于是章邯分一军攻郏（今河南郏县），自引兵攻许（今河南许昌东）。两地守军败走，陈胜杀郏守将，这是陈胜诛杀的第二位将领。

陈胜身亡，起义失败

许距陈85公里，章邯下一个目标就是陈胜。

陈胜派蔡赐与张贺各领一军，驻扎城外，以待秦军，这是一种被动、消极、死板、陈旧的防御战术。本来农民军的组织纪律性和武器装备都不及敌人，还要在家门口打阵地战，已经略占下风。何况章邯连败周文、田臧、李归、邓说、伍徐五将，士气、信心及临阵经验都强过农民军。最妥善的办法是避敌锋芒，主动撤退，设法与诸侯联合，再谋胜机。

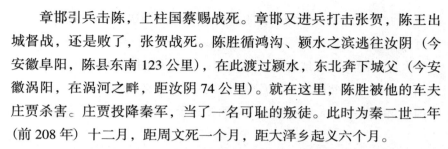

章邯引兵击陈，上柱国蔡赐战死。章邯又进兵打击张贺，陈王出城督战，还是败了，张贺战死。陈胜循鸿沟、颍水之滨逃往汝阴（今安徽阜阳，陈县东南123公里），在此渡过颍水，东北奔下城父（今安徽涡阳，在涡河之畔，距汝阴74公里）。就在这里，陈胜被他的车夫庄贾杀害。庄贾投降秦军，当了一名可耻的叛徒。此时为秦二世二年（前208年）十二月，距周文死一个月，距大泽乡起义六个月。

陈胜就这样失败了。他的事业前后不过六个月，声势非常浩大，函谷关以东全部造反了，这就是陈胜首先发难的功劳。在他死后一年十个月，刘邦入咸阳，秦帝国覆亡。

陈胜手下有个将军，名叫吕臣，在陈县东南方58公里的新阳起兵，头戴青帽，称仓头军，攻下陈县，杀了庄贾，复以陈地为楚国。秦有左右校尉引兵攻陈，吕臣不能胜，败走。路上遇到悍将英布，会成一军，合力攻秦，秦左右校尉败走，第三次以陈为楚国，此时陈胜已经死六个月了。

庄贾当了叛徒，那个宋留也当了叛徒。他不能及时攻取武关，配合周文行动，倒还怪不得他。陈胜死时，他已攻占南阳，秦军攻过来，不能守，向东逃跑，又遇秦军，形同包围，就带着队伍投降了。他也得不到富贵，传至咸阳，即被车裂。

陈王初立时，秦嘉、董缉、朱鸡石、郑布、丁疾五人起兵，围攻东海郡郡守。陈王听说此事，就派了一人去监察他们。秦嘉不受命，自立为大司马，又讨厌陈胜的人，告诉军吏说："这个人年少，不知兵事，大家不必听他的。"最后伪造陈王的命令把他杀了。

听说陈王军破出走，秦嘉立景驹为楚王，引兵西向，想打击秦军，又派使者联络齐王，欲合力俱进。齐王说："陈王战败，不知生死，你们怎能不请示就立为楚王！"使者说："齐不请示楚而立王，楚为何要请示齐而立王？楚最先反秦，当号令天下。"田儋把使者杀了。

以上就是陈胜死后起义队伍中的几种情况，有的人在继承他的事业，有的人当了叛徒，还有的人在争夺领导权。一年时间立了四个楚王：陈胜自称楚王，葛英立了一个楚王，秦嘉立了一个楚王，后来项

第三章　揭竿而起，应者云集

梁也立了一个楚王，还是楚怀王的孙子。吕臣两次以陈地为楚国，但没有擅立楚王。

大泽乡起义沉重地打击了秦王朝，开辟了中国古代农民反抗封建统治的道路。虽然陈胜和吴广领导的农民大起义最终失败了，但作为中国历史上第一次大规模农民战争的领导者，他们必将名垂青史。

❀ 陈胜吴广起义失败的原因

陈胜吴广起义，是我国历史上第一次农民起义。历史上比较有争议，关于陈胜失败的原因，《史记》做了这样一段补叙：

陈胜称王以后，当年佣耕的伙伴来找他，叩击宫门说："我要见陈涉。"宫门守卫要抓他，此人反复辩解，守卫才放了他，却不肯为他通报。等陈胜出来，当道大呼陈涉名字。陈胜让他上车，一起回宫。进到宫来，见殿堂帷帐，客人说："这么多啊，陈涉为王真奢侈！"客人出入全无顾忌，到处去说陈胜的旧事。有人对陈王说："客人愚妄无知，到处乱说，有损您的威严。"陈胜就把客人斩了。于是陈王过去的朋友都走了，再无亲近的人。又以朱房为中正、胡武为司过，监察群臣。两人滥用权力，凡不亲善者，都下狱治罪，搞得在外带兵的将领都怕他们，于是诸将不再亲附陈胜，此其所以败者。

更有人补充说，陈胜称王以后，丈人和小舅子来找他，他当作普通宾客，丈人怒曰："你了不起啊，傲慢对待长者，一定横不了多久。"

《史记》把失败的原因归之于"德"，很值得商榷。武臣背叛陈胜自立，在秦二世元年（前209年）八月，燕王、齐王、魏王自立在九月，杀葛英则在十月。张耳、陈余为了鼓动武臣自立而说的那些话，是他们的诽谤，前面已做分析。田臧谋杀吴广，秦嘉杀陈胜使者，两件事都在陈胜杀葛英之后。他们都敢任意伪造王命了，仍然没提及陈王信用酷吏、疏远诸将的话，可见陈胜不得人心还没成为诸将共识。陈胜称王仅六个月，到第五个月时，除了张耳、陈余的诽谤，都不见

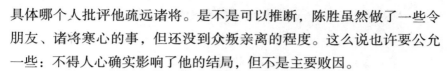

具体哪个人批评他疏远诸将。是不是可以推断，陈胜虽然做了一些令朋友、诸将寒心的事，但还没到众叛亲离的程度。这么说也许要公允一些：不得人心确实影响了他的结局，但不是主要败因。

战乱时期，争胜负首先靠力，而不是德。

所以，问题的根本在于陈胜的战略关键处：速度。起兵第三个月，周文就打到咸阳50公里处，速度是他们成功的关键，也是他们唯一的优势。周文却放弃了这个优势，在那里等待、徘徊、犹豫、观望，结果给了章邯时间。

咸阳的情况与荥阳不同。秦军不退保函谷关，却在荥阳，那是因为他判断陈胜乃群盗聚众闹事，危及不了咸阳，所以先保荥阳、敖仓。秦帝国的精兵，北边长城去了30万，南面五岭有50万，接下来就数咸阳及三川郡。秦廷把三川郡精兵都调到荥阳，所以吴广围攻不下。

由于胡亥糊涂及赵高遮掩，关中丝毫没有准备；剪灭六国以后，秦帝国东面的防守重心已由函谷关东移至荥阳（郡治所也可能已经迁至荥阳）。在那里建设敖仓，秦廷又把三川郡精兵调集至荥阳。这三个原因造成函谷关兵力空虚，因此周文能够顺利入关。

咸阳跟函谷关一样，也没有进入战备状态。周文大军一日可至咸阳，不论早晚，立即攻城，城里只怕人心大乱。咸阳被围，章邯也没有组织骊山之徒的机会了。此一招棋，看似冒险，其实最有利，能最大限度地发挥速度优势。不以我之优势击敌空虚，如何胜敌？至于能否攻破咸阳，还不宜妄下结论，总比周文的等待观望强。他的行动实际成了坐以待毙，等着章邯组织军队来消灭自己。

陈胜派出八支队伍，西三路，东两路，北两路，南一路。西三路是他的主力，也是他的主攻方向，谋略目标完全正确。错在他没有随军行动，错在执行者不能及时完成攻略任务。就胜负而言，谋略当然重要；谋略再好，攻战不能取胜，仍然无法成功。

陈胜仓促发难，事出偶然，又很快就失败了，批评他没有"革命纲领"，那是用今天的历史观去要求2200年前的农民，其实不妥。下面列举一些后人对陈胜失败理由的分析。

西击秦缺乏长远战略。

没有具体的政治主张。

没有团结的领导核心。

没有联合各地反秦力量。

陈胜缺乏领导能力。

遭到章邯的穷追猛打。

秦帝国军团的主力在长城及南方，咸阳兵力相对不足，又散驻各县，难以马上投入战斗；老一辈将领被清洗，秦廷又无准备。帝国的心脏其实很虚弱。陈胜起兵才七八十天，就打到咸阳来，就是因为秦兵力空虚。争抢速度，击敌空虚，是陈胜的唯一优势，也是他的战略核心，所以他应该尽一切努力，最大限度地发挥速度优势，怎么更快就怎么干，周文的停留使他们丧失了这个优势。

批评他缺乏长远战略，似乎不全面。从吴广、周文、宋留三军布置来看，也算具备一个战略雏形。但对战局发展估计不充分，又过早地骄傲起来，致使整个战略规划只停留在雏形阶段，而没有提升到自觉自为的高度。分兵攻略北方、东方，绝不是当前最急迫的任务，其实是上了张耳、陈余的当，结果是既分散了兵力，又扰乱了心神。

当时的斗争形势很复杂。对外，要打仗、筹粮、战胜敌人；对内，要选拔人才，防止分裂背叛。陈胜不过是一个农民，当世最穷最贱的人，全无斗争经验，甚至连人心险恶都经得少（只有那些在官场混迹多年的老狐狸、老油条，老奸巨猾、老谋深算的家伙，才对追逐权力及人心险恶体会最多），要在短短一个多月的时间里，全面领导数十万大军进行复杂、庞大的军事斗争和政治斗争，恐怕是勉为其难吧，而几乎是靠着他仅有的一点儿天分在指挥。他能两次召集豪杰商量，也是很可贵的品质，但没有征集到最需要的人才。

至于北方、东方，即使没有武臣、周市，其他人们也会造反。陈胜动作越快，声势越大，各地造反越盛。换句话说，陈胜越是全力西击秦，他得到的呼应越多，且没有分裂自身的危险。

周文失败以后，不及时进行干预，不谨慎地重新估计战局形势，也没有做出必要的战略调整，不积极联合友军（英布、项梁、刘邦、秦嘉等一大批反秦力量都已起事），这些都是陈胜的重大错误。章邯破了荥阳，力量更加强大，陈胜不进行战略退却，而在陈县死守，最后变成小股流寇式的、单枪匹马式的逃跑，即意味着他的灭亡。

陈胜失败了，因为众多错误而败。他又是光荣的，站在一个跟帝王将相对立的地方，拉开了新舞台的序幕。

刘邦平定天下以后，安排了 30 户人家为他守墓。

第 四 章

项家叔侄，勇冠天下

　　项梁和项羽是楚国的贵族，两人是叔侄关系。他们出身高贵，再兼人脉较广，因此吴中百姓对他们颇为敬仰。大泽乡起义爆发后，项梁也顺势以复国为名发动起义，实力日渐强大起来。陈胜死后，项梁便将所有义军联合起来抗秦，沉重地打击了秦王朝的统治。项梁后来轻敌被秦将章邯所杀。项羽以讨伐暴秦与为叔父报仇为重大使命，在巨鹿打败秦军，并且最终收服秦军大将章邯。

项梁、项羽其人其事

 项梁生平

项梁的父亲项燕是楚国名将，在秦灭楚的战争中被杀，其祖先项氏多人也是楚国将领。

项梁是项燕第四子，项羽叫他四叔，二人实为叔侄关系。他们的先人世代为楚将，封地在项（今河南沈丘县。沈丘西20公里又有项城市），所以姓项。秦灭楚，居下相（今江苏宿迁西南）。

项梁曾经犯法，被关在栎阳县，托蕲县监狱长曹咎帮忙。曹咎给栎阳县监狱长司马欣写信，项梁才脱身。又因为杀人，躲避仇家，带着侄子项羽移居吴中（属会稽郡，今江南苏杭一带）。偏偏这个惯犯及流亡人士极具才干，吴中贤士大夫都不如他，每遇重大徭役及丧葬事，都由他主持操办，暗中又以兵法约束宾客子弟，于是大家都知道他很厉害。

 西楚霸王项羽

项羽，名籍，字羽，其实叫他项籍更规范。

公元前224年，秦将王翦大破楚军。次年，秦军攻到蕲（今安徽宿县东南）南，项羽的祖父项燕兵败被杀，一说自杀。楚国灭亡之后，项羽与弟弟（一说堂弟）项庄随叔父项梁流亡到吴县（今江苏苏州一带）。

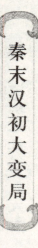

项羽年少时，项梁曾教他读书，项羽学了没多久便厌倦了；后项梁又教他武艺，没多久又不学了。项梁大怒！籍曰："读书能够用来记姓名就行了，学武不过能敌得过一人，籍要学便学万人敌！"于是梁便教授他兵法。但其学了一段时间后又不愿意学了，梁只好顺着他不再管他。项羽力能扛鼎（霸王举鼎一词的由来），气压万夫，年轻时志向便极为远大。一次秦始皇出巡在渡浙江（今钱塘江）时，项羽见其车马仪仗威风凛凛，便对项梁说："彼可取而代也（我可以取代他）。"

项梁起兵

 项梁叔侄谋反

秦二世元年（前 209 年）七月，陈胜在大泽乡起义，由此点燃了推翻暴秦的导火索。

九月，会稽郡假守（会稽郡代郡长）殷通把项梁找来，对他说："长江以西都反了，这是天要亡秦。我听说先发制人，后发制于人（据《汉书》记载，说这两句话的是项梁，不是殷通）。我也打算起兵，请你与桓楚为将。"

此时，桓楚流亡江湖，不知何处。项梁说："桓楚流亡，不晓得在哪里，唯独项羽知道。"

项梁出来，要项羽持剑在外等候，又进来跟殷通说："请您召见项羽，派他去召桓楚回来。"

殷通说："行。"

项羽进来，项梁跟他使个眼色，说："可行了。"

于是项羽拔出佩剑，把殷通杀了，割下首级，项梁拎在手里，佩了他的印绶，出来，门下大惊，乱跑，项羽一口气杀了数百人。府中人吓呆了，伏地不动，也不敢起来。

项梁把过去认识的豪杰、官吏召集起来，告诉他们自己要举大事，然后收聚吴中各县兵力，得精兵 8000 人，又安排吴中豪杰担任各级军官。有一个人没得到官职，来找项梁理论。项梁说："记得有一次丧葬派你主办某事，你没办好，所以今天不用你。"众人皆服。项梁自任为郡守，项羽为副将，用了三个月时间，收平吴中各县（估计包括会稽郡与鄣郡，都在江南）。

此时，项羽 24 岁。

陈胜失败以后，他的部下醒悟了，必须联络各地英雄，才有活路，最先行动的是吕臣与召平。召平，广陵人，奉命徇广陵（今江苏扬州），但没打下来，又听说陈胜败走，秦兵将至，于秦二世二年（公元前 208 年）正月渡过长江，假奉陈王命令，拜项梁为上柱国，说："江东已定，急引兵西击秦。"于是项梁率 8000 精兵渡江西去。

过了长江，听说北边百余公里处，陈婴已经攻下东海郡东阳县（今江苏盱眙县马桥镇东阳城村），项梁就考虑要不要派使者去联合陈婴，一起西进。

陈婴曾当过东阳县令的副手（也有资料说他当的是东阳县监狱长），为人诚信谨慎，是县里德高望重的长者。陈胜起兵以后，东阳少年杀了县令，相聚数千人，但没有合适的人当头，来请陈婴。陈婴不干，被强行推为首领，于是县里跟从者增加到 2 万人。人多了，众少年又想立他为王。

陈婴母亲对他说："自我嫁到你家为妇，就没听说过你家祖先有富贵者。今突然暴得大名，不祥。不如找个人追随，大事成了，仍然可以封侯。万一不成，也可改名换姓逃亡，不至于被通缉。"

陈婴乃不敢称王，而对军吏说："项氏世代为将，有名于楚。今要举大事，没有合适的将才，不可。我等追随名族，必能亡秦。"

众人听了他的话，带兵投奔项梁。这可乐坏了项梁，于是率众渡过淮水，一路向北行来，英布、蒲将军两人也来投奔。于是队伍增加至六七万人，驻扎下邳（今江苏睢宁北古邳镇）。

此时，秦嘉立驹景为楚王已经两个月，估计是想充当反秦主力，并引兵西进，来到留县（今沛县东南，在下邳西北91公里）。当他听说有人打着陈胜的"张楚"旗号，不大高兴，将部队南移40公里，驻扎在彭城（今江苏徐州，距下邳70公里）东面，堵住项梁西去的道路。

项梁鼓励将士说："陈王最先反秦，战斗失利，至今下落不明。秦嘉背叛陈王而立景驹，此为大逆不道。"乃进击秦嘉。秦嘉向北败走，项梁追击至胡陵（今江苏沛县北，距彭城80公里）。秦嘉又回转身来与项梁打了一天，战死，部队投降。景驹向西逃，死在路上。项梁收编秦嘉的部众，准备西进。

此时，章邯的部队已至栗（今河南夏邑县），距项梁100公里。项梁派别将朱鸡石、余樊君迎击秦军。余樊君战死，朱鸡石败走，逃回胡陵。这是项梁第一次与章邯交手，可谓大败，遂向东退却30公里，停驻薛（今山东枣庄市薛城区北有薛国故城遗址），以避敌锋芒。又把朱鸡石杀了，以肃军纪。

章邯自出关以来，横扫义军，连战皆胜。看一看他打败了多少人：周文、田臧、李归、邓说、伍徐、蔡赐、张贺、陈胜、刘邦、余樊君、朱鸡石，唯独项羽打了一个胜仗。项梁派项羽攻襄城，襄城坚守不下，打下来之后，坑杀全城，才还报项梁。勇猛无敌，敢打敢杀。项羽无疑是一个英雄；但他不分敌我，全部坑杀，又太残暴，保留了旧贵族的某些本性。

项梁再次确立反秦中心

项梁已经见识了章邯的厉害，又得到陈胜已死的确切消息，遂决定在薛城召开扩大会议，各路将领都来参加，商量下一步行动。项梁退避至薛，主要是因为首战失利；而决定召开扩大会议，则是因为得到陈胜死亡的确切消息，必须重新考虑某些政治主张及抗秦对策。这个谋略具有重要的战略意义，应该给予充分肯定。

会议期间，有一位70岁的老先生找到项梁，跟他说道："陈胜的失败是必然的。秦灭六国，楚最无罪。自楚怀王被骗至秦国后，楚人至今都还伤怜此事。所以楚南公说：'楚虽三户，亡秦必楚。'陈胜首先反秦，不以楚国后人为王，而自立为王，势必不能长久。你起于江东，其实有些偏僻，大家却众蜂飞舞一般来投奔你，就是因为你家世世为楚将，大家盼望着你能复立楚国后人为王。"

这位老先生名叫范增，家住九江郡居鄛县（今安徽巢县），一直安居家中，读了不少兵书，好奇计，是一位难得的谋士。

范增的老家距薛城至少有360公里，假如他是从老家出发，在70高龄、兵荒马乱之际，冒着死亡的危险，连续奔走数日或十数日，就是为了找到项梁，跟项梁说一番跟他个人利益没有直接关系的话，这是一种什么精神？

刘邦也参加了薛城大会，但没有什么建议。在项梁退守薛城之时，他已投奔过来，跟项梁借了5000兵、10名队长，去收拾那个背叛自己的雍齿。

项梁采纳了范增的建议，设法找到楚怀王的一个孙子。这个落魄王孙名叫心，正流落民间替人放羊，转瞬之间成了楚怀王，定都盱台（今江苏盱眙县）。陈婴为上柱国，封五县，正好应了母亲的话。项梁自号为武信君（武臣渡过黄河以后，曾号武信君，四个月后被手下大将杀死），拥兵十余万，重新扛起反秦大旗，再次确立天下反秦中心，"项楚政权取代张楚政权"（霍印章《秦代军事史》）。

此时为秦二世二年（前208年）六月，陈胜才死六个月。

大泽乡起义拉开反秦序幕。周文大军攻入关中，距咸阳50公里。各地反秦力量风起云涌（刘邦、项梁起，赵、燕、齐自立为王），以陈胜为中心，天下反秦事业进入第一次高潮。三个月之后，陈胜死，反秦事业转入第一个低谷。六个月后，项梁立楚怀王，反秦事业有了新的中心，开始进入第二次反秦高潮。

项梁的成败

 项梁大败秦军

　　章邯破了陈胜以后，下一个目标就是魏王咎。

　　本来秦二世元年（前209年）九月，周市就立魏咎为王。当时魏咎在陈胜那里，陈胜不放他走。使者往来五次，直到三个月后，章邯攻到陈县来，陈胜才答应，估计是出于这种考虑：与其留在身边，不如让他就国，还能得到一份支援。

　　魏咎当魏王才一个月，就被章邯的兵包围在临济（今河南封丘东）。但章邯还来不及灭他，而忙着镇压陈县以东、淮水以北的众多反秦武装。

　　宋留可能是陈胜余部中最大一支，在陈胜失败以后撤出南阳地区，向东退至新蔡（今河南新蔡，南距陈县144公里），被秦军包围，率部投降。

　　吕臣、英布两次夺占陈县，复立张楚，秦军势大难敌，引兵东去。

　　秦嘉立景驹为楚王，引兵西击秦，其中一部收留前来借兵的刘邦，合力与秦军战，先败后胜，攻下一城。

　　项梁派朱鸡石、余樊君与章邯别将战败，或死或走。项梁东撤30公里，至薛城。

　　项梁派项羽攻秦襄城（似为襄邑更妥），襄城坚守不下。项羽大怒，攻陷以后，坑杀全城。

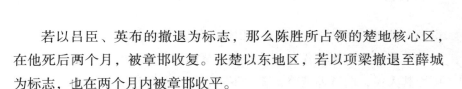

若以吕臣、英布的撤退为标志，那么陈胜所占领的楚地核心区，在他死后两个月，被章邯收复。张楚以东地区，若以项梁撤退至薛城为标志，也在两个月内被章邯收平。

自章邯组织骊山刑徒以来，前四个月打败陈胜主力，后四个月镇压其残部，击败项梁。在他看来，以陈县及大泽乡为中心的楚地四郡（南阳郡、陈郡、泗水郡、砀郡）已经基本荡平，九江郡在淮南，会稽郡在江南，暂时可以不管，因此决定挥师西返，去围攻魏王咎。

事后我们当然知道，章邯在此犯了一个大错，没有乘胜追击项梁，直至消灭他的新楚军（当然包括项羽在内）。其实这种指责没有意义，项梁至薛城，拥兵十余万，但不及已经称王的魏、赵、齐、燕影响大。章邯也不了解他，既然自己的别将都能打败他，为何还要重视他？还有一个情况，恐怕章邯也忽略了，项梁并没有吃败仗，吃败仗的是他的两个别将，至少其中一人不是他的贴心部将：朱鸡石先从秦嘉，后属项梁，难怪项梁舍得杀他。话又说回来，即使章邯追击，能不能彻底胜利，也还是一个问题，因为项梁手下有堪称天下第一悍将的项羽、英布及江东8000精兵，他们都还没有出手。

不管怎样，章邯率领军队围攻临济来了。可怜的魏咎，当王一个月就被包围，现在连生命都有危险了。但他并不是胆小鬼，派相国周市向齐、楚求救，自己则领兵坚守城池。此时为秦二世二年（前208年）四月，陈胜死后第四个月。

齐王田儋亲自率兵来救，足见他的重视程度。正是陈胜的死唤醒了大家：强秦还在，必须联合起来，才有希望。项梁此时可能还打着张楚旗号，还没有召开扩大会议，项羽也没回来，所以派了项它救魏。令人奇怪的是，四月周市出城搬兵，六月齐、楚援兵才到达临济城外，如此缓慢，不知何故。

这个章邯颇有谋略，命令将士嘴里衔着一根筷子状的棍子，两端有绳，系在颈上，禁止出声喧哗，乘着夜色，偷袭敌军；衔枚夜击，大破齐、楚援兵于临济城下。这一仗，章邯运用夜战奇袭的方式，获

得很大成功，对方最高首领齐王田儋战死，周市战死。

田荣、项它领了各自的兵散走，章邯放开手脚围攻临济。魏王咎可怜其人民，向章邯请降，要求不杀百姓，然后引火自焚，弟弟魏豹投奔项梁。此时项梁已立楚怀王，楚怀王给了魏豹数千人，让他去魏地打游击，能夺一地就夺一地，反正不让章邯爽快。

章邯眼下考虑的是灭齐。齐王田儋战死，国内人心动摇，正是灭齐的好机会。章邯分一支兵留守魏地，自引主力追击田荣，到了东阿（在临济东北 180 公里），把田荣围在城里。

齐国那边，听说国王战死，乃立齐王建（被秦始皇饿死在松林间）的弟弟田假为齐王，田角为相，田间为将，以拒外敌。他们所拒的外敌，既指秦军章邯，也隐含了反对他们的各种力量，其中就有田荣。田荣是田儋弟弟，看自家哥哥的王位被夺，自然心中不快。但他正被章邯包围，一时也无可奈何，所以他不向齐国求援，而向项梁搬兵。田间是田角弟弟，看秦军势大，担心自身安危，也去赵国搬兵。两股齐军，宁可求助外人，也不肯自己握手。

此时，项梁已立楚怀王，自己也称武信君，部队休整了三个月，是该出兵击秦了。七月，尽管天降大雨，三月不停，是所谓的秋涝，项梁仍然冒雨出兵，围攻亢父（今山东济宁南，在薛城西北 53 公里）。然后得到田荣的告急信，立刻引兵驰援东阿（在亢父北偏西 118 公里）。

薛城、亢父、东阿其实在西北一条直线上，似乎可以推断，项梁出兵的时候，想的就是找章邯作战。章邯在东阿，所以他先攻亢父，一路向西北走，自然就找到章邯。田荣告急，他果断放弃亢父，急救东阿，正好跟章邯干仗，又帮了田荣。他的目的，既为报前面一箭之仇，也因为章邯是秦军主将，打败章邯，秦帝国就亡了一半。

在章邯眼里，项梁的楚兵先败于栗县，再败于临济，所以他没充分重视，却不知道项梁、项羽才是自己劲敌。项梁、项羽赶到城下，大破秦军。章邯第一次吃了败仗，引兵南撤百余公里，驻扎在濮阳

（距东阿114公里）以东，没有急着进城。

这一仗，双方似乎都没有什么谋略。比较起来，项梁算是有备而来，部队也经过休整，还有训练有素的江东8000精兵，这是一支正规军，与农民军大不同；章邯几乎不了解对手，在接连胜利之后，甚至有些轻敌。

田荣缓过劲来，立刻引兵归国，要惩罚那些叛国者。叛国者不能敌，赶紧逃跑，遂成流亡人士。田假投靠项梁，田角奔赵。田间搬救兵未归，也留在赵国，不敢回去。田荣立哥哥田儋之子田市为齐王，自己为相，弟弟田横为将，再次收复齐地。

田荣打内战去了，独有楚兵追击秦军。项梁派刘邦及项羽追击章邯，攻城阳（在濮阳东偏南66公里），攻克之后，又一次屠城（典型的项羽方式）。然后在濮阳城东再次攻打章邯，又赢了。这次攻击是项梁的命令，还是刘邦、项羽临阵决策，现在也搞不清楚了。项梁此时还在东阿附近，正等着齐、赵出兵，好并力西向。

项梁数次派人去联络田荣。这个不要脸的家伙，项梁救了他，他不知报答，竟让使者跟项梁说："你杀了田假，赵杀了田角、田间，我就发兵。"

项梁答复说："齐是我们的盟国，田假也是齐王，落魄时来投奔我，不忍心杀他（杀之不义）。"这句话《史记·项羽本纪》记为项梁所说，《史记·田儋列传》记为楚怀王所说，估计是田荣故意制造的麻烦。项梁派人来催，他则派人去找更远的楚怀王，也可能派了两个人，一个找项梁，一个找楚怀王，目的是拖延时间，寻找摊牌的机会。项梁不答应田荣，表面看是嘴巴上挂着的仁义，其实另有谋略：我救了你，你不感谢我，还跟我讲条件；今天不杀田假，等我回腾出手来收拾你，田假就是最好的理由。

赵也不杀田角、田间。

田荣说："毒虫蜇手则断手，蜇足则断足，为什么？为了保住性命。田假三人对楚、赵来说，连手足都谈不上，为何不杀？你们让我

为难，等于是侧齿咬自己。秦兵一旦振作，侧齿咬人者必无矣。"

楚、赵不听，田荣也怒，始终不肯出兵。

田荣心胸肯定狭小了，项梁因为对方恩将仇报，心胸也欠宽广。当前目标是反秦，假惺惺的仁义只会因小失大，何况还有他的报复私心在其中（对比刘邦暂时答应韩信称齐王，可知胸襟与事业成败的关系）。

章邯两战不胜，知道遇上劲敌，不敢大意，赶紧收兵退呆濮阳城，一面引黄河水环城自固，一面向朝廷请求增援。章邯未伤筋骨，又及时自保，援兵也逐渐会聚过来，于是秦军复振。

濮阳有黄河水作为屏障，刘邦、项羽不能攻城，遂引兵南攻定陶（在城阳之南35公里）。定陶坚守未下，又向西进攻，至于雍丘（今河南杞县）。他们打一枪换一个地方，似乎缺乏长远的作战谋略：撤出濮阳，正好给秦兵会聚濮阳让出道路。可以围城打援吗？恐怕兵力不够。项梁几次三番要田荣出兵，就是为此。

雍丘距定陶90公里，距濮阳116公里，三川郡郡守李由在此。他手上有精兵，战斗甚为激烈，刘邦赶紧调猛将曹参回来支援。曹参正在别处攻城，得到调令，立即回援雍丘，击破李由军，杀李由，还活捉了一名军官，取得一次不小的胜利。

项梁在北边东阿，从七月等到八月，看齐、赵都不肯出兵，乃率军南下，走到定陶，又败秦军；同时也知道项、刘二人杀了李由，欣喜之际，开始骄傲起来。他们在两个月里连续五次大败秦兵，其中三次是秦军主将：

七月，东阿城下一破章邯；

七月，项羽、刘邦屠城阳；

七月，刘、项在濮阳东二败章邯；

八月，刘邦部将曹参杀李由；

八月，项梁在定陶大败秦兵。

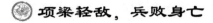

项梁轻敌，兵败身亡

于是宋义劝谏项梁说："战胜了，而将骄卒惰，必败。现在士卒有些怠惰，秦兵却在一天天增援，臣为君感到担忧。"

项梁不听，嫌他啰唆，派他去齐国搬兵，路上遇到齐国使者，使者名显，封高陵君。

宋义问他："你是要去见武信君项梁吗？"

高陵君显说："是啊。"

宋义说："武信君必败。你慢慢走，可以免死。走得快了，恐怕有杀身之祸。"

章邯在濮阳城里待了两月，一边休整部队，一边总结经验。李由死了，他知道；项梁在定陶，他也知道；濮阳至定陶74公里，他同样知道。等增援的部队到得差不多了，连戍守长城的边防军主将王离也已南下，章邯再次衔枚夜击，大破楚兵于定陶，杀了项梁。此时为秦二世二年（前208年）九月，距东阿之败才两个月。

这次战斗，章邯有备而来，又使用自己擅长的黑夜偷袭战术，在兵力上占有明显优势，因此获得巨大成功。项梁应该是在被包围的情况下混战而死，刘邦、项羽正在攻打陈留，距定陶120公里，即使得到消息，也无法赶回增援。

章邯在两次失败之后，开始重视项梁，但他只是战术上重视。他可能始终认为，前两次失败是因为自己缺少准备，而不是楚兵强大能战；一夜偷袭就杀了项梁，恰好证实了他的判断。他带兵才不过一年一个月，就打了这么多胜仗，连杀"贼首"陈胜、魏王咎、齐王田儋、项梁，以为楚盗名将已绝，楚地兵不足忧，所以挥师北上，渡过黄河，攻打赵国去了，结果给了项羽、刘邦重整旗鼓的机会。

直到此时，章邯仍然没有重视那个名叫项羽的年轻人，因为项羽才25岁，而且还是配角（刘邦的助手）。其实章邯骨子里是骄傲的，在内心深处，他并不重视关东的各色杂牌武装。因为这骄傲，他没有乘胜追击楚兵。后来他才知道，他一时粗心放过的残余，竟是将来彻底推翻秦帝国的精英：项羽大破秦军主力，刘邦则乘虚入武关，灭了秦朝。

项梁立楚怀王，反秦事业开始走出低谷，两败章邯，杀李由，进入第二次高潮。项梁死，再次跌入低谷。前后不过四个月（六月至九月）。刘邦、项羽听说项梁战死，商量道："项梁战死，士卒惶恐，还是先撤吧。"和吕臣的部队一起东还。刘邦驻砀，项羽驻彭城西，吕臣驻彭城东，三军布成一条直线，防止秦兵南下。再往东南走177公里，就是楚怀王的都城盱眙。

楚怀王听到项梁噩耗，也觉恐慌。不过他很快就表现出一种勇气，从盱眙来到彭城，收了项羽、吕臣的兵权。同时任命吕臣为司徒，吕臣的父亲吕青为令尹，刘邦为砀郡长，封武安侯，领砀郡兵，项羽为长安侯，别号鲁公。这些措施，明显巩固了楚地军心。

本来项梁是楚怀王的主心骨，现在他自觉挑起一个国家的重担，楚怀王可不像一个纯粹的傀儡，更不像一个简单的牧羊人。

田荣不肯出兵帮项梁，原因前面已经讲过；赵国也不出兵助项梁，原因他们遇到一堆大麻烦。

武臣自立为赵王，又派韩广政燕地，李良政常山，张黡政上党。韩广至燕，自立为燕王。武臣与张耳、陈余带兵来攻韩广，在燕国边界与燕军相遇。

不知何故，赵王溜出来玩，被燕军活捉。燕将说了，分他一半赵地，就放人。使者来一个杀一个，总之要割地才放人，张耳、陈余为此头疼不已。

有一个专管打柴烧饭的炊事兵跟室友说："我去替他们说服燕军，保证和赵王一起回来。"

室友嘲笑他说："使者去了十几个，都死了，你凭什么能救王回来？"

于是此人来到燕军壁垒下，不知他用了什么办法，燕将竟然也接见了他。

他问燕将："您知道我想要什么吗？"

燕将说："你不就是想要赵王嘛。"

他说："您知道张耳、陈余是什么人吗？"

燕将说："贤人。"

他说："您知道他们想要什么吗？"

燕将说："想得到赵王。"

这个打柴烧饭的炊事兵笑起来，说："您可不知道此两人的野心。武臣、张耳、陈余不费一兵一卒，拿下赵数十城，其实他们都想各自南面为王，哪里想当一辈子卿相？臣与主岂可同日而语。一个月前，赵地初定，他们不敢三分而王，武臣年长，所以让他先当王，以安抚赵地人心。此两人名义上想赵王回去，其实是想燕军杀他，正好分赵地而为王。一个赵国就能攻燕，何况有两个贤王左提右挈，打着为王报仇的旗号，灭燕就更加容易了。"

燕将觉得有理，于是放了赵王，炊事兵为他驾车，回到赵国。

这一段记载，不知道有几分可信。燕军活捉赵王，这么大的事情，燕将为何不跟燕王报告？又凭什么敢私下放了赵王？《汉书》则把"燕将以为然，乃归赵王"改为"燕以为然，乃归赵王"，这下合情合理了，但他删除关键一字，不知根据何在。

李良平定常山以后，赵王命令他攻打太原。从河北平原向西仰攻太行山，地形对赵不利。来到石邑，秦兵堵住井陉，李良无法前进。

秦将以二世皇帝的名义，伪造书信给李良，故意不封口，说："李良曾跟随我得显贵。若能反赵归秦，我必赦免你罪，尊贵你。"

李良看了，迟疑不决。怎么办呢？他想到另外一个办法，回邯郸跟赵王请兵去，手上兵多了，不管是反赵，还是抗秦，都可以自己做主。

路上遇到赵王的姐姐出来吃饭，随从百余骑。李良远远望见，以为是赵王，赶紧伏在道边等候。赵王的姐姐喝多了，不知是谁，派随从骑在马上跟李良谢罪。李良听说搞错了，赶紧起身。但部下都看到

了，他又当过贵族，所以更觉丢人。

部下有一人说："天下叛秦，能者先立。赵王本是从你那里出来的，如今女人都不肯为将军下车道歉，追过去把她杀了。"

本来读了那封信，李良就想反赵，犹豫未决；如今又在部下面前丢了面子，怒而派人追杀赵王的姐姐，将兵袭邯郸，准备杀了赵王武臣、邵骚。张耳、陈余平时有很多耳目，甚至有自愿充当耳目者，及时通知二人，才逃脱性命。

他们召集逃散的士兵，得数万人。有人对张耳说："两位兵残势弱，想依附赵国，很难。唯有扶立赵国后人，劝奖忠义，可以成功。"两个月后，两人找到故赵国后裔赵歇，立为赵王，张耳为相，陈余为将，暂居信都（在邯郸北70公里）。李良引兵来攻，被陈余打败，逃奔秦将章邯。

武臣自立三个月，被杀。再过两月，张耳、陈余立赵王歇。此时为秦二世二年（前208年）正月，陈胜刚死一个月，项梁率8000精兵渡江。

李良与陈余的战斗，什么时候开始，什么时候结束，李良又什么时候投靠章邯，史书都没有交代。推测起来，似乎在章邯渡河北击赵地时比较妥当：李良打不过陈余，向南败走，正遇章邯渡河北上，干脆就投降了；何况章邯一直在黄河以南忙碌，直到六月围攻临济、杀魏王咎时，才离黄河比较近一些。七月、八月又连吃败仗，退守濮阳，跟黄河以北基本没有联系。

如果这个推测成立，那么秦二世二年（前208年）二月至九月，赵国正在打内战，哪有精力管别人？

巨鹿之战定乾坤

 巨鹿之战前的形势

　　大概在章邯退保濮阳，最迟在李由战死（秦二世二年八月）以后，秦朝廷终于调西北守长城的部队南下。这支劲旅由王离率领，从上郡出发，急返东来，经太原、井陉下太行山，第一仗就是围攻信都。赵王歇、张耳打不过，只能东撤，退守巨鹿。王离的骑兵动作快，迅速追上来，把他们包围在巨鹿城。他们不能往南撤，因为南方有章邯。

　　章邯杀了项梁，错误地判断了形势，以为"楚兵不足忧"，遂引兵北渡黄河，大破赵兵，接受李良投降。他们继续北上，来到邯郸。秦始皇灭赵以后，亲至邯郸，拆毁城郭，坑杀当年欺负他的那些人。章邯攻入邯郸，也拆毁城郭，把百姓全部迁走，绝其反心。

　　王离包围巨鹿在秦二世二年（前208年）闰九月，章邯破邯郸在秦二世三年（前207年）十月。邯郸处理完毕，章邯领兵驻在巨鹿之南的棘原，临时筑起一条甬道（两边有墙垣，防止敌人攻击，所以叫甬道），一直通到黄河岸边，把粮草源源不断地输入王离军营。他可能是觉得自己该歇口气了，或者不便与王离争功，甘心当了后勤。

　　章、王两军看似呈掎角之势，其实有很大问题。章邯确实打了很多胜仗，但天下尚未太平，楚、齐、燕、赵都还在，一旦联合起来，也是一支不小的力量。但自项梁死后，他们还没有新的统一首脑，现在是一盘散沙，暂时也联合不起来。对章邯来说，眼下正是把他们各

个击破的好时机。王离围困巨鹿，楚、齐、燕一定会派兵来救。秦军恰当的谋略是，或者迅速拿下巨鹿，回身迎战诸侯；或者围点打援，消灭敌人有生力量。但他们没有这么做，不仅白白丧失了攻破巨鹿的有利时机，最后还遭遇了巨大失败。

项羽到巨鹿后开始谋划对秦军来一场豪赌，赌注就是自己的性命加上几万楚军，输则全军尽没，身死当场，而赢则得到大秦的天下。

摆在自己面前的是种种不利，似乎是一场有败无胜毫无悬念的赌局。

其一，对手的实力异常强大。

自己的对手是强大的百战百胜的铁血精锐，在巨鹿驻扎着两支秦军。一支是由秦之名将蒙恬打造的边防军，这支军队久经沙场，曾击败北方匈奴，立下赫赫战功，带领他们的是当年蒙恬的副手后来统领边防军的大将王离，曾被封为武城侯，多次跟秦始皇东巡，战功赫赫。这支大军负责围巨鹿，兵力大都认为是 20 多万。秦军的另一支是由多次围剿诸侯义军的章邯带领，素质虽低于王离军，但是也是百战之师。关于这支军队很多人认为是由骊山囚徒组成的，其实不然，当年周文带几十万军队扣关时，由于秦廷毫无准备，只好发动骊山囚徒抵抗义军，但是后来章邯多次作战，屡屡得到支援。其组成慢慢由骊山囚徒变成了正规军，像司马欣、董翳等将领就是后来秦派给章邯的援军。章邯在对项梁作战时，屡屡为项梁所败，在得到援军后一举而破项军，杀项梁，军队的战斗力明显提高，联系当时正是王离军南下攻赵的时候，很可能是王离的 30 万边防军分 10 万给章邯做了增援。

从后来章邯投降项羽后，从"秦吏卒多窃言曰：'章将军等诈吾属降诸侯，今能入关破秦，大善；即不能，诸侯虏吾属而东，秦必尽诛吾父母妻子。'"可以看出章邯的军队的组成早有了本质的变化。

所以项羽要面对的对手是 40 多万精锐的秦朝正规军，而将领都是一代名将。

其二，自己的实力异常弱小。

项羽的军队组成很复杂，我们这里详细地探讨一下项羽军队的组成。一般都认为项羽军队的人数是 5 万到 6 万之间，其中七八两万史记明载是英布、蒲将军的军队。那就是项羽主力还有3万—4万人。

项羽的军队组成要上溯到项梁时代，项梁和项羽早年在江东培养了一支精锐项家军。项羽曾带着这支8000人的子弟军渡淮攻秦。后来项梁收义军陈胜几万起义军，又合并秦嘉军，收编各路杂牌义军，组成楚军。这当中各个势力都有自己的军队，而项羽则带少量子弟兵和刘邦军一起合为一偏师，在别处进攻秦军。

项梁死后，各路人马汇集彭城，项羽统率的是项梁残军和自己的偏师。怀王并项羽军与吕臣军自将之，这支军队无疑是救赵主力。这支军队有项羽的亲兵人，有项梁的杂牌军、吕臣的农民起义军等。而后来田安随项羽，估计没有参与这场战斗。也就是说项羽率领的完全是个大杂烩，战斗力很难说，指挥起来有很大难度。

其三，没有后路，不能久战。

由于项羽和怀王权力的差别，使项羽处于一个没有任何外援、没有任何退路的地方。秦军战败，可以逃跑再来。而项羽战败估计就要提头去见怀王了，此时退缩估计怀王更不会放过他。而粮草更是问题，不但项羽军没有任何供应，更可虑的是宋义在路上待一个半月，此时已十二月，离秦军围巨鹿有三个月，巨鹿将随时为秦军破。

其四，盟友的畏战，保存实力。

虽然各路诸侯援军都知道天下之势在此一举，但是由于兵少将寡，其心各异，谁都不愿意把自己赔进去，所以想指望诸侯援军，帮助自己比登天还难。

以上四项可以说局势险恶到了极点。

诸侯观望不救

陈余跑出巨鹿城，去北边常山（今石家庄附近）一带收编队伍，得数万人，驻扎在巨鹿城北。王离兵多粮足，急攻巨鹿。巨鹿城中粮尽兵少，张耳多次派人召陈余进兵。陈余知道自己的兵少，不是秦军对手，所以不敢出战。

看陈余两三个月都不出兵相救，张耳不禁大怒，开始恕恨陈余，派张黡、陈泽去责问他："过去我跟你是生死之交，如今赵王与我随时将死，你拥兵数万，不肯相救，算什么生死之交？如果尔有信义，为何不赴秦军一起死？如此还有生的希望。"

陈余说："我也反复考虑过，即使出兵，也救不得巨虏，将士还白白送命。我之所以不死，就是想寻找机会为赵王、张君报仇。如果非要一起死，仿佛以肉投饿虎，有意义吗？"

张黡、陈泽说："形势已经危急，唯有俱死，可表你忠心，哪里还考虑以后！"

陈余说："我觉得还是没有什么意义。"

这个家伙很聪明，可能也说了诸如此类的话："那你们先去试试吧。"两人带了5000人去冲浪，结果全军覆没。

赵王也向燕、齐、楚求救，楚怀王大概正在考虑派谁去合适。那个因为听了宋义建议而慢慢走的齐国使者高陵君显，在躲过项梁之劫以后，来彭城见楚怀王，跟他谈到宋义："这个宋义，当初跟臣说过，项梁必败。没过多久，项梁果然败了。兵未战而先见败征，此可谓知兵矣。"

于是楚怀王召宋义来议事。不知道宋义说了些什么，反正楚怀王听了大喜，当即拜宋义为上将军，项羽为次将，范增为末将，率兵救赵。众将都归宋义节制，号为卿子冠军。卿子为当时尊称，跟称某某为"公子"相似。上将军，即冠军。后来霍去病封冠军侯，意思相近。因为一席话，就拜为上将军，这种择将方式过于主观，没有一个系统标准，显然有些草率。项羽可能心怀不满：刚刚死了叔父，兵权也被收走，虽然封了个鲁公，却要当宋义次将，显然楚怀王不太相信他。好在他还年轻，有满腔热情，而无一肚子坏水，暂时没有什么危害。

宋义辜负了楚怀王的信任，他带兵走到安阳，就停下来不走了。这一停，就停了46天。

项羽杀宋义救赵

项羽还是个热血青年，跟宋义说："我听说秦军围巨鹿甚紧，应该马上引兵渡河，与赵内外夹攻，必能大破秦军。"

宋义说："不然。秦攻赵，胜则疲，我承其弊；不胜，则我引兵西向，必能举秦，所以先让秦、赵打去吧。披坚执锐，我不如你；运筹帷幄，你不如我。"又下令军中："猛如虎，狠如羊（《史记》如此记载，可能有误），贪如狼，不听号令者，皆斩。"其实这是在堵项羽的嘴。也不清楚他是怕死，还是真的有谋略，反正他不走了。

估计是看宋义掌握楚国的兵权，再加上那个高陵君显的游说，齐国竟然大捧宋义，拜他儿子宋襄为丞相。宋义也很高兴，亲自送至无盐，摆了很多酒席，答谢那些马屁精。身为统帅，大敌当前，怎么可以脱离军队办私事？父子同获尊荣，固然为人生快事，但身逢乱世，又无功勋，祸患其实已经暗藏。

宋义更像一个书生，完全不知自己庙大庙小，也不顾秦、赵形势，而一厢情愿，自以为是，主观主义、教条主义、形式主义地打着自己的如意算盘。纸上谈兵，是很危险的事情。

天气寒冷，又逢大雨，士兵又冻又饿。项羽看不下去了，说："本来我们想奋力攻秦，却在此地久留不动。战士每天只有一半口粮，军粮眼看着也要吃光了。他宋义只知道饮酒高会，却不引兵渡河，不就赵食，不与赵并力攻秦，还说什么'承其弊'。秦那么强，赵又是新建，必败无疑。赵国一亡，秦则更强，何弊可承！况且我军刚刚打过败仗，王坐不安席，把国内大军全部交给宋义，国家安危，在此一举。今宋义不体恤战士，而顾私情，哪里是社稷大臣。"

等早晨拜见上将军宋义时，项羽在军帐中把他杀了，割下首级，走出帐来，告诉军中将士："宋义与齐阴谋造反，想背叛楚国，楚王悄悄命令项羽诛杀宋义。"

诸将又惊又怕又佩服，不敢乱说，都说："是将军您家首先扶立

楚王，今将军诛叛乱，理该当上将军。"

于是大家推举项羽为假上将军，代理宋义的职务，派人去追宋襄，直追到齐国境内，才把他杀了。又派桓楚回去跟楚怀王报告情况，楚怀王任命项羽为上将军，英布、蒲将军两人也归项羽节制。于是项羽威震楚国，名闻诸侯。接下来的任务就是渡河救赵，开始了历史上著名的巨鹿之战。

✿ 决战巨鹿

这个时候，章邯已经取得连续 14 个月胜绩。东阿城下与濮阳之东的两次创伤，也因杀项梁而得到抚慰。他开始傲视群雄。王离在北边围攻巨鹿，章邯在漳水南岸的棘原搞后勤。两军相距约 70 余里，中间横着漳水。关于两支部队的兵力，有人估计各有 20 万之多，虽不甚可靠，但比诸侯援兵强，这一点几乎可以肯定。诸侯援军陆续到达巨鹿城下，筑壁十余垒，只盼着楚军到来，而不敢与秦军交战：

陈余收兵数万，在城北筑壁垒，自度兵少，不敢向前。

张耳的儿子张敖，在代地收兵万余人，挨着陈余筑垒，不敢击秦。

燕将臧荼领兵救赵，不敢击秦。

魏王咎的弟弟魏豹自立为魏王，率兵救赵。

齐将田都看田荣不肯发兵，遂背叛田荣，自引兵往助项羽救赵（可能是随项羽行动）。

齐王建的孙子田安攻下济北以后，从项羽救赵（应该是随项羽行动）。

这些力量都嫌弱小，若能在项羽到来之前，先行击破他们，其实并不困难，因为章邯、王离有至少 46 天时间。何况秦兵乃天下劲旅，有充足的粮草，还有连续胜利的信心。但是，他们既没有提前攻破巨鹿城，也没有趁早打败那几小股援军，更没有做围点打援的策略准备，不知在忙什么。可能正是那些优势让他们变得骄傲起来，想赢得一次从容、优雅的胜利。他们眼中所看到的，大概还是老样子，楚兵还在黄河南边没过来，离自己远得很（安阳至黄河白马津，白马津至邯郸，邯郸至巨鹿，有 285 公里）；又在搞窝里斗，争夺指挥权，自相残杀；中间横着黄河与漳水，大部队渡河，总要花费不少时间吧；却不知道，天下形势渐渐起了变化，一种不利于他们的变化：

援兵到的越多，越有助于赵军拼死守城；

大英雄项羽掌握了指挥权，楚兵将全力救赵；

他还有一个为叔叔项梁报仇的重大使命；

他又设计了恰当的战斗谋略，没有简单地与秦军正面强攻；

刘邦的队伍也在赶来救赵（还未至赵地，项羽已破王离）。

针对秦军以王离攻城、章邯搞后勤的这种布置，项羽先派英布、蒲将军率 2 万人渡河，破坏秦军粮道，他本人则率主力先攻打章邯。

英布兵少，采用游击袭扰的方式破坏秦军运粮通道，破坏之后，马上撤退，敌人不好追击。秦军修理这一段，则去破坏那一段，防不胜防。连续搞了一个月，搞得"王离军乏食"。王离的部队估计有 20 万人，这么多人吃不饱饭，仗就没法打。王离军心受到干扰，有利于项羽救赵，这就是英布率先过河的战斗目的。英布赢得几个小胜仗，诸侯军则受到鼓舞，稍微恢复了一些信心，于是陈余请项羽再多派些人过来。

此时，项羽已从白马津渡过黄河，并在漳水南岸的棘原打败章邯，遂率全体将士横渡漳水，破釜沉舟，烧掉营房，每人携三天口粮，要与秦军决一死战。

项羽很清楚，章邯只是暂时被击溃，过不了多久，他又能把秦军组织起来，眼下又没有迅速、彻底打败章邯的把握，而巨鹿危在旦夕，赵国的存亡比打败章邯更加重要，涉及整个反秦阵营的军心。唯有扔下章邯不管，马上渡河救赵，在章邯恢复元气之前打败王离，否则整个战局就会陷入被动。基于这种考虑，项羽命令将士破釜沉舟，誓死要与秦决战。这种办法能鼓舞士气，提高战斗力。

到了战场，他们包围王离军，开始进攻。楚兵人人争先，个个以一当十，呼声动天。连作壁上观的诸侯各军，都看得心惊胆战，惴惴不安（有了项羽，再不能我行我素，所以不安）。与秦军大战九次，完全断了秦军粮道。在楚兵的鼓舞下，诸侯各军也来围攻。最后大破秦军，杀秦将苏角，活捉主帅王离，另一员秦将涉间不肯投降，自焚而死。秦帝国最精锐的一支部队，在陷入楚军包围、粮道彻底断绝、友军又不能及时援助的情况下，在巨鹿城下全军覆没。

秦军已破，项羽召见诸侯各将。这些人进入辕门，都用膝盖走路，不敢仰视，于是项羽成为反秦阵营的统帅，诸侯兵都归他指挥。这个统帅，是他用拳头打出来的，当之无愧，此时他才26岁。这里，还应该说一下英布，《史记》称赞他："楚兵常胜，功冠诸侯，诸侯兵皆以服属楚者，以布数以少败众也。"

王离率领的是秦帝国最精锐的部队，堪称天下第一劲旅，自南下以来，其实只打了一个胜仗，就全军覆没，为何如此不堪一言？

《史记·王翦列传》记载，王离率兵包围巨鹿，有人说 "王离，秦之名将，率强秦的兵，攻新建的赵，一定能胜。"有客人说："不然。三世为将者，必败。为什么说必败？先人杀伐太多，后人受其不祥。王离正是三世为将（指王翦、王贲、王离三世）。"这显然又是儒家的一种说辞，其实根本原因在于：

当英布断了他们的粮道，军心不稳时，就该积极争取与章邯会师，或者主动向西撤，避免被包围。尽管粮食是个问题，但因为时间相对充裕，总还有办法解决。等项羽击溃章邯时，楚军三日可至巨鹿，王离不仅有被敌人内外夹攻的危险，还要处理好20万大军的撤退秩序，这时时间已经来不及了。粮食缺乏，友军溃败，又被包围，再遭到楚兵的猛烈打击，再强悍的部队也难取胜吧。

还有一个问题让人费解：在英布断绝粮道时，王离已把巨鹿包围了三个月，都没攻下来，这是为什么？是秦兵的战斗力值得怀疑，还是王离的军事才干值得怀疑？如果说是因为诸侯援兵到了巨鹿城北，都不敢来交战，楚军又在安阳停滞不前，王离误以为他们都不敢救巨鹿，所以决定慢条斯理围城，等待巨鹿兵疲粮绝而自动投降，这种推测似乎很难成立。敌人援兵就在眼前，尽管不敢来战，也不可以坐等巨鹿城慢慢死亡，反而更应该抓紧时间，先破巨鹿，再转身打击敌人援兵才对。

当年赵奢救阏与，停留武安 28 日不前，目的是麻痹秦军，使秦军误以为赵兵不敢救阏与，从而放松警惕。秦军也确实中了圈套，误以为赵兵不敢来救，遂集中力量攻城，想在攻下阏与之后，再来对付赵军，争的就是一个时间差。赵奢则疾行军两日一夜，突然出现在秦军面前。秦军本来没有防备，在心理上已经吃亏。赵兵又及时占据制高点，严阵以待。秦兵仓促来攻，不利，被赵兵三面夹击，结果大败而去。

楚兵救巨鹿的过程，跟赵奢救阏与有几分神似。

宋义停 46 日不前，无意中起到赵奢停留武安的效果。项羽夺过指挥权，先派英布率 2 万人过河。这不是一个小概率事件，而是一个重要的谋略信号，表示楚兵行动已经发生变化。但没有引起章邯重视，因此没有及时阻止项羽过河。只要章邯行动，不管项羽有多厉害，大军要渡过黄河，都将耗费一些时间。项羽顺利过河，又击溃章邯，携三日口粮，破釜沉舟，突然出现在巨鹿城下，王离军在心理上已经吃亏。

本来秦军掌握着战场的全部主动权，可谓形势一片大好。项梁战死，整个反秦阵营心情黯然。赵国刚刚停止内斗，新都城就被王离攻破，赵王歇、张耳退守巨鹿，随即陷入包围。章邯也从南边上来，破了邯郸，协助王离运军粮。此时，秦军在赵地占有绝对优势，兵力雄厚，粮食充足，还把赵王歇、张耳团团包围，一时之间，巨鹿成了一座孤城、死城。陈余有兵数万人，不敢来救。别的援兵来了，也不敢战。宋义所率楚兵力量最强，却停留在黄河南岸 46 日不前。

正是这些因素使章邯、王离错误地估计形势，以为诸侯各军形似散沙，不足为虑，结果贻误了战机，既没有迅速攻破巨鹿城，也没有相机消灭七项羽先到的诸侯援兵。项羽获得指挥权，派英布率 2 万人过河，章邯仍然不来阻止楚兵过河，而坐等项羽来攻击。项羽一过黄河，战场形势就完全变化了，秦军从主动转入被动。

关于两军数量对比，由于资料不足，很难判断某些事情。假设楚兵有 10 万人，渡河的动静自然不小，也不能一天就渡过黄河，为何章邯没有采取行动？楚兵 10 万，英布 2 万，加上诸侯各军，即使有 20 万，也不足以包围王离大军。巨鹿在河北平原，20 万对 20 万，诸侯如何包围王离？也许王离军只有 10 余万。蒙恬时，长城部队有 30 万。直到章邯连吃两个败仗、退守濮阳、李由战死以后，秦帝国才调他们南下，自然不会全部调出，调出三分之一或二分之一，似乎比较符合情理。再者，章邯投降之后，项羽统率的诸侯兵有 30 余万，扣除在洛阳加入进来的申阳的队伍，还有王离被俘以后投降的秦军，在巨鹿城下围攻王离的诸侯兵估计有二十几万。

乾坤已定

等章邯重新收编好队伍，王离已经失败，遂不敢去漳北，仍然驻扎在棘原。项羽率诸侯各军南渡漳水，与章邯相持未战。

胡亥得到战报，看秦兵败得这么惨（从未有过的事），大为生气，派人指责章邯。章邯恐惧，让长史司马欣去咸阳跟秦二世解释。司马欣带兵出关时，官职就是长史，跟随章邯打了那么多胜仗，现在还是长史，可见秦二世对他们有多刻薄。

司马欣来到咸阳，在宫门外等了三天，赵高都不肯见他，也不大相信他。司马欣也害怕了，决定返回部队。他不敢走原路，担心赵高派人来追，果然赵高派人追，但没追到。

司马欣回来跟章邯说：“赵高居中用事，下面的人什么事都做不成。我们打了胜仗，他会嫉妒我们的功劳。打不了胜仗，又难免一死，请将军认真考虑。”项羽大军在西面，北面是巨鹿、赵地，东、南两面被大河阻隔，秦军这时其实已经陷入绝地，司马欣只是不好说出口罢了。

陈余也给章邯写信说：“白起是秦国名将，南征鄢郢，北杀赵括，打了那么多胜仗，结果还是被赐死。蒙恬也是秦国名将，北逐匈奴，开地数千里，结果还是被赐杀。为什么？功劳太多，不知道怎么封赏，只有杀了。如今你为秦将已经三年（秦二世元年九月至秦二世三年六月，20个月，跨三年），丢失的部队至少有十几万，而反秦队伍越来越多。赵高阿谀奉承久了，今看事急，怕秦二世杀他，就拿你垫背当替死鬼。你现在是有功要死，无功也要死。天要亡秦，智愚皆知。何不跟我们一起反秦，分地而王，南面称孤？"

这大概是反秦期间陈余做过的唯一一件有功的事情。

章邯狐疑不决，秘密派出一名军官去跟项羽谈判。投降条件没有谈拢，项羽派蒲将军日夜引兵渡过三户津，在漳水南岸大败秦军，项羽又率全部将士在漳水一条支流上再次大败秦军。章邯再无斗志，派人来见项羽，想继续谈判。

项羽召部下商量："粮食不够吃了，还是继续谈吧。"

部下说："善。"

项羽跟章邯约定，双方派人在洹水（漳水支流）南岸的殷墟（就是发现甲骨文的安阳殷墟）谈判。投降事宜讲好以后，章邯过来见项羽，说到赵高，禁不住落下泪来。若不是山穷水尽，他哪里会走到这步田地？

项羽比胡亥大方多了，封章邯为雍王，随项羽行动；长史司马欣为上将军，率投降的20万秦军先行，为前锋。要注意这个安排：司马欣曾经放过项梁一马，项羽投桃报李，给了他带兵的实权；章邯封雍王，不过这个雍在关中，暂时还是一个名义上的王，听起来好听，其实不如司马欣实惠（但考虑到董翳也当了上将，统率秦军，这个推测就完全不成立了）。

这支队伍的总人数已经超过50万，在项羽的统率下，浩浩荡荡过了黄河，经洛阳向函谷关进发。赵国的司马卬、张耳，齐国的田都（他背叛田荣救赵，不知还能不能算齐国的将领），燕国的臧荼跟随行动，后来都封了王。他们的目标是攻入咸阳，称王天下。

走过洛阳，来到新安（今河南渑池东）。秦军吏卒私下议论说："章将军骗我们投降。若能入关破秦，自然最好。要是不能，他们逼着我们东去，秦必尽杀我妻儿老小。"秦吏卒说章邯骗他们投降，是因为

诸侯兵将当年还是百姓的时候，饱受秦兵折磨辱骂，现在又反过来折辱他们，把他们当牛马使唤。估计投降的条款里面没有这些"待遇"，所以秦吏卒才起了抱怨。

项羽听说这事，召英布、蒲将军两人商议："秦兵多，心又不服，入关以后，不听命令，那可危险了。不如把他们杀了，只留章邯、司马欣、董翳三人入关。"

于是，某天夜里，秦兵20余万人，全部被屠杀，埋在新安城南。项羽如此残暴，以及关中百姓、死难者家属对他的憎恨，多少影响到他后来的命运。

巨鹿之战，楚军大获全胜，秦军惨败而归。这一战，击溃了秦军的主力，整个反秦的战局一下扭转了。巨鹿之战在历史上有着重要的意义，至此，秦军两大主力已经彻底消灭，预示着大秦帝国离灭亡已经不远了。这一战决定了秦朝必亡的命运，为刘邦的军队攻打咸阳扫清了障碍。

第五章

斩蛇起义，刘邦崛起

在大泽乡起义的推动下，农民起义的烽火很快烧遍了秦王朝的各个地方。义军不断攻城拔寨，建立政权，使秦王朝的统治日益瓦解。在这种情况下，沛县的刘邦也起兵抗秦。俗话说：英雄莫问出处。刘邦本是一个农民，但是他为人豪爽，广结人缘，他所结交的人物就包括萧何。正是因为他结识的一些重要人物，加上他本人具备的王者风范，最后才使他一步步从市井小民成为同霸王项羽彼此抗衡的重要人物！

英雄莫问出处

 市井皇帝刘邦

刘邦，字季，秦朝泗水郡沛县人。中国古代将老大称为"伯"，老二称为"仲"，老三称为"叔"，老四称为"季"。不过他上面只有两个哥哥，另外一个是姐姐，因此刘邦在家中排行第三。

据《史记》与《汉书》记载，公元前256年，刘邦出生的时候，他母亲怀着刘邦时，曾做了一个梦，在梦中偶遇神仙，正在这个微妙的时刻，突然电闪雷鸣，风雨交加。他父亲不放心，赶紧跑过去看看发生了什么事情，眼见一条龙落在了妻子身上，而后就生下了刘邦。

长大后的刘邦果然与众不同：他长得很英俊，在沛这个地方算得上十分出众的人物；他放荡不羁，爱开玩笑，讲义气，为人随和。但是更明显的是他的"不务正业"，对于刘家这样一个世代务农的家庭来说，土地应该是最重要的安身立命之所，种地就是最大的事业。

刘邦的两个哥哥都是种地的好手，每日追随刘父在地里劳作，而刘邦却对务农没有任何兴趣，他有点钱就去喝酒，还呼朋引伴，十分大方。他不仅赌博，还会时不时地到外面做些盗贼的勾当。他的父亲实在看不惯之后，说道："你什么时候才能像你两个哥哥那样，勤于耕田啊！"而刘邦对父亲的批评不屑一顾，说道："将来有一天我会让您说我比两个哥哥有本事。"

秦始皇二十六年（前221年），天下归于一统，秦王称帝成为始皇帝。刀枪入库，马放南山，沛县已不同于昔日的沛县，大邑乡也非昔日的大邑乡，刘邦做游侠的梦想破灭了。沛县新上任的小官，一个是主管人事的萧何，一个是主管刑狱的曹参。他俩对刘邦都很熟悉，觉得刘邦是个不错的人，每次有人状告刘邦，他们都网开一面，巧妙地大事化小、小事化了。后来萧何和曹参商议推荐刘邦做个小官，也便于开展工作。于是，两人一合计就推荐刘邦做了泗水亭长，这是刘邦的第一个正式职业，刘邦的人生自此进入一个新的阶段。他在泗水亭长的岗位上，广结人缘，与萧何和曹参建立了联系并开始交往，甚至和马夫夏侯婴成为好友。

一天，他与夏侯婴切磋剑技，不小心误伤了夏侯婴，这件事被人密告了。按秦朝法律，伤人是要判刑的，如果是政府官员，则罪加一等。刘邦是亭长，夏侯婴是县吏，上级要调查这件事。曹参得到消息后匆忙来找刘邦、夏侯婴商议。刘邦平时镇定，遇事就有点慌，说："这可怎么办？"曹参想了想说："你最好一口咬定与自己无关，告密的人也拿不出什么证据。"夏侯婴马上说："我就说是自己喝醉后误伤自己的，你不用太担心。"此事涉嫌官员互相包庇，因此被上面深究严查，夏侯婴为此入狱将近一年，被拷问鞭笞数百次，始终咬紧牙关，拒不供认。由于没有证据口供，夏侯婴最终被释放，刘邦也逃脱了罪责，从此以后，两人成为生死之交。刘邦对夏侯婴十分感激，而夏侯婴对刘邦也忠心耿耿，一生追随。

刘邦在沛县建立起的人缘基础，是他今后登上政治舞台，并能一展宏图最重要的条件。这一段贫贱的生活，给刘邦带来了一生受用不尽的财富。

"小人物"娶娇娘

刘邦浑浑噩噩的青年时代就这样过去了，虽然惊天动地的事情没有发生在他的身上，但是却有一件事情改变了他的命运，那就是自己被一双慧眼发现，并娶了一位美娇娘。

事情是这样的：

山东单县的大富豪吕公举家迁到了沛县，搬家的原因据说是为了避难，由于沛县县令和吕公是老朋友，因此沛县的一些地主乡绅闻风而动，纷纷前来拜望吕公，巴结吕公，从而进一步巴结县令。

聪明的县令做了一个顺水人情，建议老朋友公开设宴，招待沛县的地主乡绅，联络联络感情，以后好办事。吕公初来乍到，最缺的就是人际关系，老朋友的建议正合他的意。吕公眉开眼笑，连连道谢。沛县县令客气一番，又给吕公分派一个县吏专门负责宴会的事情，这个县吏就是后来大名鼎鼎的"汉初三杰"之一的萧何。

不是萧何势利，怎么说这样的聚会属于上流社会的聚会，于是他征求了县令和吕公的意见，做出一个让人大吃一惊的决定：礼金不到千钱的宾客只能坐在堂下。

这让刘邦吃不消，一向高调的他，本来想利用这次绝好的机会秀一下自己，但萧何的决定不是明摆着把他拒之于千里之外吗！刘邦欠了一屁股债，别说千钱，估计百钱他也拿不出来，这下如何是好？机会难得，机不可失！一向擅长忽悠的刘邦脑筋一转，不管三七二十一，写了一张贺仪万钱的拜帖让人送了过去。

帖子一送进去，众人大吃一惊。萧何心里嘀咕，哪来的富贵人家，出手如此大方？但是一看落款是刘邦时，萧何轻蔑地笑了，心想：你小子，又来骗吃骗喝了。刘邦所干的糗事在沛县是出了名的，萧何当然也知道刘邦的为人，于是劝说吕公不要相信刘邦的空头支票。

但出于礼节，也出于好奇，吕公坚持要出去看看何方来的贵人。这一看不打紧，吕公的眼睛都发直了，足足盯了刘邦两分钟。刘邦面不改色心不狂跳，一副泰然自若的样子，但心里也犯嘀咕。

刘邦的思想正开着小差呢，吕公突然激动地握着刘邦的手，语无伦次地说道："贵客，贵客！"原来，熟读《易经》、精于相术的吕公一眼就看出了刘邦有大富大贵之相，将来必会飞黄腾达。

刘邦就这样歪打正着地被吕公热情地请上宴席，并坐在显眼的位置上，认识他的人都投来惊讶继而鄙夷的目光，不认识他的人投来羡

慕的目光，认定他是富贵人家子弟。

刘邦呢，满座高朋之中，一点不拘谨，觥筹交错，把酒言欢，谈笑风生。坐在他对面的吕公一直在暗暗地观察他，越看越喜欢，越看越觉得刘邦绝对不是一般的人物。

宴会结束后，吕公单独留下刘邦，把他请进内室，说有话要谈。

这一番话谈下来，刘邦简直要心花怒放了，起初吕公说他从来没有见过像刘邦这样相貌如此富贵之人，说想结交于他，刘邦一点也不谦虚，频频点头，哈哈大笑。接着，吕公直奔主题，问刘邦是否娶妻，如果没有，愿将小女许配给他。

天上掉下一个大馅饼，就落在你的面前，哪有不捡的道理？再说刘邦做梦都梦见娶媳妇呢，不为自己着想，也要为老爹着想，于是，刘邦乐滋滋地答应了。

刘邦像

这边吕公见刘邦还是光棍一个，更坚定了把女儿许配给他的决心。吕公把这件事情告诉了自己的老婆，吕老夫人气得直跺脚，"你这个疯老头子，一直说要把宝贝女儿嫁给一个富贵人家，反而把女儿嫁给这样一个穷鬼！在单县那么多大户人家前来求亲，你就是看不上，他们哪一个不比这个穷鬼强？你这糟老头子，是不是吃错药了？你简直要把我气死啊！"

吕公反驳说："刘邦现在还没有娶老婆，说明啥？你稍微动脑筋想一下就知道，这正说明像刘邦这样的富贵之人只有我们女儿才配得上。刘邦他现在不富贵，你敢说他以后不富贵？我相面这么多年了，相一个准一个，相信我没错，就他了，我们的准女婿。若干年后，你就等着享清福吧。"

吕老夫人虽然嘴上还很强硬，但怎么拗得过自己的丈夫，也只好答应了这门亲事。

再说刘邦回到家，眉飞色舞地把要娶吕家大小姐做老婆的好消息告诉老爹，老爹打死也不相信，指着刘邦的鼻子，骂他白日做梦，癞蛤蟆想吃天鹅肉。让老爹跌破眼镜的是，在自己眼中一直是个不肖子的刘邦还真把吕家大小姐娶了回来，而且还不用花一分钱！

这个世界没有什么事情是不可能的，当你说它不可能的时候，它其实已经具备了可能性，只是在等待某一天爆发，让刘邦老爹更想不到的事情还在后头呢。至此，刘邦拥有了第一个真正意义上的女人，也是成为刘邦生命当中最有影响力的女人——吕雉。

刘邦斩蛇，沛县起义

 释囚斩白蛇

一转眼，刘邦在亭长的官位上干了整整18年。这时已是秦始皇执政的晚年，全国政局动荡不安。为了征讨匈奴，建筑长城、驿道、阿房宫以及骊山皇帝陵，秦始皇下令从全国征调大批劳役。

很快，征调劳役的命令也下达到了沛县，县令不敢怠慢，立刻清点名册选出一批身强力壮的劳役，共有500多人。不过，由于这次的工作是建筑骊山陵，工作十分危险，再加上人民普遍对过多的劳役反感，因此要派遣一个能力强的人负责领队，如果有人中途逃跑，领队也要连坐论罪。县令经过一番考察，最后决定由刘邦出任领队。刘邦

不敢违令，只得硬着头皮出发了。

由于年复一年的徭役使人不堪重负，环境恶劣，生活条件差，劳动强度高，无异人间地狱。在那些服徭役的人当中，许多人有去无回，惨死在工地上。一听说要到骊山修建秦始皇陵，劳役们一个个心惊肉跳，刘邦也叫苦连天，但是也一天不敢耽误，立即启程。

萧何一行人和吕雉都来送刘邦，看到自己的好友和家人，刘邦叹息说："宁做太平狗，不做乱世人。"前途渺茫，生死难料，他心中第一次对秦朝朝廷充满了不满和愤恨，并带着这种愤恨上路了。

一路上劳役都蠢蠢欲动，想方设法逃跑，刘邦已经很难控制局面了。走了一天后，刘邦清点人数，发现已经少了 11 个人，剩下的也人心浮动，伺机逃跑。刘邦心里不由得犯起嘀咕："照这样的逃法，即使赶到目的地也差不多逃光了，到那时，我还不是死路一条。"他心里权衡了一下，觉得自己不能做骊山陵墓的牺牲品，必须做出决定……

队伍走到丰西泽中亭，天近黄昏，刘邦就让劳役们停了下来，自己一个人坐在路边喝起酒来。挨到夜色苍茫，刘邦站起来，把酒瓶摔在地下，挨个解开押解劳役的绳索，劳役们都露出惶惑的神情，刘邦对他们说："我也不愿意让你们去骊山送死，你们都逃吧，从此以后，我也要远走他乡。"犯人们听了，一哄而散，其中有十几个劳役迟疑着不肯走，刘邦问："你们为什么不快逃呢？"一个人说："这世道，我们也不知去哪里。我们知道你是个大好人，要不就跟随你吧，你去哪里我们就去哪里。"刘邦想了想，叹口气说："也好。"

天已经黑透了，刘邦借着酒胆，带着那十几个人在泽中亭的小路上摸索着前进。走到一半，他们就看到一只手臂粗的白蛇盘在路中央，在月光下十分显眼，许多劳役吓得倒退，还有人说："咱们还是往回走吧，我从来没有见过这么大的蛇。"刘邦醉酒尚未清醒，大声喝道："男子汉大丈夫，还怕有蛇挡路？"说着，趋步上前，对着大蛇就是一剑，把大蛇拦腰斩成两截，跟随的人歔欷一片。

斩断大蛇后，刘邦带他们穿过去，一口气跑出好几里。其中一个劳役很有见识，他觉得刘邦为人侠义，还有胆识，跟着他也许以后会有生路，就杜撰了一件怪事：昨晚有人走到斩死大蛇的地方，发现一位老婆婆蹲在那里哭泣。那人就问老婆婆："您哭什么呢？"老婆婆回答："刚才有人杀死了我的儿子。"那人问："您的儿子为什么被杀？"老婆婆手抹眼泪，对那人说："我的儿子原本是白帝的儿子，他变成蛇，挡在路中央，刚才被赤帝的儿子杀死了。"话刚说完，老妇人就消失得无影无踪了。

大家听后都觉得非常奇怪，他们仔细琢磨老人的话，最后都觉得白帝之子就是那条被杀了的白蛇，赤帝之子则是刘邦。经过这番遭遇，劳役们相信刘邦是天生的神人，跟着他一定能成就大业，因此更加坚定了追随他的决心。

刘邦趁势起兵

刘邦放走了劳役，自己也躲了起来，沛县县令受到了责罚，所以下令追捕那些劳役和刘邦。刘邦知道官府早晚有一天会追拿自己，便想起义，但是自己手下一共才100多人，势单力薄，只能等待机会。

这时，陈胜、吴广在大泽乡起义，全国各地纷纷响应。眼看着秦王朝就要覆灭，一些地方官员害怕农民起义成功之后，会杀了他们，便也起兵响应。但有的地方官是口里说起义，暗地里不动，持观望态度。这类人属于墙头的草，哪一边风硬往哪一边倒，沛县县令就是这样的人。

这几日，沛县县令一直惶恐不安，几乎每夜都被噩梦惊醒。最后县令想来想去，也没有找到什么良策。于是，他狠了狠心，对自己说："性命攸关，自保才是上策，还是响应陈胜吧。"

县令主意已定，立即邀来萧何、曹参。县令说出自己的想法，然后问两人："你们的看法如何？"萧何想到这是一个很好的机会，马上说："我们同意大人的意见。不过……"说着看了看曹参，曹参领会了他的意思，接过话头说："你是秦朝官吏，如果由你领头举事，恐

怕不能服众。要举事，最好是召集逃亡在外的人，他们有几百号人，人多势众，大家不敢不听。"县令以为有理，这样既可以争取主动，又不使自己处于风口浪尖，万一失败了，至少可保全性命。县令问："谁合适呢？"萧何说："刘邦。"

那时，樊哙已经悄悄潜入县城打探消息，在曹参处等候，从县令那里出来，萧何对曹参道："你直接去找樊哙，让他赶快通知刘邦，立刻起事，我负责通知夏侯婴等人。"说完，两人分头行动。

樊哙得到消息以后，赶紧回去向刘邦报告了情况，刘邦终于等来了机会，大喜，说："兄弟们，终于熬出头了，咱们就要离开这山旮旯了。"立即带领队伍出发，日夜兼程，赶至县城城门，与夏侯婴等人会合。

可是，不知为什么，城门紧闭，禁止通行。刘邦等了半天不见人影，在城门下大骂："萧何这小子搞什么鬼？"

原来，县令接到机密消息，说局势即将得到有效控制，希望沛县加强戒备，严防暴徒逃窜。县令本来就是没有胆量之人，一说局势被控制，马上就决定取消原定计划，暗暗庆幸自己没有误入歧途。他命令封锁城门，叫人把守城头，又派人加紧搜索萧何、曹参，欲将他们诛灭。刘邦在城外苦苦等候，还不知道自己被县令忽悠了。萧何、曹参见事态严重，偷偷翻过城墙，与刘邦等人会面，把事情始末告诉了刘邦。

关键时刻，刘邦倒是显出将帅风范，他想了想说："沛县百姓都是我的父老乡亲，一个县令是阻挡不住我进入沛县的。"接着叫人找来笔帛，提笔写道："天下苦秦久矣。今父老兄弟为县令守城，但各地诸侯并起，即将杀至沛县。今倘若与父老兄弟共诛县令，于青年中选择可立之首领，响应诸侯，则父老兄弟家室无恙。不然，父子徒遭杀戮。"刘邦肚子那几滴墨水倒是派上了用场。他写完，抽出一箭，裹住玉帛，射到城头。城头上的人看了，顿时倒戈。城中奔走相告刘邦那几句话，众人听了，打开城门，迎接刘邦。刘邦率领众人冲入衙门，几乎没有遇到阻拦就斩下县令首级。

接着，众人又准备推举刘邦为沛公，领导大家起义。刘邦推辞说："我何德何能，根本无力担此重任。沛县豪杰应有尽有，希望大家重新找一个人来担当此任。"但是，所有人都说他是赤帝之子，此番领导起义，乃是天意。刘邦见众人确实是真心推举自己，便当仁不让地坐上了沛公之位，领导百姓祭旗反秦。

也许刘邦起义之时确实未曾想到自己将来会登基称帝，不过，当他走出第一步时，便已经身不由己地卷入了群雄争霸的洪流。

 # 刘邦借兵，知己难逢

雍齿背叛，刘邦借兵

刘邦取得丰邑保卫战的胜利，士气高昂，与萧何等人一商议，决定再接再厉，巩固刚刚取得的胜利，站稳脚跟，与诸侯分割天下。不过，刘邦知道自己的力量仍然很小，便想投靠项梁、项羽的军队。

十一月，刘邦命令雍齿守卫丰邑，自己则亲自率领部队攻打薛县。刘邦的部队在薛县战斗中表现得更加勇猛，气势如虹。泗川郡监弃城，逃到戚县。起义军不依不饶，乘胜追击，追到戚县，再战，结果泗川郡监被曹无伤抓获并斩杀。

然而令刘邦意想不到的是雍齿的背叛。

楚王陈胜派魏国人周市率兵向东攻城略地，收复以前魏国失地。周市先是瞄准了方与，但刘邦很快回到方与。周市计划落空，又瞄准丰邑。周市派了一个使者到丰邑，对守将雍齿说："丰邑原本就是魏国的土地，现在魏国收复了几十座城池，你如果归降魏国，魏国就封你为侯，驻守丰邑。"刘邦做亭长时就与雍齿很熟，雍齿非常看不惯刘邦，刘邦起兵，他也是勉强投靠刘邦的，听了使者的劝说，立刻反叛刘邦，归降魏国，为魏国守卫丰邑。

刘邦在方与得知消息，不由得怒火中烧。他生平最厌恶违背忠义的小人，对雍齿的变节行为恨得咬牙切齿。更重要的是，丰邑是自己土生土长的地方，从自己出生的那天起，它就属于楚国，刘邦不能容忍丰邑被分割出去。刘邦亲自挂帅，调兵遣将，火速赶往丰邑，欲与雍齿决一死战，把他千刀万剐，油炸火烹。然而，丰邑城也固若金汤，易守难攻，激战数日，战果甚微。刘邦气得生了急病，不得不退兵回到沛县县城。这时刘邦遇到了自己人生中极为重要的人物——张良。

张良与刘邦偶遇，一结识就彼此欣赏。这时的刘邦遇到起兵以来的第一次失败，而且还是败在自己同乡手上，又急又恨。张良就问刘邦："沛公想什么时候夺回丰邑？"刘邦叹气说："恨不得马上就杀了雍齿，夺回丰邑。"张良说："如果要夺下丰邑，必须借一些精兵良将。"刘邦有些迷惑不解："难道我的八九千人马还少？"张良道："城池之固，您比我清楚，要是硬拼，损失肯定不小。我有一条妙计，不知道您想听不想听。"刘邦一下子精神百倍，立即说："只要拿下丰邑就成。"张良说："其实我这个也不算什么妙计，很多人都用过，那就是借兵。不过，我所说的借兵，不是用来打，而是用来围，直围到雍齿粮草皆绝，他自然拱手让出此城。"刘邦恍然大悟："对啊，将丰邑城围得里三层外三层，看他怎么办！但是向谁借兵好呢？"萧何立即提醒刘邦，项梁的大军就驻扎在薛县，项梁是项燕后人，威名远扬。刘邦意识到，单打独斗并不是明智之举，依靠项梁这棵大树，可以壮大自己的势力，张良的计谋真的是好！

事不宜迟，次日，刘邦腰也不酸了，背也不疼了，带领100多随骑，精神抖擞地来到薛县。他先把随骑安排在项梁军营外，一个人大大方方地来见项梁，他心里想着，自己来借兵，又不是乞讨，自然不必战战兢兢，所以项梁一见他就觉得他有一种坦然的气度，很是欣赏。

刘邦见到项梁，单刀直入地说："我倾慕将军很久了，愿意归附将军麾下，听凭调遣。现在我家乡被叛徒雍齿占据，我攻城不下，想向您借5000精兵……"项梁队伍正值壮大之际，听刘邦前来归附，心中十分高兴，当下就说："好，我借给你5000精兵，助你攻下丰邑。"刘邦几乎没有费什么口舌，就轻轻松松地借了5000精兵。

刘邦借兵回来，按张良之计，将丰邑城围得水泄不通。这一战对于刘邦来说打得十分轻松，甚至称不上打，粮草充足，稳稳守着就行了，正好兵士征战多日，也好歇几天。刘邦有张良等人在身边，胜券在握，找着机会就和大家喝酒谈笑。刘邦感慨地说："想当年，咱们在沛县每日喝酒交游，生活悠闲得不得了，自从起兵以后，好久没有这么悠闲的时候了。"萧何笑着说："这可全倚仗张良的良策……"

雍齿守在丰邑城中，第一次轻易击退刘邦的进攻，还有点沾沾自喜，听说刘邦借来精兵，他就做好一战的准备，奇怪的是刘邦只是驻扎在城外，按兵不动。雍齿纳闷了几天，终于搞明白了刘邦的计划。丰邑小城粮草本来就不多，如今被刘邦团团围住，根本没有办法与外界沟通，没几天他就熬不住了。雍齿知道刘邦非常恨自己，这样耗到最后，肯定会死在刘邦的刀下。

雍齿前思后想了几天，终于决定投降，便派出使者出城见刘邦，向刘邦表示：只要不杀头，愿意献出城池。刘邦急着重新夺回丰邑，而且觉得雍齿是同乡，雍齿的队伍中也有好多自己的兵卒，就对使者说："先免雍齿一死，但必须将功赎罪。"就这样，刘邦用借来的这5000精兵，没动刀枪，就轻而易举地拿下了丰邑。

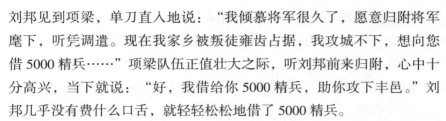

以酒会友，郦生智取陈留

刘邦攻下丰邑后，就成为项梁手下的一员大将，项梁采纳范增的建议，立楚怀王，自号武信君。项梁势力不断扩大，刘邦、项羽联手连克秦军。刘邦背靠着项氏这棵大树，果然做出了不少成绩。但是风云突变，项梁在定陶被杀，楚怀王把项羽、刘邦部队控制在自己手中，

令两人兵分两路，并定下了先入关中先为王的约定。

此后，刘邦、项羽分道扬镳，各自攻城略地，建立功勋，一次次冲击岌岌可危的大秦帝国。

在地理位置上，刘邦占据了优势，这都是刘邦看起来厚道宽容的相貌起了作用。项梁死后，楚怀王想摆脱自己的傀儡地位，但项羽不是个好控制之人，于是就选择了刘邦。楚怀王梦想着即使刘邦先入关中，也会在自己的控制之下，这的确是如意算盘。

刘邦在西征道路上采取的是稳扎稳打的策略，接连攻克城阳和杠里，兼并其他义军，接收投降的秦军，军队增加了近两万人。接下来就是砀北之战，因为项羽军队在宋义的控制下，按兵不动，章邯大军无人牵制，刘邦不敢轻举妄动。随着项羽巨鹿之战的胜利，刘邦也顺利打下了砀北。砀北之战，为刘邦西征扫清了道路，解决了刘邦的后顾之忧。

秦二世三年（前207年）二月至三月，项羽已经占据了北线战场的绝对优势，刘邦必须加快步伐，不然就会让项羽抢先进入关中。刘邦虽然着急，但是攻打昌邑两次失利，只好西进，驻扎在高阳。

高阳城负责看管城门的老头儿叫郦食其，性格非常古怪，常常蹲在城门边上发表一些怪论，经常自言自语说自己本是相才，但是没有遇到识才之人，所以只能做个看门人，大家听后大都一笑了之。

后来天下大乱，带兵巡行经过高阳发号施令的将领，犹如走马灯一般，居然达数十拨之多。郦食其每日坐在城门口冷眼旁观，对周围的人说："这些人都是过眼烟云，难成气候。"刘邦的军队从这里经过的时候，郦食其看得全神贯注，等队伍消失了，他还在翘首远望，旁边的人看到，都和他开玩笑："你发现什么我们看不明白的事了？"他说："我在城门楼下几十年了，阅人无数，经过此地的将领不少，我还第一次见到像刘邦这样高尚忠厚的。"说完哈哈大笑："没想到我60岁了还能遇到识才之人。"众人觉得这老头真的是疯了，都不再理会他。郦食其也不在意，他匆匆前去求见刘邦。

此时，刘邦正陷入短暂的迷惘之中。他虽然驻扎高阳，但是并没有制订出一个完整的计划，下一步怎么走，他还没有认真想过。这当然没有上阵杀敌来得痛快，于是懒懒散散，等着几个高参拟订出计划再作打算。

他一边想着自己的心事，一边让两个女子给他洗脚，姿势也确实不雅观。这时下属来报一个自称"名士"的老头求见，刘邦听了差点笑出来，心想这个人还真有意思，竟然自己称自己为"名士"。

一会儿，一个看起来并不怎么样的老头子进来，见了刘邦并不叩拜，只是略微俯身作了个长揖，自报了姓名，接着就说道："我这次来，主要是想问问您，您是想帮助秦国攻打诸侯呢，还是想率领诸侯灭掉秦国？"刘邦听了好像听到梦话一样，率军帮助秦国攻打诸侯？刘邦不由得骂道："真是一个迂腐儒生！还自称名士，天下人饱受秦朝之苦，所以诸侯们才纷纷起事，怎能说我是帮助秦国攻打诸侯呢？"郦食其不慌不忙地说："如果您下决心联合民众，召集义军推翻暴秦，就不应该用这种倨傲无礼的态度来接见长者。"刘邦这才明白原来郦食其话中有话，但也不无道理，立刻让两个女子离开，然后整理衣冠，恭恭敬敬地请郦食其上座，并且不停地表示歉意："是我怠慢，请老先生不要见怪。"然后，他看着郦食其说："想不到，儒生也能有这等见识？"郦食其大声说："儒生？老子是高阳酒徒！"刘邦一听这话乐了，这个老头的潇洒劲儿和自己有一拼呀！

刘邦大笑说："坐，坐，我们好好聊一聊。"

这个郦食其确实有点本事，他学富五车，通晓历史，对战国时期合纵连横所用的谋略，如数家珍，娓娓道出，听得刘邦如痴如醉。郦食其在城门底下说了大半辈子没有人理解的话，完完全全兜售给了刘邦。不知不觉过了好几个时辰，郦食其要告辞，刘邦根本舍不得，他命人端上饭菜，与郦食其共同进餐，觥筹交错之间，还不停地讨教各种军事谋略。两人酒过三巡，几乎要视对方为酒中知己了。

刘邦把自己现在面临的形势说了一下，虚心向郦食其请教："依先生看，我们现在应该采取什么样的策略呢？"郦食其说："您现在的军队总共也不满一万人，直接与强秦对抗，就是以卵击石，必须要有

自己的据点。"要是在从前，刘邦是不屑于听郦食其这一番话的，但是经过与秦军的几番较量，确实感觉到秦军并不是好对付的，赶紧问："什么据点？"郦食其说："陈留这个地方，您注意到了吧？这可是天下要道，交通四通八达。据我所知，现在城里又有很多存粮，您的下一步就是陈留呀。"刘邦明白了郦食其的意思，就等待他说下去，郦食其越说越兴奋："我和陈留的县令关系非同一般，主公要是愿意的话，我可以跑一趟，让他向您投降。如果他不投降，主公再发兵攻城也不迟。到时，我在城内做内应。"真是好事自天而降，天上又掉了一个馅饼砸在刘邦的头上，刘邦大喜。

第二天，郦食其出发前往陈留，刘邦带兵紧随其后。郦食其信心百倍，但是陈留的县令并没有那么容易就被说服，陈留是交通要道、军事重地，县令也是极其负责的一个人。郦食其说得口干舌燥，陈留县令也就说了一句："你要是来找我叙旧，我们好好喝茶下棋；你要是替刘邦做说客的，还是早点回去吧。"郦食其顿时觉得非常没有面子，他就打哈哈说："当然是叙旧了，我们也好久没有见面了……"

郦食其晚上躺在床上，左思右想睡不着，第一次出手就这样惨败，以后怎么才能在刘邦面前立足呢？他权衡一下，做出了一个大胆的决定。

夜深人静，郦食其偷偷起床，溜至县令卧室。陈留县令也许是喝酒太多，睡得很沉，郦食其站在他的面前，他都没有醒来。郦食其心里道："老朋友，对不起了。"便下手杀了还在梦乡中的"老朋友"。接着，郦食其趁城中大乱，偷偷打开了城门。

就这样，刘邦军队轻而易举地杀了进去，很快就控制了陈留，得到了西征路上的一个大粮仓。事后，刘邦非常大方，封郦食其为广野君，郦食其的弟弟郦商闻讯来投奔，刘邦也很大方地送出一个将军的头衔，皆大欢喜。郦食其从此就追随刘邦，视刘邦为知己，后来还为成就刘邦的事业牺牲了自己的生命。

刘邦西进，巧取武关

 刘邦西进，兵临咸阳

项羽大战秦军时，刘邦正率军西进。刘邦大军所到之处，那些曾被秦军打败的义军的散兵游勇纷纷前来归附。此外，各地的许多反秦力量也都归附于刘邦，因此刘邦的大军日渐强大。

此后一个月，刘邦率军攻打开封。但此地秦军寸土必争，义军只好转道北上东郡，到达白马津时，却遇到了秦将杨熊，于是又是一番大战。最终，秦军大败而逃。刘邦一直追到今河南中牟一带，最终将杨熊逼至荥阳，杨熊最后被秦廷下令处死。随后，沛公所部顺利攻至南阳郡，南阳郡守逃跑，退守宛城。

其间，刘邦再遇张良。刘邦向项梁借兵以后，张良就开始跟随项梁并向项梁提出恢复韩国的请求，项梁立韩王成，并给了张良1000多人马，张良利用这1000多人占领了10余座城邑。但是，兵少将寡，他只能跟秦军打游击战，城邑经常得而复失、失而复得，与秦军形成拉锯式的对峙，一直没有进展。张良是出色的谋士，但却是一个平庸的将军，他自己也意识到这个问题了。

这次遇到刘邦，张良非常高兴，因为刘邦是少数几个能听懂自己所讲兵法的人，第一次相见时就互相倾慕。这次，经历过不少挫折的张良，索性连城带兵全部归属刘邦，10余座城邑轻易收进刘邦囊中，刘邦的队伍一下子又壮大了不少。

这时西征已经有八九个月的时间了，刘邦欣慰之余开始思考这几个月来的经验教训：以攻心为战略，胜利来得很容易；硬碰硬，损失惨重。没有任何军事教育背景的刘邦，也渐渐悟出点什么。

现在距关中越来越近了，刘邦觉得不能再等了，决定不再对宛城强攻，绕道而行。

为了确定下一步快进方案，尽快打进秦朝的心脏，他特意召开了一个军事会议。他面对自己这几个得力助手，直截了当地说："西进九个月来，我发现与秦军正面交战，我们总是讨不到便宜，现在咸阳就在眼前了，我不想再硬拼了。我们绕过宛城西进，直接用现在的2万兵马攻打峣关，怎么样？"

没想到话音刚落，张良就说："不可。"刘邦说："子房，你有什么建议？"张良解释说："您虽然想尽快入关，但前面的秦军还很强大，又占据险要地势，不可轻视。现在如果不攻下宛城，宛城的秦军就有可能从背后攻击，可能会造成前后夹击的形势，十分危险呀。"刘邦一听，确实有理，而且听张良这么一说，顿时显得自己的冒险计划是十分幼稚可笑的，但是刘邦并没有觉得没面子，他坦率地说："我怎么没想到呢？上天派子房来帮助我了。"

刘邦知错就改的速度是惊人的，他立即下令："从小路返回，更改旗帜，包围宛城。"

黎明时分，天边刚刚露出鱼肚白，宛城城上的守军就隐约看到城外密密麻麻的军队把宛城团团围住。守军马上把这个消息报告给南阳郡守，南阳郡守一下子惊呆了，他原本以为刘邦会放弃宛城，自己也可以保全，这可怎么办？

郡守连忙爬上城楼，看到刘邦黑压压的部队，一下子绝望了。接着，他召开会议，对下属、门客说："现在国家岌岌可危，我又无能为力，这次刘邦围城，是志在必得，你们各自寻找出路吧。"然后黯然去了内堂。剩下的人非常惶恐，议论纷纷，开始盘算怎么逃走，但是其中有个人非常冷静，这个人就是陈恢，南阳郡守的门客，也是宛城之战的关键人物。他觉得宛城难保，但是这样轻易放弃也非常可惜，大可以与刘邦谈谈条件。他这样想着，就步入内堂想找郡守谈一谈。

南阳郡守绝望至极，竟然手握宝剑准备自刎。陈恢见状一个箭步上去，把宝剑夺了下来，南阳郡守颓然倒在地上。陈恢上前拉起郡守，劝慰说："虽然看起来宛城必定被攻破，但是反秦已经成为大势，您这样做也于事无补，况且现在还不必自刎。"然后把自己的计划一一说给郡守，南阳郡守听了叹了口气说："反正现在也没有更好的办法，你去试一试吧。"

当晚，郡守安排陈恢悄悄地翻过城墙。

陈恢见到刘邦，说："我听说楚怀王事先有一个约定，谁先攻入咸阳谁就在那里做王。宛城是个大郡的城邑，与之相连的城池有几十座，百姓众多，且积蓄充足。这一带的军民都认为投降肯定要被杀死，所以决心据城坚守。现在将军停止西进包围宛城，看起来是志在必得，我们郡守也深知宛城难守。但是这样打起来，双方士兵伤亡必定很多；如果您率军离去，宛城军队也会在后面追击，这样，您可能就错过了先进咸阳的机会。"刘邦听了觉得话里有话，就问道："你这次来是……"陈恢说："我们郡守想签订一个投降约定。投降后，让宛城的士兵跟随您一起西进，助您早日到达咸阳，希望您还能让他做南阳郡守，继续守住南阳。这样一来，您不用费一兵一卒就可以取得宛城，郡守也可以保全性命，那些还没有降服的城邑听到这个消息，一定会争先恐后地打开城门迎接您的，您就可以畅通无阻地西进，没什么后顾之忧了。"

刘邦听了这话当然高兴了，他本来是打算放弃宛城了，没想到郡守竟然拱手相送，让他继续做郡守又是什么难事？刘邦几乎没有和其他人商量，就痛痛快快地答应了。当日，陈恢返回宛城，翌日，宛城郡守出城，与刘邦在城下签订了投降协议，宛城兵士统统归刘邦统率。

协议签订好以后，刘邦骑着马进入宛城，自然是非常兴奋，一兴奋就变得毫不吝啬，不仅封宛城郡守为殷侯，让他继续守宛城，还封给谈判有功的陈恢一千户。宛城周围的城邑知道这个消息，很多都派人和刘邦谈判。感慨万千的刘邦对张良说："看来和平的吸引力很大

呀。"张良说："只要不扰乱老百姓的生活，不滥杀无辜，就能得到老百姓的信任。"刘邦一拍大腿说："说得好，子房，你帮我拟一条政策吧！"

宛城归附刘邦后，张良为刘邦拟定了一条非常重要的政策："所过毋掠。"这一政策是刘邦对咸阳城"约法三章"的基础，也是刘邦"攻心"策略的一大组成部分。"所过毋掠"政策一出，处处都在宣扬刘邦的德行，归降者络绎不绝，刘邦的队伍不断地壮大，起义军兵不血刃一直推进到武关。

刘邦踌躇满志，等待胜利到来的那一天。

以财利之，巧取武关

此刻，咸阳就在眼前，破了武关就能长驱直入，这一战在所难免。正当刘邦、张良等人思考下一步的时候，事情出了一点点小波澜。

赵高派人来求和了，刘邦没见到来人，就已经在心里鄙视、耻笑赵高千万次了。来人善于察言观色，但他还是不了解自己的"外交"对象是从小混迹市井的刘邦。

刘邦身上难以脱去的市侩气，成了他在外交活动中的优势，嬉皮笑脸，说东道西，虽然贵为一方诸侯，还是没有那么大的威严，让秦使看不出一个所以然。秦使拿出惯用的伎俩，盛赞一番刘邦的功业，然后表达赵丞相和谈的"赤诚之心"，最后才提出优厚的条件："与沛公共图大业，在关中分地为王……"说着还不忘把赵高准备的厚礼拿了出来。秦横征暴敛多年，宫中收集天下奇珍，这点东西对于赵高来说只是九牛一毛罢了。刘邦征战多年，见多了血流成河、横尸遍野，还真没见过什么奇珍异宝，立即笑眯眯地对秦使说："何必这么客气。"刘邦对秦使的态度这般"和蔼可亲"，真让秦使受宠若惊，看到刘邦对珠宝动心，秦使马上觉得自己任务完成一大半了。后来刘邦还真的收下珠宝，还亲自把秦使送出大帐，秦使赶紧说："不敢当，不敢当，沛公快快留步。"

刘邦到底会不会答应和秦谈判呢？当然不会。刘邦心里清楚，在群雄割据的时代，自己要处处小心，不然的话早晚会被大鱼吃掉，所以面对秦使也不显出一点骄横之气，刘邦骨子里的圆滑确实成为他成功的重要因素。另外，刘邦和张良在一起久了，耳濡目染，懂得了一些"得人心者得天下"的道理，一个万民唾骂的赵高，刘邦怎么会和他合作。

此时，张良一直在旁边仔细观察着刘邦的表情。刘邦像是万事谨慎小心，这次自然会觉得赵高使诈，不会轻易答应，但是关中分地称王，不费一兵一卒就能雄霸一方，谁能不动心呢？张良此刻也有点捉摸不透，他就试探着说："赵高阴险小人……"

刘邦没有说话，张良已经猜到他的想法了。接着刘邦自言自语，又像是征求张良的意见，说："到过武关的时候了……"樊哙卖狗肉出身，一介赳赳武夫，哪有什么谋略？到了武关下，早就按捺不住了，听刘邦这一说便嚷嚷起来："大哥，你给我5万精兵……"

张良已经看出了营中诸多武将的急躁，而且赵高这次派人来，好像也激起了刘邦建功立业的急切心情，樊哙这么说更是火上浇油。但是毕竟瘦死的骆驼比马大，秦朝虽然四分五裂，但也曾经是浩浩荡荡的大秦帝国，到底还是有些底气的，不能小视。

于是，他赶紧制止："沛公，攻打武关还要从长计议。"刘邦没有说话，他向来不轻易驳斥下属的建议。听张良这样说，也自问自己是不是太急了，这是刘邦的一个大优点——谦恭。

他捻着长须，问："你说该怎么办呢？"

张良显然已经成竹在胸了，他不紧不慢地说："武关之战在所难免，但是赵高之事倒是提醒了我。秦能以重币贿沛公，沛公何不以其人之道还治其人之身？"

"哦？"刘邦看着张良，一脸好奇。

张良接着说："我听说武关守将出身屠夫之家，估计带有市侩习气。假如我们在各个山头增挂旗帜作为疑兵，再适当用财物加以引诱，不怕他不归附义军，然后再趁军士懈怠之时，一举击破……"

刘邦听了张良的话，觉得高明，马上点头赞许。他差人唤来郦食其、陆贾一同商议，并让他两人去做说客。

郦食其、陆贾这两人可是刘邦手下能言善辩之人，虽然没什么大智谋，但是三寸不烂之舌也能在关键时刻派上大用场。两人一听说有这差事，喜不自禁，马上表示一定不辱使命。

次日，刘邦先派人在周围的山坡上遍插军旗，伪造声势，接着郦食其、陆贾两人收拾停当，带着奇珍异宝悄悄混进了武关城。

这位武关守将到底叫什么名字？史书上没有记载，但是"屠户的儿子"这个名号却流传下来，也留下了贪财好利之名。归附义军、高举反秦旗帜本是一件青史留名的事，却只能成就张良的智谋之名，他最后连命也没有保住。

秦将有点小见识，他见皇帝一个比一个昏庸暴戾，又有赵高乱政，加上义军所向披靡，觉得秦朝气数已尽，自己守着这个武关也只是人家到嘴的肥肉，整日里为自己的将来担忧。而且刚刚得到哨兵禀报，城外山上到处都是"叛军"的旗帜，真是草木皆兵呀！不由得乱了阵脚。

这时突然有人来报，说两个书生在将军府外放言能解武关之围。秦将病急乱投医，赶紧召两个书生进府谈话。

来人就是刘邦的说客郦食其、陆贾。郦食其先问："如今武关城已经被围得水泄不通，将军打算怎么办？"郦食其问得真是太直接了，秦将一时语塞，支支吾吾不知怎样说才好。郦食其接着说："义军进入咸阳是早晚的事，将军觉得能守住武关吗？"没等他回答，陆贾就打开包袱，里面全是亮闪闪的金银玉器，表明身份后说："沛公倾慕将军，想与将军共谋大业，进入咸阳后，高官厚禄，这点东西将军怎能看到眼里……"秦将也不是傻子，本来也没打算为国捐躯，这样保住性命，又得金银财宝，岂不是一举两得吗？当即表示愿助刘邦一臂之力，听从刘邦调遣，西取咸阳。

郦食其、陆贾回来后，一五一十地向刘邦禀报"战果"，张良开始紧锣密鼓地准备偷袭武关。

秦将定了大事，心里终于松了一口气，关外漫山遍野的军士都成了自己的兄弟，还有什么可怕的，终于可以高枕无忧了。这一夜，他专门叫了几个心腹畅饮一番，还好好憧憬了一下未来。接着全体将士放了一个短假，秦军不知真相，纷纷猜测，但是绷了几个月的弦终于松了下来。

这时，刘邦的军队已经悄悄埋伏，等到深夜，一队精兵没有受到任何阻挠爬上了武关，打开了城门。一时间，杀声震天，灯火通明，武关守军还不知道怎么回事就做了刀下鬼。秦将收到禀报，才知道自己中计，破口大骂刘邦言而无信、卑鄙无耻……但是刘邦怎么能听到呢？

武关之战，可以说刘邦以极小的代价取得了极大的胜利，为先攻入咸阳占了先机。秦军丢了武关，退守蓝田，已经溃不成军。刘邦乘胜追击，又在蓝田击败秦军，咸阳就彻底地暴露在刘邦的眼前了。

关中留美名，鸿门巧逃脱

取信于民，攻心为上

汉元年（前206年）十月，刘邦终于来到灞上，咸阳城就在面前。

刘邦年少时的理想是做一个游侠，行侠仗义，自由自在；起兵时，刘邦想雄踞一方，兄弟都跟着自己荣华富贵；刘邦投奔项梁时，想裂土分疆，做诸侯王，世代相传。但是当刘邦浴血奋战，到达咸阳城时，他想要做的已是皇帝了，想一统天下。秦始皇能做到，自己为何不能

做到？刘邦出身贫贱，但是他并没有把秦始皇放在眼里。此时，他终于第一个攻入关中，实现了自己日思夜想的愿望，心中怎能平静？

秦王子婴驾着素车白马，慢慢向刘邦驶来，他用丝绳系着脖子，脸色苍白。刘邦在关外一个月的时间，咸阳城发生了天翻地覆的变化。随着起义军的进逼，秦二世把罪责归到赵高头上，赵高逼死了秦二世，扶子婴登上皇位。子婴登上皇位就杀了赵高，接着便迎来了刘邦的大军。可怜的子婴，就这样糊里糊涂地做了亡国的皇帝。

这时，子婴把封好的皇帝的御玺和符节恭敬地交给刘邦。刘邦接过玉玺，心中抑制不住狂喜，甚至大脑一片空白，都不记得受降仪式是怎样举行的。受降仪式结束后，大家议论应该怎么处置子婴。樊哙说："杀了算了，以绝后患。"刘邦想一想说："不可。当初怀王派我西进关中，最看重的就是我的宽厚；再说人家既然投降，还要杀掉人家，不义。"众将领听了，都十分钦佩刘邦的为人。刘邦把子婴交给主管官吏，吩咐要好好相待，然后就率领队伍浩浩荡荡向西进入咸阳。

秦始皇生前一心追求不朽，还希望死后继续帝王生活，没想到骊山陵墓的建造引发了秦末农民大起义。到刘邦进驻咸阳，大秦帝国走到尽头，给刘邦留下了一座豪华奢侈的咸阳城。刘邦策马从城中穿过，只见一座座宫殿、一重重大门，心中不停地感慨叹息：好一个秦始皇！

进入皇宫，刘邦更是目瞪口呆。曲径斜栏，彩屏罗帐，奇珍异宝，美女佳人，一切恍如梦中。他不停地在问自己："这一切难道都要属于我了吗？我难道真的就是关中王了吗？"就在入关之前，那还是一个虚幻的梦境，如今，这个梦境是如此逼真，如此贴近，伸手可触。这一路走来，刘邦满脑子的疑惑，满脑子的问题，想得他头昏脑涨。

从进入咸阳城就开始在刘邦耳边喋喋不休的是樊哙，当年刘邦不费吹灰之力就娶到了一个有财有貌的老婆，樊哙就意识到刘邦是个传奇的人物，没想到现在，真的有荣华富贵摆在面前，他心直口快地问："大哥，咱们今天就住在这里了吧？给我分哪一间呀？"樊哙的话一下子击中了刘邦，难道今天以后我就能住在这里？刘邦兴奋地拍了拍樊哙的肩膀说："你也真够心急的……"

当时在旁边的张良一直在观察刘邦的表情，听到他们的对话，他脸上透出一丝担忧。他叫住樊哙，分配他一个差事，樊哙走后，张良就问刘邦："主公，今日就想住进皇宫？"刘邦不置可否，他正拿着一件精美的铜烛台仔细地观看。张良看到他这个样子，平静地问："主公想过没有，您为什么能到这里？"刘邦放下烛台，回头看着张良，觉得他这个问题太愚蠢了，"当然是因为我把脑袋系在裤腰带上打出来的！""主公，错了。那是因为秦朝暴虐无道，主公才能够来到这里。"

张良接着说："我今天说的话也许不是很中听，但一定是忠言。您替天下铲除了凶残的暴政，就应该以清廉朴素为本。现在刚刚攻入秦都，就住进皇宫安享其乐，这正是人们说的'助纣为虐'。俗话说'忠言逆耳利于行，良药苦口利于病'，希望主公能够明白这个道理。"

刘邦被张良说得哑口无言，沉默好一会儿，然后双手整理了一下衣冠，自我解嘲地说："看来泗水亭长真没有这样的福气。"然后依依不舍地离开了宫廷。张良跟在后面，脸上露出一丝微笑。随后刘邦下令将秦宫奇珍异宝入库封存，派专人看管，然后退军到灞上。

张良一句"清廉朴素"让善于学习的刘邦想了好几天，他觉得自己能先项羽进入关中，并不是靠运气，也不是靠武力，而是身边有一帮聪明人，这帮聪明人给刘邦的军事教育就是"攻城为下，攻心为上"，他心里酝酿着一个想法……

几天后，刘邦召集各县的父老和德高望重的人，诚恳地对他们说："原来秦朝残酷无道，你们受尽苦难，那样的日子到头了。过去，议论朝政得失要灭族，相聚聊天要处以死刑，百姓苦不堪言。入关以前，我和诸侯们约定，谁先进关中谁就在这里做王。我第一个到关中，自然是这里的王，我说什么，你们应该相信。"在场的人都随声附和："相信，相信。"刘邦接着说："那我现在与父老们来个约定，我的法律只有三条：杀人者处死，伤人者判刑，抢劫者治罪，索性就叫'约法三章'吧。剩下的没有了，秦朝的法律统统废除。所有官吏和百姓都像往常一样，不受任何干扰，安居乐业。"这话一说完，众人你看看我，我看看你，都面露喜色。这些表情都让刘邦很受用，他接着总结

说："总之，我到这里来，就是要为父老们除害，绝不会伤害你们，请不要害怕。"

这次会议给百姓吃了一个定心丸。刘邦为了表示自己的诚意，随即派人和秦朝的官吏一起到各县镇乡村巡视，向民众讲明情况，维持社会治安。

秦地的百姓非常高兴，议论纷纷："沛公真是好人，对百姓太好了！""咱们的苦日子结束了，拨开乌云见太阳了……"也有见识广一些的人担忧地说："听说沛公还在灞上等待各路诸侯会合，万一他们商量对策，沛公不在关中做王怎么办？"

善良的百姓想用诚意留住刘邦，争先恐后地送去牛羊酒食，慰劳将士。刘邦亲自出面感谢，但不肯接受，刘邦说："我们仓库里的粮食充足，多谢乡亲们牵挂。"老百姓纷纷传颂沛公的德行。

这一年，刘邦50岁。

千钧一发，鸿门斗智

刘邦进入关中以后施行的一系列措施，在关中百姓中引起很好的反响，百姓也毫不吝啬地给了他许多赞誉，他想做关中王应该是迟早的事吧，但是没想到，事情悄悄地起了变化。

章邯投降项羽，项羽给他的封号是雍王，封地就是在关中。刘邦听到这个消息，吃惊不小，以他现在的实力，根本没有办法与项羽抗衡，难道就这样退出关中？

这时，刘邦军中一个不知名的有点愚蠢的谋士给他出了一个主意，让他派军队守住函谷关，阻止诸侯军进来。刘邦一慌张就忘了和张良他们商量了，糊里糊涂地派兵守关。

而项羽在巨鹿大战中打败章邯，接受章邯的投降以后，就听说刘邦已经攻下了咸阳，这可把他气炸了。他觉得自己功劳比刘邦大，本领比刘邦强，本该先进咸阳，当关中之王。于是他赶快率领大队人马直奔函谷关，瞧见关上有兵守着，不肯放行。守关的将士说："我们是奉沛公的命令，不论哪一路军队，都不准进关。"

项羽这一气非同小可，就命令将士猛攻函谷关。刘邦兵力少，没有多大工夫，项羽就打进了关。大军接着往前走，很快就打到了新丰鸿门，离刘邦所在的灞上只有20公里路了。

当时项羽的军队拥有40万人，驻扎在鸿门，而刘邦只有10万人，驻扎在灞上，项羽想要消灭刘邦简直易如反掌。被项羽尊称为"亚父"的军师范增建议说："刘邦在东边家乡的时候既贪财又贪色，可自打进关以后，财物和美女就都不要了，我看他的野心不小，恐怕想要跟大王争夺天下啊，您不如趁早下手，除了他算了，免得养虎为患，将来后患无穷啊。"

项羽正在考虑，还没有做出决定，刘邦手下的左司马曹无伤看到项羽大兵压境，想投靠项羽，就偷偷派人来给项羽送信说："刘邦想要在关中做王，他准备拜秦王子婴做相国，把秦朝宫里的一切珍宝都占为己有。"项羽一听，顿时火冒三丈，决定第二天一大早就派兵去攻打灞上，消灭刘邦。

众所周知，项羽是个说一不二的汉子，说明天开战，就一定会打。然而项羽的决定，惊动了他的另一个叔父项伯。项伯和刘邦手下的张良是多年好友，他生怕万一明天一旦打起仗来会伤害到张良，于是就连夜赶到刘邦军营里去通知张良，叫张良赶快逃走。张良说："我是特地送沛公进关来的，现在他有危险，我若只顾自己逃走，太不讲义气了，无论如何我也必须去向他告别一下。"

刘邦听了大吃一惊，赶紧与张良商量对策。张良和刘邦分析了双方的力量，认为不能硬拼，只能保存实力。刘邦又得知张良曾救过项伯，项伯才免一死，这次项伯是以恩相报。于是刘邦请张良陪同，会见了项伯，再三解释自己并没有反对项羽的意思，更没有称王的野心，会见时刘邦还与项伯联了姻。

这对处于劣势中的刘邦保存实力、防止被强大的项羽突然袭击一举吞没有着重大意义。作为谋略家的张良能够知己知彼，审时度势，并在危机中筹划有方，层次井然，的确非常人可比。

项伯是项羽的叔父，也是项氏集团中的核心人物。在刘邦、张良的极力拉拢下，他果然答应劝阻项羽，并提议让刘邦当面向项羽谢罪。

项伯回营后，面陈项羽，百般疏通，极力主张应善待沛公，使原已剑拔弩张的局势有所缓解。

第二天一早，刘邦在项伯的安排下，带着张良、樊哙等100多个随从，亲自到鸿门拜见项羽。刘邦拜见项羽，谦恭地说："我本来是和将军同心协力攻打秦朝，将军在河北，我在河南。我也没料到自己能够先入关中。今天能在这儿和将军相见，真令人高兴啊。现在有人说我的坏话挑拨我们的关系，使您生了气，才使您对我产生了误会……"

项羽见刘邦这样低声下气地对他说话，原来满肚子的怒气也顿时烟消云散了，他也恭恭敬敬地对刘邦说："这都是你的左司马曹无伤说的，要不然，我也不会这样做……"

席间，范增一再给项羽使眼色，并举起他身上佩戴的玉块，示意项羽下决心，趁机杀掉刘邦。可是，项羽只当没看见，仍旧只顾喝酒谈话。

范增看项羽不忍下手杀刘邦，找个借口出去叫来项羽的堂兄弟项庄，他对项庄说："咱们大王待人不够狠心，你进去到席前给刘邦敬酒，敬完酒，就请求舞剑助兴，趁机将刘邦杀掉。否则，留下刘邦性命，我们这些人迟早都要成为人家的俘虏！"

项庄便进去敬酒，敬完酒以后，他说："大王跟沛公饮酒，军营中没有什么可以助兴，请让我舞剑以助酒兴。"项羽说："好啊。"说时迟，那时快，话音未落，项庄就拔剑舞起来，舞着舞着就慢慢舞到刘邦面前。

项伯看出项庄舞剑的用意是要杀刘邦，于是他说："咱们两人对舞吧。"说着，也拔剑舞了起来，他总是用身体遮掩着沛公，就像大鸟的翅膀一样，项庄始终也没有机会刺杀沛公。

张良见当时形势紧急，悄悄地离开了酒席，走到营门外。樊哙问出了什么事，张良简单地描述了一下形势，樊哙急得一下子跪了起来，

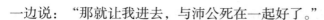

一边说："那就让我进去，与沛公死在一起好了。"

说着，樊哙一手提着剑，一手持着盾牌，直闯军门大营。

大营口的卫士，交叉举着戟，非常森严，令人胆寒，他们阻止樊哙进去。只见樊哙持着他的盾牌，用力一撞，卫士跌倒在地上。樊哙用力揭开帷幕闯了进去，他朝西站着，眼睛瞪得大大的，怒气冲冲地望着项羽，连眼角都要裂开了，怒气冲冲地头发都竖了起来。

项羽一见有人闯入，下意识地按着剑，忙问："来者何人？到这儿干什么来了？"

张良随后也跟着进来，替他回答："他是沛公的侍卫，叫樊哙。"

项羽说："好一个壮士！"接着，吩咐左右赏他一杯酒，一只猪腿。樊哙叩头致谢，他一边喝酒，一边愤愤不平地说道："当初，楚怀王与将士们约定，谁先进关，谁就为王。现在沛公先进了关，可并没做王。他封了库房，关了宫室，派重兵天天把守，就是等将军归来。沛公如此劳苦功高，将军不但没有给他赏赐，反倒还想杀他，这是走秦朝的老路啊。"樊哙站着把酒一饮而尽，然后用剑在盾牌上切着猪腿吃。

项羽看了，称赞道："真是位壮士！能再喝吗？"樊哙粗声壮气地说："我死尚且不怕，一杯酒难道还推辞吗？秦王有虎狼一样的毒心，杀人唯恐不能杀尽，施酷刑唯恐不能用尽，就因为这样，所以天下人就都反对他。如今，您听信小人谗言，要杀有功劳的人，我认为大王不该这样做！"

项羽面对樊哙的这一顿责备，一时不知道该如何回答才好，只好说："请坐，请坐。"樊哙一屁股坐在张良旁边，一只手紧紧地按住宝剑。项伯看到形势已缓和，便回到了自己的座位上。项庄见状，知道已没法再下手，只好收起宝剑，站在项羽身边。

刘邦见这种情形，才镇定了下来，又喝几杯后，他假装要上厕所，就出了帐篷，张良和樊哙也跟着出去了。躲过一劫的刘邦，意识到不能继续留在此地，否则有性命危险，于是就想要溜回灞上，又怕没有向项羽告辞，失了礼数。樊哙说："干大事业的人，不必拘泥于这种小节，如今他们的刀尖对着咱们，还用得着跟他们讲什么礼数吗？"说着，他便把车子推了过来，催刘邦马上离开。刘邦只得把张良留了下来，叫他去向项羽表示谢意。张良问："大王带来了什么礼物没有？"刘邦说："我带来白璧一双，是献给项王的；玉杯两只，是送给亚父的。刚才项王发脾气，我没有敢献上去，你就代我呈上吧！"刘邦又怕项羽派兵来，决定把车子留在鸿门，他自己骑上一匹马，樊哙、夏侯婴、靳疆、纪信四个人各拿宝剑和盾牌，跟随他步行抄小路从骊山脚下赶回灞上。因为这条小路只有 10 公里，比走大路要近一半。刘邦还再三叮嘱张良，估计等他们回到灞上的时候再进去向项羽告辞。

刘邦等人一溜小跑回到灞上，进入军营后的第一件事就是把曹无伤抓来处死了。

张良在外边等了好一阵子，估计刘邦他们已经到达灞上军营，就进去对项羽说："沛公的酒量小，已经喝醉了，不能亲自来向大王辞行。他临走时交给我白璧一双，吩咐我敬献给大王；玉杯两只，吩咐我送给亚父。"项羽说："沛公现在何处？"张良说："沛公听说大王有意要找他的差错，不敢在此久留，已经早走一步，估计现在已经回到灞上军营了。"项羽听说刘邦已经走了，就收下白璧，放在案上。范增气鼓鼓地接过玉杯，扔在地上，用宝剑把它给劈了，说："唉！真是没用的小子，没法替他出主意。将来夺取天下的，一定是刘邦，我们等着做俘虏就是了。"

这就是历史上著名的"鸿门宴"，刘邦顺利逃回灞上，虽然之后两方面形势暂时有所缓解，但项羽的"仁慈"和对局势的错误判断为自己进一步夺取天下设置了障碍，预示着以后的悲惨下场。

第六章

楚汉争霸，斗智斗勇

　　鸿门宴之后，反秦斗争宣告结束，但刘邦、项羽之间的楚汉之争却正式开始。因实力悬殊，刘邦被迫放弃在关中称王的机会，接受项羽分配之地。刘邦离开咸阳后，去巴蜀和汉中地区，心中非常窝火，于是在谋臣们的建议下，同项羽展开了一场斗智斗勇的战争：明修栈道，暗度陈仓；步步为营，借刀杀人；离间君臣，声东击西……

明修栈道，暗度陈仓

 火烧栈道，萧何追韩信

汉元年（前206年）正月，项羽终于凭借他在军事上的绝对优势，自立为西楚霸王，定都彭城（今天的江苏徐州市）。裂土分封十八个诸侯王，开始了另一个群雄逐鹿的时代。

而刘邦，在鸿门宴上做出臣服的姿态，终于化险为夷。项羽封刘邦为汉王，定都南郑（今陕西汉中市城东），但是项羽并没有给刘邦最想要的关中地区，而是给了他称得上边险地区的巴蜀一带。项羽将关中分为三部，封秦降将章邯、司马欣、董翳分别为王，企图通过他们控制关中。

几个月来，刘邦心里一直很不甘心。其实最让刘邦生气的是，自己做的一切原来都是为了项羽。项羽一到，就爆发出对秦朝的巨大仇恨，斩杀秦降王子婴，焚烧宫殿，掠夺财宝，席卷后宫佳丽，屠戮咸阳城，挖掘始皇陵，为所欲为。即使如此，各路诸侯还得听命于他，连自己也得低三下四，逆来顺受，在他的旗帜下，接受他给自己的汉王封号。这且不说，堂堂汉王，名为封地关中，实际却在巴蜀。

张良打点黄金白玉给项伯，求他向项羽说情，项羽勉强给刘邦多加了点汉中的封地。这下刘邦彻底断了念想，难道自己真的要去那边险之地度过余生吗？刘邦当然不甘心，萧何看他茶饭不思、眉头紧锁，就猜到了他的心事。

萧何问："项羽把主公逼到汉中蛮荒之地，为了什么？"刘邦闷闷地回答："能为什么？还不是怕我与他争夺天下！"萧何又问："沛公觉得自己现在有实力和项羽争夺天下吗？"刘邦无奈地笑了，"萧老弟，你跟随我多年，还不知道我这点本事，项羽威震天下，武功盖世，用兵如神，且不说兵力上相差悬殊，就算旗鼓相当我也不敢和他硬打呀！只是他不该防我像防贼似的，让我去那个地方……"萧何说："我知道主公不甘心，但是您也说了我们现在不是项羽的对手，既然让我们去我们就让他放心好了，那里也不是久待之地。目前咱们的实力虽然还不能和项羽抗衡，但是以后不一定不能……"刘邦听萧何这么一说，觉得也没有更好的办法，暂且忍着吧。

这年四月，刘邦怀着沮丧的心情，率领项羽派给他的 3 万士兵和自愿跟随的几万人，从杜县往南一步一步地进入沟壑纵横的崇山峻岭中。张良要回韩国辅佐韩王，又一次要和刘邦分别，这次刘邦前往汉中，张良一路护送。走到褒中，刘邦依依不舍地说："送得再远，也得分别呀，你也要回韩国任职，不必再送了。"张良停下来，对刘邦说："项王让您去巴蜀之地，其用意想必您都清楚吧？"

刘邦点了点头，张良接着说："那您到了汉中以后打算怎么做呢？"刘邦心想："张良今天也糊涂了，我就是有贼心也没有贼胆呀。"张良说："您现在就这样走了，项王还是不放心，以后您有什么动作，他还会紧盯着不放，为了向他表明没有东还之意，干脆把栈道烧毁吧，也能防止别人从背后袭击。"刘邦看了看张良，想了一下恍然大悟，紧紧抓住张良的手……

刘邦下令，派一小队人走在最后，一边走一边烧毁陡壁上架起的栈道。

从分封后，项羽就时时密切关注着刘邦的动态，派出去的探子陆续回来报告。

"刘邦大军已经出发了。"

"刘邦大军已经翻过山了……"

"……西南方向浓烟滚滚，好像是刘邦烧掉了栈道……"

"栈道？"项羽先是自言自语，转眼脸上就露出了笑容，心想："这刘邦倒是能猜懂我的心事，这样也好，好好在汉中待着吧。"项羽此时心情非常好，对帐外高喊："命虞姬准备歌舞……"

项羽高枕无忧了，刘邦的日子却并不好过。刘邦大军一路向汉中挺进，途中山高路险，人烟稀少，兵士本来就怨气冲天。后来又看到刘邦下令烧掉栈道，觉得归家无望了，于是纷纷逃跑。刘邦不断地听到手下的报告，连将领都跑了几十人了。经过数日跋涉，总算到了国都南郑，夜幕降临，明月高悬，刘邦更觉得凄凉，一肚子苦水不知朝谁倒，于是命人找来萧何，想聊一聊天。

刚刚进城，军中兵士正在安置住处，一片乱糟糟的，找来找去都没有找到萧何。有人说，看见萧何急匆匆地跑出城去了。刘邦浑身一颤，握在手中的杯子几乎落地。难道萧何也要逃跑吗？连萧何都跑了，这还了得！刘邦急得大喊："赶紧把他给我追回来，不惜一切代价，哪怕捆也要把萧丞相捆回来！"

两天后，萧何出现在刘邦面前，满脸尘土，十分狼狈。刘邦望着萧何，又喜又恼，哭笑不得，不解地问："为什么连你也要逃跑？"萧何说："哎呀，主公误解我了，我哪敢逃跑，我去追逃跑的人了。"

原来萧何是追韩信去了。刘邦听完萧何的话，狠狠把萧

萧何像

何骂了一顿，说："那么多将领逃走了，你偏偏不追，就一个韩信怎么值得你萧何去追，我看你真是糊涂了！"萧何非常诚恳地说："那些将领要多少有多少，跑光了都不可惜。韩信只有一个，他不能跑掉。如果你只想在这里偏安称王，自然用不着韩信；如果想争天下的话，

除了韩信就没有别人了。就看您怎么决策了。"

这句话说得刘邦动了心。刘邦当然想争天下，但是满腹的委屈不是几句话能够说完的。过了半晌，刘邦缓缓地对萧何说："我做梦都想向东发展，争夺天下，我怎么能长期地窝在这里呢？"萧何说："既然如此，就应该重用韩信。否则，韩信还要逃跑。"刘邦想现在正是用人的时候，管他有能耐没能耐，先留下来再说，况且萧何推荐过多次，还特意跑去追他，应该有点儿才能吧，也得给萧何一点儿面子，便对萧何说："那好吧，看在你的面子上，让他做个将军。"萧何不答应，对刘邦说："让他做将军，他一定不肯留下。"刘邦想了一会儿，说："大将军怎么样？听起来也挺威风的。"萧何听得出来，刘邦还是不重视韩信，暗想，先做个"大将军"，慢慢刘邦就会发现韩信的价值了。

于是，在萧何的主持下，刘邦选择吉日，沐浴斋戒，设置高坛和广场，举行了隆重的任命仪式，拜韩信为将。刘邦心里并不是十分情愿，但是到底采纳了萧何的意见，连他自己也不知道韩信在今后楚汉之争中的非凡价值，上天赐给他韩信，注定了他最后的成功。

暗度陈仓，章邯大败

刘邦大军到达汉中，刘邦在萧何的极力推荐下拜韩信为将，这对于刘邦大军来讲是一件大事，但是此时刘邦其实并没有真正认识到韩信的才能。

刘邦想和韩信谈谈天下形势，考察一下。于是刘邦就找来韩信，问他："萧丞相多次称道将军，将军用什么计策指教我呢？"韩信先是微微一笑，谦让了一番，接着说："汉王想向东争夺天下，最大的敌人就是项王。"刘邦点头称是，心里却说："见识一般，平民百姓都知道项羽权霸天下，还用你来说？"韩信并不介意刘邦的表情，接着说："在勇敢、强悍、仁厚、兵力方面，与项王相比，汉王自己估计谁强？"刘邦沉默片刻，如实地回答说："不如项王。"韩信坦诚地说："我却认为项王比不上您。"

刘邦对此感到惊讶，接着韩信就向刘邦历数项羽的特点并一一分析：

项王十分威严，震怒时，咆哮得像一头猛兽，全军上下吓得都不敢动弹；但是对自己任命的有才能的将领却放不开手脚，这就不是大将的风度，只是匹夫之勇。

项王平时话不多，但是待人言语温和，恭敬慈爱，也能将自己的饭食分给兵卒吃；可是，一旦有人立下战功，应该封官晋爵，他却把刻好的大印握在手里掂量再三，磨去了棱角都舍不得给人，这不过是妇人心肠。

项王虽然称霸天下，使诸侯臣服，但他目光短浅，放弃关中的有利地形偏偏建都彭城，又违背楚怀王的约定，将自己的亲信分封为王，诸侯们都愤愤不平。

项王的军队横行霸道，所经过的地方，百姓无法好好生活，天下人人都怨恨在心，只是迫于威势，勉强服从罢了，他早已民心尽失……

这一番分析让刘邦心服口服，自己整日抱怨，其实并没有认真分析过两者各自的优劣。韩信一番话，顿时扫去了刘邦心头的乌云，生出与韩信相见恨晚的感觉，刘邦紧接着问："将军觉得我们现在该怎么办呢？"

韩信斩钉截铁地回答："反其道而行之。"接着韩信非常自信地阐述了自己"决策东向"的计划："章邯、司马欣和董翳原来都是秦朝的将领，率领秦地的子弟打了好几年仗，被杀死的和逃跑的不计其数，还哄骗部下投降诸侯。在新安，项王活埋了20多万投降的秦军，秦地的父老兄弟对这三个人恨入骨髓。项羽依仗威势，强行封立这三个人为王，秦地的百姓没有谁爱戴他们。而汉王当初进入关中，秋毫无犯，废除秦朝惨无人道的法令，与秦地老百姓'约法三章'，秦地百姓都希望您能在秦地做王。根据诸侯的成约，您理当在关中做王，关中的百姓也知道有这个约定，您失掉应得的爵位委屈地进入汉中，秦地的老百姓心有怨气。您的军官和士兵大都是崤山以东的人，他们日夜踮脚

东望，盼望回归故乡。趁着这种渴望的心情利用他们，一定可以建大功。否则，等到天下平定，人们都安居乐业了，就再也没有争夺天下的机会了。"

刘邦感激地对萧何说："你帮我追回韩信，我要记你一大功，今天韩信能帮助我，三秦还不好平定吗？"然后恭敬地问韩信："大将军认为我们如何攻打章邯呢？"韩信回答："明修栈道，暗度陈仓。"刘邦听了以后心情豁然开朗，精神为之大振，大加赞赏，便下令摆下酒席，和韩信、萧何边吃边谈，定下了战略措施。

这就是历史上非常有名的"汉中对策"。"汉中对策"不仅是刘邦夺取天下的纲领，也是刘邦建立帝业的基石。

再说，项羽动身去彭城的时候，给留在咸阳的章邯下了一道密令：严密监视刘邦的动向，一旦发现其有异常举动，立刻兴兵讨伐。当时，雍王章邯封地在咸阳西，国都在废丘，是刘邦东进的第一道封锁线。章邯觉得刘邦走时烧掉了栈道，再要杀回来，并不是那么容易，项王有点神经过敏了。

陈仓原是秦朝屯集粮食的官仓，刘邦如果东进必须要经过这里，章邯就派兵把守，但是考虑到栈道被烧毁还没重修，不能通行，所以并没有放在心上，只设了简易哨所。

一天，有探子来报，说有数百个汉兵在修理栈道。章邯笑着说："山高路险，栈道又那么长，烧毁容易，筑起来难啊。就那么几百人，能顶什么事？刘邦想要东进，当时又何必烧掉栈道，真是笨得够可以的了，我倒要看他到底何年何月才能修好栈道。"章邯心中鄙视刘邦，根本没有把修栈道这件事放在心上。

他万万没有想到，就在他暗暗嘲笑刘邦的时候，刘邦正有条不紊地实施着自己的计划。在修栈道的几百汉兵的掩饰下，汉军悄悄出发了。

八月，韩信率军从南郑出发，分次分批顺着秦岭山脉的秘密古道直奔陈仓。陈仓的守军都是跟随项羽打过天下的，如今分完诸侯，觉得天下太平了，陈仓也是一片乐土，就整天喝酒、赌博，消磨光阴。

当韩信率大军奇迹般冒出来时，他们一下子陷入惶恐之中，然后仓促迎战。韩信蛰伏多时，这时终于有机会建功立业了，勇猛非凡，在汉中窝囊了一段时间的汉军像出了笼的猛虎，直扑陈仓守军。守军毫无招架之力，没有坚持多长时间就被汉军冲散了，陈仓轻而易举地被韩信拿下。

八月中旬，章邯正悠闲自在地喝茶，忽然有急报传到，说是汉军已到了陈仓。章邯大骂来报告的人："胡说八道，真是活见鬼！栈道还没修好，汉军从哪里出来，难道能插翅高飞吗？"章邯左右都觉得情报不准，劝他说："再派人去探听明白吧。"派去的人还没有回来，就有陈仓的逃兵逃到废丘，报称刘邦的大军打下了陈仓，杀死守将。章邯一下子惊慌起来，说："项王当初下密令让我看着刘邦，现在汉军在我眼皮底下打到陈仓，我该如何向项王交代呀？"心里纳闷：汉军没经过栈道，是怎么走的？难道另外有小径可到陈仓？章邯来不及找答案，马上领兵数万，直奔陈仓。

章邯一到陈仓，觉得大事不好，汉军真的是士气高涨，十分勇猛。韩信早就做了战前动员："拿下陈仓，灭了章邯，咱们就能回家和父母妻儿团聚了……"这一句话的威力非常大，当时，这些兵士心不甘情不愿跟刘邦去汉中，又看到刘邦烧毁栈道，都觉得回家无望了，看着刘邦自然也不顺眼，但是刘邦又下令暗度陈仓，将士们对他是好感倍增，又能回家了，谁不奋勇杀敌！

只见汉军英勇非凡，以一当十，一下子把章邯的几万大军冲得七零八散，个个哭爹喊娘，抱头鼠窜。章邯败下阵来，马上带领残兵败将夺路而逃。逃至好畤，章邯闭门封城。韩信大手一挥，汉军紧追不舍，追到城下，挖地道，架云梯，很快攻上城墙。章邯又一次招架不住，拍马又逃，逃回了国都废丘。没想到大名鼎鼎的秦朝名将章邯，被韩信打得如此狼狈。

韩信出手不凡，此后再也没有人敢小看他了，不久，诸侯中就传开了：刘邦得了一名强将！

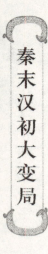

步步为营，借刀杀人

步步为营，巧拖楚军

项羽分封完十八诸侯，大局初定，表面上看起来风平浪静，其实暗地里风起云涌，中原大地酝酿着更大的风暴，群雄逐鹿的时代到来。刘邦神不知鬼不觉地出兵关中，别的诸侯王也蠢蠢欲动，项羽的凝聚力和威信已经大不如前。

大秦中央集权已不复存在，楚怀王虽名为义帝，是各诸侯国共同拥戴的帝王，但只是徒有虚名。那个果敢勇猛的项羽越来越固执骄横，他心中想着有朝一日争夺天下。从关中回到自己的国都彭城后，项羽立即将义帝迁到长沙郡的郴县，而且暗中派人将义帝杀死在就国的途中。

义帝死后，诸侯国失去了本来就很脆弱的向心力和凝聚力。项羽封王本来就有失公允，许多诸侯王回国后立即展开利益争夺，以武力进行杀戮和兼并，战国风云重新上演。

刘邦的计划也有条不紊地执行着。

韩信初战告捷，汉军在关中占据了据点，站稳了脚跟。刘邦豪情万丈，立即率军向东挺进咸阳，又派兵包围废丘，将领们夺取土地，平定陇西、北地、上郡。

且看关中三王，雍王章邯在废丘已经变成缩头乌龟，占据咸阳东的塞王司马欣、占据咸阳北的翟王董翳自知不敌，索性投降归汉。这样，刘邦顺利返回关中，平定三秦，实现了逐鹿中原、与项羽争夺天下的第一步目标。

但项羽也不是好惹的。当初以为刘邦烧毁栈道，果真无意东还，忽然发现刘邦不但平定了三秦，而且准备向东发展，才知道大受其骗。况且，齐国和赵国也背叛了楚国，项羽盛怒之下，封原吴县县令郑昌为韩王，替自己阻止汉军向东扩张。刘邦回到关中，张良又一次归汉。

这次真的是激怒项羽了，刘邦把自己的担忧告诉了张良，张良沉默了一会儿，说："目前，主公还不能和项羽硬碰硬，不然对汉军不利。"刘邦说："现在也没有办法，我一下子打进关中，项羽怎么肯善罢甘休呢？"张良想了想说："我想个办法，先缓一缓项羽……"刘邦听了一下子放心了。

第二日，张良领兵前去攻打韩国，刘邦送他出城，诚恳地说："这事就看你的了。"张良微笑着说："放心吧。"

项羽正准备发兵讨伐刘邦，突然收到张良送来的一封信。项羽对张良印象不错，就是不知道张良为啥喜欢跟着刘邦，对此项羽也是无奈，看到张良的信，原来也是帮刘邦写的。信中写道："汉王回到关中主要是因为兵士思念家乡，而且也希望项王履行以前楚怀王与将领们的约定，要回自己应该得到的。如果彼此遵守约定，汉王就立即停下来，不再向东扩张。"连信一起送来的还有齐、梁二地叛楚的文书，告诉项羽齐国正谋划跟赵国联合起来灭掉楚国。

这本来就是张良的一番狡辩，不过是要稳住项羽，壮大汉的实力，但是张良也看到了项羽此时的窘境，项羽没有三头六臂，不能同时平定两处叛乱。项羽为什么就听信了张良的狡辩呢？项羽当然不奢望刘邦就此停止东进的步伐，只是低估了刘邦的野心，他对自己很自信，觉得收拾刘邦是早晚的事，权衡利弊以后，项羽决定放弃西进攻打刘邦，向北去攻打齐国，张良的一封信拖住了项羽的脚步。

就在项羽攻打齐国的时候，张良趁机讨伐韩国，韩王郑昌拼死抵抗，不肯降汉。刘邦听到消息，就派出大将军韩信，三拳两脚，韩王就招架不住，没有费多大力气就使韩归降了刘邦。

大地回春，仅仅五个月的时间，刘邦圆满完成东征的第一步计划，取得辉煌战果。

◎ 刘邦"借刀杀人"，取彭城

汉三年（前204年），阳春三月，天气非常好，自然刘邦的心情也特别好。从荒凉的汉中到关中，刘邦一路打来，都没有和项羽正面交战，又有韩信的帮助，刘邦遇到的抵抗几乎都是不堪一击。刘邦在项氏大旗下委屈了这么长时间，早就看烦了项羽的脸色，下一步势必要迎来与项羽的大战，痛痛快快打一仗也好出出恶气。

取得初步胜利后，刘邦的第二步战略启动。刘邦信心清满，斗志昂扬，率军从临晋渡过黄河，攻打殷国，俘虏了殷王，殷地收入刘邦的囊中。之后，刘邦再接再厉，率军向南渡过平阴津，到达洛阳。

到洛阳后，刘邦陆续听到各种传言，有的说义帝已经死了，有的说义帝无缘无故失踪了……刘邦心想：这项羽不会干这种傻事吧，就算义帝再碍事，也不能杀他呀，这是搬石头砸自己的脚。以刘邦对项羽的了解，项羽并不会做这种傻事。但刘邦不知道项羽急于称霸天下，已经顾不了这么多了，就是做了这样的傻事。

没几天，刘邦派出去打探的人回来，纷纷证实了这个消息：义帝果然被项羽杀了！

在战争中成长起来的刘邦一下子就意识到这条情报的三大价值。天助我也！刘邦几乎没有和自己的智囊团商量就决定了怎么散。

这日，刘邦帐中突然传来悲恸的哭声，萧何、曹参等人得到报告，着实吓了一跳，赶紧跑到刘邦的帐中。只见刘邦祖露左臂，正鼻涕一把泪一把地大哭。大家你看看我我看看你，都不知道怎么回事。这时刘邦边哭边说："义帝呀，你死得好冤呀……"这时众人才明白刘邦为什么哭，心中的石头落了下来。众人纷纷上前劝说道："三公，节哀……"刘邦好不容易哭完，擦擦鼻涕眼泪，然后下令为义帝举行隆重的发丧仪式。刘邦哭的声音之大，让好多汉军都听到了，都私下里称赞汉王"真是忠孝仁爱"。

发丧仪式举行的同时，刘邦也命人写了一则通告，并派使者送到各个诸侯手中，通告说："天下共立义帝，奉为九五之尊。如今项羽放逐义帝并在江南杀了他，真的是大逆不道。我亲自为他发丧，希望各路诸侯也穿上素服丧衣，送义帝一程。接下来，我打算率领关中所有兵士，聚集河南、河东、河内三郡的兵马，向南沿长江、汉水而下，望各路诸侯和我一起，共同讨伐楚国杀义帝的人，为义帝报仇！"

醉翁之意不在酒，这份发丧通告，当然是刘邦精心策划的伐楚檄文。天下有多少人不满项羽呢？数也数不清，坑杀俘虏，骚扰百姓，封王不公……项羽确实得罪了不少人，但大家都是敢怒不敢言，找不到一个走头，这个时候刘邦振臂一呼，谁不把握这个机会？在这篇檄文里，项羽变成了天下公敌，刘邦占据了道义的主动，替天行道，师出有名。刘邦巧妙地借"讨逆"之名为自己向东扩张、争夺天下披上了合理的外衣，反楚的力量顿时联合起来。

此时，齐国的彭越正在和项羽玩"游击战"，不正面对抗，小打小闹地骚扰项羽。项羽不胜其烦，打一次胜仗就坑杀一部分人，发泄怒气，老百姓对他是一点儿好感也没有了。项羽迟迟解决不了齐国的问题，国都彭城空虚。

刘邦看到这个绝好的时机，兵分三路，自己亲自率领中路军直取彭城，其他诸侯国的军队不断加入，汉军在途中不断地壮大，从开始的6万人发展到几十万人。这时刘邦觉得带兵有点儿吃力了，这支军队来自不同的诸侯国，南腔北调，拉帮结派，纪律性非常差，行军速度一会儿快一会儿慢。刘邦为了更好地统率这支乌合之众，鼓舞士气凝聚军心，不断地说："前面就是彭城，金银成堆……"下面的将领听了都觉得刘邦的话是有言外之意的，难道到了彭城就可以大展手脚了吗？各路兵马怀着种种想法和猜测，奋勇杀敌，期望早日到达彭城，刘邦的伐楚大军非常顺利就包围了彭城。

彭城沦陷！此时，刘邦的心情是激动和兴奋的。前事不忘，后事之师。刘邦默默地说："这一次再也不能便宜项羽了，我一定要拿回

属于自己的东西!"

萧何本来打算对刘邦说防备项羽来个回马枪,但是想到咸阳时刘邦受的委屈,觉得自己再说可能不会太好,放纵就放纵一次吧,这次再让刘邦窝囊,估计刘邦真的就要发怒了。萧何没有说什么,别人也没有说什么。"这次我可再也不能委屈自己了……"刘邦心想。

占领彭城后,汉军兵卒像脱了缰的野马,开始大肆掠夺。汉军向来纪律严明,这一次还是第一次放开手脚,项王宫殿的珠宝珍奇、美女佳人都被将领自行分配了。刘邦为了庆祝胜利,设置流水宴,日夜狂饮。只见彭城灯火通明,人声喧哗,把项羽这几年聚攒起来的财产挥霍一空。

这时刘邦心里才舒服一点,恨恨地想:这下总算出了一口恶气!彭城之战可以说是刘邦的污点,这么多年来都懂得笼络人心,怎么就被这小小的胜利冲昏了头呢?被齐国牵制的项羽听说自己的老巢被刘邦祸害不轻,当然不会善罢甘休,快速部署,杀了回来,只是刘邦还沉醉在这来之不易的胜利之中,却不知道彭城马上又要易主了。

霸王以少胜多,英布降汉

 以少胜多的著名战役

刘邦平定三秦以后,项羽就预感刘邦会东进,但当时有张良的一封信,而且自己也想先平定齐国,然后一心一意地对付刘邦,所以让刘邦钻了空子。

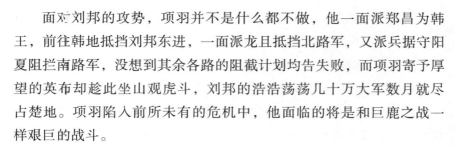

面对刘邦的攻势，项羽并不是什么都不做，他一面派郑昌为韩王，前往韩地抵挡刘邦东进，一面派龙且抵挡北路军，又派兵据守阳夏阻拦南路军，没想到其余各路的阻截计划均告失败，而项羽寄予厚望的英布却趁此坐山观虎斗，刘邦的浩浩荡荡几十万大军数月就尽占楚地。项羽陷入前所未有的危机中，他面临的将是和巨鹿之战一样艰巨的战斗。

项羽分析了一下自己所处的局势：齐国尚未平定，回师救楚，则腹背受敌；刘邦诸侯联军 56 万人，规模空前强大，兵力悬殊；楚军后方沦陷，孤军深入，远离战场，长途奔波，敌人则以逸待劳，利用防御工事抵抗回师楚军；盟友背叛，政治大环境陷入极度孤立的状况……

项羽问手下："各位将军，有什么良策？"这样的状况让项羽手下的将领们也非常头疼，他们抓耳挠腮，说不出一个所以然来。项羽似乎也料到他们没有什么良策，他果断地下令："你们率领大军继续平定齐国，替我把他们制伏。我亲自率 3 万精兵绕道彭城，灭了刘邦大军。"大家听完都一脸疑惑，不知道项羽哪根筋出了问题。他不但要以 3 万对刘邦 56 万，还要长途奔波，设局偷袭？范增正欲说："主公……"项羽却摆摆手没有让他说下去，大家看出项羽此计已经酝酿多时了。

项羽悄悄行动了，大部队还是留在齐国，继续打，这让刘邦放松了警惕。项羽带着 3 万精锐骑兵，绕道彭城西南的萧县，悄悄地驻扎下来，静静观察刘邦动向。

这时刘邦的诸侯军已经全部进入彭城，纪律松懈，队形混乱不堪。大将忙着部署在北边建立防御，刘邦等主帅则夜夜举行宴会。项羽意识到刘邦的军队虽然号称 50 多万，不过是乌合之众，心中暗喜。

到了晚上，项羽令 3 万精兵厉兵秣马，等待命令。项羽大帐灯火通明，一个人默默喝酒。后半夜，项羽突然下令，西出萧县，向东进攻彭城。到达彭城时，天才蒙蒙亮，经过几日狂欢，汉军非常疲惫，此时的彭城静悄悄的，偶尔听到几声鸡叫。

项羽下令偷袭，一下子打破了黎明前的寂静。只见项羽自3万骑兵，策马从汉军防御最薄弱的东边攻入彭城。

汉军尚在睡梦中，突然遭遇大规模偷袭，其慌乱可想而知！这时天已经大亮了，项羽很快摸清了汉军部署情况，迅速做出决定。

项羽一支骑兵直接攻击刘邦指挥中枢，造成刘邦联军指挥系统瘫痪！这支联军本来就缺乏组织纪律，一下子乱成一锅粥，根本无法组织有效的反抗。刘邦听到消息时，还是睡眼蒙眬，让士兵重复了好几遍才弄清楚发生了什么。项羽不是在打齐国吗？怎么突然间厮杀回来了？连忙起床穿衣，准备迎战。但是此时，项羽已经把彭城搅得天翻地覆，刘邦急得破口大骂。

项羽还是死死咬住刘邦的主力进行攻击，不给刘邦喘息的机会。项羽的骑兵把联军引向南方的谷水、泗水，并在这里展开厮杀，而刘邦联军犹如从云雾端落入无底的深渊，昨天还兴致勃勃，胜券在握；今天就敌兵天降，令其不知其所以然！不明白实情的联军又没有得到有效的组织，像无头苍蝇四处乱撞。这几十万大军被项羽的3万骑兵紧紧地逼在河边，联军也顾不上打仗了，纷纷逃命，不一会儿就出现踩踏事件，很多人被挤进河中，死伤无数！彭城之战最终形成了一面倒的局势。

而刘邦也被楚军围了里外三层，插翅难飞。刘邦心想，这次完了，怕是逃不出项羽的手心了。然而，人算不如天算，这时，狂风骤然从西北方向刮起，树折屋毁，飞沙走石，刮得天昏地暗，伸手不见五指，直向楚军迎面袭去，楚军大乱，刘邦借此机会带领几十名骑兵慌忙逃离战场。

项羽本来要追击残兵败将，扩大战果，但兵还是太少，力不从心，刘邦这才得以逃脱。一败涂地的刘邦向西撤退的时候，显得狼狈不堪，连鞋子也掉了一只。途中，刘邦在夏侯婴的提醒下，派人去寻找家眷，但是家眷都已逃走。刘邦只好继续亡命，没想到在途中却遇见自己的一双儿女，就把他们带上车，一块儿西逃。

楚军骑兵在后面追赶，刘邦心里十分着急，心想：这次要是再落到项羽手中，怕难东山再起了。他一时着急，不断地催促夏侯婴："快点，快点，不然就死定了！"

脱离危险后，刘邦到处寻找父亲和吕雉，但没有找到。那时，郦食其带着刘邦的父亲和吕雉抄小路逃离，不巧却被楚军逮了个正着。项羽俘虏了刘邦的父亲和吕雉，于是把他们扣留在军中，充当人质，走到哪里就带到哪里。

彭城之战是项羽一生中具有标志性意义的战役，又一次展现了他非同寻常的军事才华。在大的政治环境方面，原来投向刘邦的盟军此时又背叛刘邦，有的投靠了项羽，如塞王、翟王等；有的则重新脱离刘邦的控制，走向刘邦的对立面，如魏王豹、陈余等。刘邦这次虽然败得很惨，但是他并没有气馁，后占据荥阳成皋之地利，依靠关中汉中的有利资源，拉开四年之久的楚汉角逐战。

随何巧施计，英布叛楚

彭城之战，刘邦败得十分惨烈，56万大军竟然被项羽的3万人马冲得七零八落。刘邦深感自己还不是项羽的对手，这一次失败对刘邦的打击是空前的。

诸侯们看到项羽神勇非凡，楚军还是如此强大，汉军真的是不堪一击，于是又都离刘邦而去。刘邦几乎被打成孤家寡人，只好前去投奔吕雉的哥哥周吕侯。那时，吕雉的哥哥为刘邦率兵驻扎在下邑。刘邦在下邑逐渐聚集溃散的兵卒，在砀县驻扎下来，然后率军向西，经过梁地，到达虞县。

此时的刘邦非常沮丧，他想到这些年来，自己时时害怕脑袋搬家，后来有贤人相助才能建功立业，本打算和项羽一争高下，没想到败得这么惨，连老父和妻子也被捉了去。项羽真乃神人，难道我真的不是他的对手？

刘邦长吁短叹，手下的谋士只能说一些胜败乃兵家常事等安慰的话，刘邦还是难以释怀。他叹口气说："我知道胜败是兵家常事，你

们看我现在，势单力薄，诸侯见风倒，都弃我而去，我们什么时候才能反败为胜呀？"萧何还是第一次看到刘邦这样没有信心，刘邦从起事起，就发挥了乡侠的性格优势，总能自我安慰、自我解脱，打不怕，也压不倒。萧何心里着急，赶紧劝说道："想当年您起事时，人马从无到有，地盘从小到大，现在您也能和项羽分庭抗礼了，还有关中几十万军队，有什么好怕的呢？"

在一旁的樊哙听几人在这里啰唆，早已按捺不住，大声说："主公现在怎么这么患得患失？刚起兵时，我们有什么呢？大不了再回到沛县，重新开始！"

刘邦一看连樊哙也急了，一下子笑了，"哎呀，连你也训起我来了？看来我真的想错了……"沉默了片刻，刘邦环顾四周，然后问："我愿意划出函谷关以东的所有土地，赏给能帮我打败楚国的人，各位谁愿意同我一起打天下呢？"

在座将领没有料到刘邦这样问，一时没有人回答。与项羽一决雌雄，并不是每一个人都有这样的实力。张良到底是天下第一谋臣，心思缜密，眼光独到，他听到刘邦这样说，就上前进言："英布是楚国的猛将，但是因为项王分封不均，同项王素有隔阂，当初三公平定三秦，英布就没有为项王出过多少力；彭越也是没有被封王，在梁地反楚，主公可以看出彭越此人非同小可，虽然正面交战不是项王的对手，但是却能牢牢牵制住项王。这两个人现在就可以用上。在汉王的将领中，唯有大将军韩信可以托付大事，独当一面，他也是为您立过大功的。如果要封赏，就封赏给这三个人，这三人若是联手帮助主公，楚国必败无疑！"

张良一番话让刘邦茅塞顿开，同时也让他增长了不少信心。他想，自己出身并不高贵，也称不上学富五车，更不是武功高强，但是到现在也能和西楚霸王项羽分庭抗礼，实属不易。

五月，刘邦、韩信收拾残部，退至荥阳、成皋一带，据黄河、嵩山之险，建立了能确保关中安全的军事重镇。同时，萧何调发关中老弱及未成年者从军，汉军军势复振。韩信、灌婴领兵迎击楚军追兵，

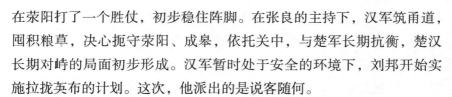

在荥阳打了一个胜仗，初步稳住阵脚。在张良的主持下，汉军筑甬道，囤积粮草，决心扼守荥阳、成皋，依托关中，与楚军长期抗衡，楚汉长期对峙的局面初步形成。汉军暂时处于安全的环境下，刘邦开始实施拉拢英布的计划。这次，他派出的是说客随何。

随何是一个标准的儒生，平时说话"之乎者也"，一大堆道理，礼节也很烦琐，刘邦常常取笑他，但是他一点也不生气。张良看出来随何是个谈判高手，有理有节，还有耐心，像英布这样的人就应该让随何去说服，于是张良就向刘邦推荐了随何。刘邦专门见了随何，非常诚恳地说："我平时老是开你的玩笑，你不要介意，这件事可就拜托你了。如果你能说服英布发兵反楚，项羽一定会攻打英布。只要项羽跟英布纠缠几个月，我一定能取得天下，关系重大！"随何答允后，辞别汉王前往英布封地淮南。

英布是一直追随项羽打天下的一员猛将，后来被项羽封为九江王。项羽和英布关系一向很亲密，然而，项羽封王时忽略了他的赫赫战功，一个九江王并没有满足他。后来英布心里怪项羽，渐渐和他疏远，开始拥兵自重，不大听从项羽的指挥。

项羽与齐王田荣作战，向九江征兵，英布称病不出，只派出几千军队去敷衍；刘邦攻打彭城，英布又称病，见死不救，致使彭城陷落，从此，项羽和英布之间就产生了隔膜。这些随何行前都研究得很透彻，他就是要利用这一点来说服英布归汉。

随何到达英布的封地淮南，连等了三天，英布都不接见他。随何心里十分着急，但还是慢条斯理地对接待的官员说："九江王不见我，不就是因为楚军强大，汉军弱小吗？到底谁弱谁强，我这次就是来讲这个的，他不听我讲我就不走。"接着随何又采用激将法，说："你捎话给九江王，就说我讲的管保他爱听。如果哪句话不入耳，就把我拉到淮南街上杀头，也可以向天下表明他敌视汉王而忠于楚王呀。"天下都知道楚强汉弱，英布听了觉得这个随何说话有点奇怪，就接见了他。

英布见了随何，饶有兴趣地问："听你说，现在形势还不是楚强汉弱，我想听听你的高见。"随何恭恭敬敬，巧舌如簧，给英布分析楚

汉强弱之势："项羽全靠作战凶悍显示他的强大，现在怎么样？他在荥阳一带与汉王对垒，想打没人跟他打，想攻又攻不下，靠些老弱士卒从千里以外把粮草运来，他的这种'强大'又能保持多久？"英布说："楚王是老弱兵卒，汉王也强不了哪里去！"随何乘机说："就算这回他战胜了汉王，天下诸侯必将人人自危，难道他不会与您算旧账吗？到最后，我看必然的趋势只能是天下诸侯联合起来对付他。项羽再强大，大概也不能抵挡天下的军队吧？"这话确实说到点子上，英布心想自己已经得罪楚王，如果楚王征服了汉王，下一个也许就是自己了。随何接着说："所以我认为，项羽不过貌似强大，其实很脆弱，真正强大的是汉王。汉王虽然为人粗犷，但不拘小节，什么东西都能和下属分享。如果您与汉王联合，日后汉王一定分出大片土地给您，您又何必依附项羽看他的脸色行事呢？"

这番话说动了英布的心，但他没有什么特殊的神色，只是淡淡地说："好吧，那你回去转告汉王吧，我们可以瞒着项王……"随何听出来了英布的口气已经松动，但还有敷衍的意思，如果他不公开背叛项王，此事还是不保险。

这时正好有人来报，说楚军使者到达淮南，英布随即命人迎到馆舍，然后去见。随何心生一计，紧跟着英布去了馆舍，悄悄留在外面。楚军使者一见英布，态度很傲慢，严词责备英布，催促他赶快发兵攻打汉军。英布当然不会听一个小小使者的呵斥，漫不经心地饮茶。随何一个箭步迈进房间，然后大模大样坐了下来，对楚军使者说道："九江王已经归附了汉王，还发什么兵？"英布愕然，没想到随何会来这一手，一下子也不知道说什么才好。楚军使者看着随何和英布，慌忙站起，拔腿就跑，随何对着英布喊道："事情已经泄露了，还留着他干什么？"英布无奈，只好杀掉了楚军使者，公开背叛了项羽。

英布背叛项羽，楚军侧翼一下子陷入危急的状态，项羽慌忙派出龙且讨伐英布。英布没有打胜，就跟随何抄小路而行，归附刘邦了。

刘邦彭城大战后，惨淡经营，大赦犯人，又引水灌进废丘城内，章邯被迫自杀，刘邦得以建立稳固的后方基地。接着将散兵游勇慢慢

收集起来，跟各路将领及关中军队频频出动，骚扰和袭击项羽的先锋部队，削其锋芒。英布归降，汉军得到了兵力补充，一下子解除了危急形势，在荥阳前线开始了和楚军长期的对抗。

离间君臣，声东击西

刘邦巧施反间计

刘邦在荥阳和成皋建立起自己的前线，但在军事上还是处于被动地位。项羽大军多次围困，刘邦苦不堪言。这样的局面持续了很长一段时间，军队的消耗非常大，刘邦焦灼不安，忧心忡忡。

刘邦每日冥思苦想，想找出一条捷径打垮楚军，至少削弱一点楚军的势力，使自己不至于老是这样被动。儒生郦食其进言："古时候，汤王伐桀，将桀的后人封在杞地；武王伐纣，封纣王的后人在宋地。后来的秦国背德弃义，横扫六国，六国国君的后人无立锥之地。如果您能诚心诚意立六国国君的后人，给他们封地的绶印，那么，他们肯定都会对您感恩戴德，仰慕您的道义，甘愿做您的臣民。随着恩德道义的施行，您就可以面南称孤了，那时，项王也一定恭敬地前来朝拜。"这番话听起来有一定的道理，但是仔细一想就觉得太理想化了，只要向天下施德，项羽就能来朝拜吗？郦食其到底是一介儒生。

刘邦向来鄙视儒生，但是刘邦急于摆脱被动的地位，一时就糊涂了。他听了郦食其的一番话后，立即叫人刻制绶印，让郦食其带着这些绶印出发，越早越好。

　　绶印制好了，信也写好了，只等着郦食其带着它们出发，就在这时，张良从外地回来，谒见刘邦。

　　刘邦正在吃饭，见到张良非常高兴，说："子房，你可回来了。我告诉你，有人为我想了一个点子，保管能削弱楚国的势力，哈哈……"张良听了觉得有点儿不相信，刘邦马上把郦食其的话从头至尾说了一遍，很自豪地问："这个点子怎么样？"

　　张良并没有拍手称赞，也没有直接回答，只是问："是谁替您出的主意？在我看来，您争夺天下的大事完了。"刘邦听了，非常惊讶，一下子站了起来，"怎么了？哪里不对？这是郦食其给我出的主意呀。"

　　张良摇摇头，抓起刘邦面前的筷子，对刘邦说："我来说给您听听。昔日汤伐桀并封桀的后人在杞地，那是因为汤知道能置桀于死地，您当前能置项羽于死地吗？"刘邦摇摇头："不能。"张良放下一根筷子，"这是一。"

　　"武王伐纣并把纣的后人封在宋地，那是估计到能杀了纣王，您现在能杀了项羽吗？"刘邦摇摇头，说："不能。"张良放下第二根筷子，"这是二。"

　　"武王攻入殷商的都城后，在商客所居里巷的大门上表彰他，释放囚禁的箕子，重新修筑比干的坟墓。如今陛下能重新修筑圣人的坟墓，在贤人里巷的大门表彰他，在有才智的人们面前向他致敬吗？你能做到吗？"刘邦摇摇头，说："不能。"张良放下第三根筷子，道："这是三。"

　　"武王曾发放巨桥粮仓的存粮，散发鹿台府库的钱财，赏赐贫苦的民众。目前，您能散发仓库的财物来赏赐穷人吗？"刘邦还是摇摇头，说："不能。"

　　就这样，张良每说出一个原因就放下一根筷子，刘邦跟着已摇一次头，说："不能。"张良一连问了八个问题，刘邦都说不能，于是张良说："你想想，如果真按那个人的点子去做，您的大事岂不就是完了。"

　　"幸亏你回来了。"刘邦听到此处，把饭碗往桌子上一拐，吐出口中的食物，骂道："这个书呆子，几乎坏了大事！"于是下令赶快销毁那些绶印和信件。

"你说怎么办呢？"刘邦还是习惯性地问张良。张良说："从目前的形势来看，敌强我弱，暂且请和怎样？"于是刘邦派出使者，向项羽请和，以荥阳西为界，东边为楚，西边为汉。

其实，项羽这时的日子也不好过。两军相持不下，项羽进退不得，况且彭越在梁地屡屡反楚，不断骚扰楚军，项羽自己经常回兵东撤，可谓是筋疲力尽。项羽见到刘邦请和，想接受这个条件。当时范增在旁边，劝阻了项羽，他说："刘邦派人来求和，说明他们快坚持不住了，这时汉军可能比我们更疲惫，我们现在可以利用这个机会，一直把他打垮。一旦放虎归山，以后会后悔的！"范增的一席话使项羽改变了想法，项羽想了一想，觉得自己现在还有实力，轻易答应请和太吃亏了，于是立即出兵包围了荥阳，将刘邦围死在城内。

求和不成反而被围，形势越来越严峻。长此下去，只有死路一条。这时都尉陈平来拜见刘邦，刘邦忧心忡忡，正儿八经地说："天下乱糟糟的，什么时候才能安定呢？"陈平说："您和项王，如果谁能去掉自己的短处，吸收对方的长处，那么只要招一招手，天下很容易就安定下来了。"

刘邦笑着说："但是现在怎么解荥阳之围呢？"

陈平说："楚军有很多空子可钻，刚直的臣子，像范增、钟离昧、龙且、周殷等人，也就是几个罢了。如果您舍得花巨额黄金，施行反间计，离间楚国的君臣，让他们互起疑心，互相残杀，到那时……"刘邦和项羽一起打过仗，知道项羽有个毛病，就是太相信自己，不爱相信别人，虽然他确实是有非凡的才华，但是终究也会有疏漏，陈平之计妙极！

刘邦对钱还是很大方的，立即拿出大量黄金交给陈平，任凭他使用，而且不过问他的支出情况。

陈平拿到黄金，私下里开始进行活动。

没过多久，楚军中就开始散布一些"小道消息"：钟离昧等人身为

楚将，功劳显赫，楚王却始终不肯割地封王，他们几个打算跟汉王联合起来，消灭楚王，瓜分楚国的土地，各自为王……

这些消息没多久就传到项羽耳朵里，项羽自然就坐不住了，慢慢猜忌起来，对自己的爱将钟离眜等人说话也含含糊糊，让他们几个心里很不舒服。项羽觉得猜来猜去也不是办法，还是应该先弄清楚，于是以"说降之名"派出几名使者，其实要打探消息，刘邦听说楚王派来使者，就招来陈平商议对策，陈平如此这般定下了巧计。

于是刘邦备下丰盛的酒宴，亲自等候使者。使者进来后，刘邦佯装吃惊地说："我还以为是范增的使者，原来竟是楚王的使者！"接着下令："来人，赶紧把酒菜端走。"下人把酒肴端走后，换上粗劣的饭菜，楚王的使者你看看我，我看看你，强忍着没有说什么。这几个使者回去后，把刘邦说的做的都一一报告给项羽，项羽非常生气，从此不再信任范增。

刘邦成功地离间项羽君臣，但是并没有改变危急的局势，相反，却加重了危机。项羽非常恨刘邦，痛下决心，这一次一定要把刘邦斩草除根。项羽严密围困荥阳，并且开始着手攻城。汉军粮食都吃光了，刘邦越来越着急，赶紧找来张良，张良说："三十六计，走为上策。"刘邦早就扛不住了，一说要逃，马上同意，然后问："怎么逃？"张良突然想起什么，就问刘邦："军中不是有一个人长得很像您吗？"刘邦一下子想起来，就是纪信，赶紧把纪信找来。

接着陈平就在城中以每人两斤粮食的封赏招募成年女子，说是跟汉王一起出城，城中百姓饿得受不了，一些女子也乐意跟着刘邦出城，不管嫁给汉军还是楚军总算有个活路。陈平安排这些女子穿上汉军的衣服，整装待命。到了夜里，纪信就扮成刘邦的样子，坐着刘邦的黄屋车，后面跟着女子装扮成的汉军，旗帜招展，一路招摇到了荥阳城东门。楚军发现汉军一下子聚在东门，立即从四面包抄，发动攻击。纪信装模作样地说："城中的粮食已经吃光了，汉王愿降。"

楚军情绪高涨，高呼万岁，都跑到城东观看汉王投降。刘邦趁机带着数十骑从荥阳西门逃出城，随即进入关中。

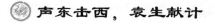

声东击西，袁生献计

刘邦在关中建立了自己稳固的后方基地，萧何一直在关中，一是招兵买马，二是鼓励耕织，囤积物资。楚汉相争的局面已经形成，刘邦一方已经意识到持久战的可能，虽然表面上看起来楚军一直占优势，打得刘邦不停地逃窜，但是刘邦稳固的后方——关中，将成为成败的关键。

刘邦到了关中，看到萧何非常辛苦，而且也卓有成效，已经征集了将近十万人马，心里非常欣慰。心想，靠我自己那几下子，着实不行，身边这些人都是人才！

一日，刘邦和张良正在商议如何再次取得成皋，让汉军向前线推进一步，忽然有人来报："关中有位姓袁的书生求见汉王。"

刘邦对儒生的态度一向不好，但事实渐渐改变了刘邦的看法，像郦食其、随何都帮过刘邦大忙。刘邦已经意识到，儒生虽然说话啰唆、招人厌烦，但是也不能小视，所以马上说："快传！"

袁生进来，非常恭敬地施礼，然后慢腾腾地说："我只是一个手无缚鸡之力的读书人，见识也非常浅薄，但是观察楚汉之争，也看出来一些端倪。汉王仁爱大度，善待百姓，不杀俘虏；项王凶狠残暴，视人命如草芥。上天有好生之德，一定不会把天下交给项王的……"刘邦听他啰里啰唆，说的都是大道理，听起来没什么用，有点不耐烦了，连打了几个哈欠。张良一看刘邦这样，就打断了袁生的话，直截了当地问："不知先生对当下战事有何见教？"

袁生也不说废话了，直接说："这些年，楚汉相争，项羽追着您不放，您几次差点被抓住，但每次又都让您逃脱……"这几句话说得刘邦脸有点发热，就掩饰地咳了几声，"现在楚军大兵压境，与汉军相持在荥阳、成皋一线，但是汉军屡屡被破，您也损兵折将呀。现在您在关中招兵买马，想必还想回到前线与楚军决战，那样汉军处境是非常危险的！""哦？此话怎讲？"刘邦此时才对袁生的话有点兴趣。

　　袁生说："汉军这样一直被楚军牵制着走，早晚会耗尽粮草兵力。"张良听了点点头说："先生说得有理，我们现在能摆脱楚军的牵制吗？"袁生说："楚军逼近关中，但并不是眷恋关中的土地，只是想捉住汉王。如果汉王离开关中，他们对关中也就没有什么兴趣，何不利用汉王来调动楚军千军万马呢？"刘邦和张良你看看我，我看看你，相信袁生确实能献出良计。

　　这时已经中午了，刘邦也顾不上吃饭，与袁生、张良等人定下策略：兵出武关，从侧后方对项羽进行攻击，大张旗鼓宣传刘邦就在武关，吸引楚军主力，大战不可有，小战不可少，拖住楚军。

　　这个袁生，虽然没上过战场，但是出的计策非常有参考意义。当时，在荥阳、成皋一带与楚军纠缠的汉军，战事不断，不敢有半点懈怠，一天天耗下去，疲惫不堪，叫苦连天，军心涣散，如果这样下去，真的会被楚军吃掉。张良等人也一直在寻找转机，袁生的计策确实可行。

　　五月，刘邦命萧何继续留在关中筹备粮草兵马，命韩信率军攻打燕国、齐国，自己则亲率大军，浩浩荡荡进驻武关。这样一次出兵，完全不是要打仗的样子，分明是炫耀，唯恐天下人不知道刘邦要到武关去，项羽自然是第一个得到消息的。

　　此时项羽听到刘邦的名字可谓是十分敏感，一直后悔自己中了他的反间计。其实，项羽对这些小伎俩是非常不屑的，大丈夫驰骋沙场，自然要有雄韬伟略，但刘邦用的都是卑鄙的手段，自己竟然上当了……一想到这些，项羽就恨不得杀了刘邦而后快。

　　那边，刘邦大张旗鼓地出兵到武关，这边项羽第一时间得到消息。而项羽在军事上常用的手法就是"擒贼先擒王"，现在楚汉之争明明是楚强汉弱，但是慢慢打成了持久战，这让项羽有点意外。于是他想了一下说："既然刘邦在武关露面了，就一举把他的主力歼灭。"钟离昧说："好！"第二日，项羽就调集成皋、荥阳一带的主力部队，浩浩荡荡杀向武关。

　　刘邦其实一直担心项羽不会上这个当，但是没想到项羽真的来了，不由得大喜。武关确实是个好地方呀！绵延上百里，不是大山就是黄土高坡，易守难攻，在出口派几十个人把守，楚军也难攻上去。刘邦心里美滋滋的，每日都在城楼最显眼处散步，就是让楚军知道他刘邦确确实实在武关，就是让楚军手痒心痒但是吃不着。

项羽没法子，只好在军营中挑选能言善辩之人，每日在关前大骂，想把汉军骂出来。从天不亮就开始骂，一直骂到日上三竿，然后轮班，又骂到太阳下山。但是不管楚军怎么骂，刘邦只是下令，只许听不许动。有些血气方刚的将军听不下去了，一次次请命要和楚军大战。刘邦笑嘻嘻地说："骂几句能少几斤肉吗？骂几句能少几两黄金吗？他们爱怎么骂就怎么骂，咱们就是不出战，气死他们，哈哈……"众将军你看看我，我看看你，不知道刘邦葫芦里卖的什么药，但也知道刘邦古怪，也就不多说了。果然，没骂几天，几个骂阵的都失声了，楚军自己就消停了，项羽更加焦躁不安。

这时，那个让项羽睡不着觉的彭越又开始行动了。项羽一听，脑袋就大了。彭越原来打"游击战"可没少给项羽造成麻烦，这次，彭越干脆趁项羽不在，一举渡过睢水，打到了楚地后方的重镇下邳，彭越大败楚军，并扬言要攻打彭城。项羽当然舍不得刘邦这块肥肉，但是转念一想，下邳就在彭城旁边，直接威胁到彭城，这可不是小事情。彭城作为项羽的大后方，不仅为项羽储备粮草，还安置着项羽的姬妾，最重要的是爱妾虞姬还留在彭城。第一，楚军不能成为没有后方基地的流亡之军；第二，虞姬不能落在彭越那个老头子手里。想到这些，项羽心急如焚，立即下令撤出武关，攻打彭越。

项羽这一段时间几乎是疲于奔命，而刘邦也休息得差不多了，成皋、荥阳一线的汉军也得到了喘息的机会。项羽一撤走，刘邦和张良一商量，就利用这个空隙，向北挺进，驻军成皋，又一次摆脱了被动挨打的局面。

刘邦在天下谋士的帮助下，渐渐占据了楚汉之争的优势。

第六章 楚汉争霸，斗智斗勇

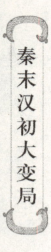
围魏救赵，郦生被烹

 "围魏救赵"解成皋之围

到汉三年（前204年）六月，楚汉之争已经进行了两年，天下纷乱，形势虽然还不明朗，但是也初露端倪。楚王项羽曾经雄霸天下的局面一去不返，汉王刘邦以关中为军事基地，招兵买马，安抚百姓，逐渐站住脚跟，成为楚王最大的威胁。

在彭越"游击战"的协助下，刘邦轻而易举地返回成皋。

项羽大军一到，彭越就无心恋战，他的长项就是打游击，从来不与项羽正面接触。楚军来回奔波，十分疲劳，都不知这样下去什么时候才能解脱，现在到了楚国地界，离家人这么近，都不想再去打仗。项羽当然也是非常头疼，但是也没有良策，他回到彭城，见到日思夜想的虞姬，就暂时放下烦心事，日日欣赏虞姬歌舞，放松一下自己。

在彭城这些天，他心里一直想着问题：仗还是要打，但是要让楚军乐意再次离开家乡；荥阳、成皋作为汉军前线，一定要破，让刘邦没有立足之地……这时，项羽开始怀念范增了。从项羽斩杀宋义开始，范增就在项羽身边，到项梁被杀，范增就追随项羽，出谋划策，但是"鸿门宴"后两人就心生罅隙。以后的事实不断地证明范增的正确，这让不可一世的霸王多少有些尴尬，最后中了刘邦的"反间计"。项羽心中有那么点后悔，现在有事连个商量的人也没有。

虞姬见项羽沉思，知道可能又有战事，就问项羽："大王，什么时候出发？"项羽叹了一口气说："我也不想离开彭城，但是天下未定，群雄纷扰，我还得出兵呀！"虞姬心中虽然不舍，但是很善解人意，"大王依依不舍，想必楚军也依依不舍，这对行军打仗来说不是好事吧？"项羽知道虞姬这是在提醒自己。

第二天，项羽召集大军，并做了一个空口许诺："这次我们灭了汉军，活捉汉王，天下一定太平，大家都可以回家与家人团聚……"这话真真假假，但是将士们听了觉得神清气爽。他们和汉军多次交战，在他们看来汉王最大的本事就是"跑"，要不就是"躲"，只要正面交战，汉军不是楚军的对手，心想这下仗打完了终于可以回家团聚了，士气一下子高涨起来。

项羽告别虞姬，率领楚军离开彭城，直扑荥阳、成皋。这两个月来，刘邦玩了一把耗子躲猫的游戏，产生了不一般的效果。项羽天下无敌的骑兵被刘邦牵制，东奔西走，疲惫不堪。项羽已经猜透刘邦的伎俩，决心改变这样的局面，定了下一步的军事策略：收缩兵力，步步为营，寻找突破口，蚕食汉军，这个战略的突破口就是荥阳。

项羽的策略到底能不能奏效呢？因为早期的战略失误，刘邦的实力已经发展到难以估量的地步，项羽没有意识到，刘邦也没有意识到。

项羽这一次气势汹汹，把刘邦惊得不轻。刘邦逃出荥阳，荥阳失守，驻守荥阳的周苛被杀身亡，魏王信投降。借着荥阳之势，项羽全力进攻戎皋，想一举打垮汉军。刘邦自知不是项羽的对手，赶紧做好了逃跑的准备。

军情紧急，深夜，刘邦紧急召见英布。刘邦对英布说："如今成皋危急，恐怕只有你能应付了，我早些离开，调集军队和项羽决战……"英布赶紧说："汉王放心，我一定死守成皋……"刘邦赶紧挥挥手，说："万万不可，一定要保存实力，和他们打不过就走。"英布当然也不愿意就此把自己的军队牺牲在成皋战场上，当下欣然接受了刘邦的建议。

天丕没有亮，在英布的掩护下，刘邦和夏侯婴共乘一辆车，带领少量精兵，从北门逃出成皋。刘邦一刻也不敢停，日夜兼程，往北渡过黄河，换乘马匹。夏侯婴问刘邦下一步该怎么办，刘邦说："我经营多时的防线已经破了，现在咱俩要兵没兵，要人没人，能怎么办？还不是过去把韩信的兵要过来。"夏侯婴一听想了一想说："韩信、张耳手握兵权，咱们什么也没有……"夏侯婴这样一说，一下子提醒了刘邦，刘邦心想："韩信要是不买我这个汉王的账该怎么办？"于是他心里悄悄地做了打算，交代手下的人，到达小修武时一律不得声张，先住进传舍。

刘邦等人到达小修武时，已经到掌灯时分，刘邦自称是汉王派来的使者，悄悄住进了馆舍。第二天清晨，刘邦以使者身份去见韩信，顺利进入大营。当时大营中还静悄悄的，将士正是懈怠时刻，韩信、张耳尚睡眼蒙眬。刘邦进去召开军事会议，重新部署兵力：张良全力经营赵国，韩信为赵国相国，指挥部分汉军向东攻取齐国。

刘邦有了小修武的兵力，一下子振作起来。八月，汉军驻扎在小修武以南，准备渡过黄河与英布会师，与项羽展开决战。刘邦这几个月来被项羽打得东躲西藏，一直难以战胜自己潜意识中的自卑心理，他其实也很想有这样一次决战，来证明一个出身低贱的人也可以与王室贵族一决雌雄。

这时，一个叫郑忠的郎中提出了非常明智的建议。郑忠也是个名不见经传的小角色，平时不太爱表露自己的看法，这次刘邦一和群臣商议这件事，郑忠就发言了："主公有和楚王决一死战之心，楚王也有此心，但是现在决战对汉军不利……"刘邦听了，赶紧向郑忠请教。郑忠说，楚军士气正旺，一心要剿灭汉军回家乡，此时根本不宜正面交战，应该高垒深堑，坚壁不出，磨掉楚军的锐气，再寻机作战。刘邦一听也觉得有道理，马上就改变战略部署。由此可见，并不是老天就喜欢帮助刘邦，确实是刘邦非常虚心，肯采纳不同人的建议，在这一点上，项羽输给了刘邦。

汉军果真坚壁不出，任凭楚军怎么骂。同时，刘邦派遣刘贾、卢绾率兵2万增援彭越，一起在楚地后方展开游击战，断了楚军的粮草，把楚军的大后方搅得乌烟瘴气。

楚军这边，先是减粮，后是断炊，接着许多兵士收到家人的来信，不过是说"汉军攻破某某城""汉军掠走了家里这几年的存粮""现在，咱们某某城被汉军包围了"之类的话。楚军中的大将收到这些家信，心急如焚，不断地撺掇项羽回去收拾彭越，把后方战事描述得无限紧急。

在这个节骨眼上，项羽也是非常矛盾的，他下定决心要与刘邦决战，但也担心自己一个个美貌的姬妾、自己的金银珠宝……关键是粮道断了，楚军现在都无心在外面和汉军恋战。

经过一番思索，项羽下令回军攻打彭越。彭越还是老法子，打不过就跑。项羽击退彭越，自己也没有占到任何便宜。他不知道，自己以后再也没有机会和实力与刘邦决战。至此，楚汉之争胜利的天平悄悄地倾向了刘邦一方。

游说齐王，惨遭烹杀

韩信在井陉之战后名扬天下，七月间奉刘邦之命准备攻打齐国，继续执行开辟北方战场的战略计划，但刘邦这里迟迟没有得到韩信行动的消息，心中不免有些忧心，找来"高阳酒徒"郦食其喝酒畅谈，聊聊自己心中的郁闷。

郦食其分析说："现在燕、赵已经平定，东方的敌对势力除楚国外，就剩下齐国了。"刘邦喝了一口酒，说："这个韩信，迟迟没有音信，我不放心呀。"郦食其说："这也怪不得韩大将军，齐王田广占据的齐鲁大地可是沃野千里，田间又率兵20万驻守在历城，厉兵秣马。田氏家族在他们那一亩三分地上，势力强大，根深蒂固，而且我还听说他们几个非常狡诈善变，并不是那么好对付的。"刘邦略有醉意，不以为然地说："大将军韩信也是厉害的角色，用兵如神，只要发兵，肯定没问题。"郦食其摇摇头，"齐地背海面河，地势险要，济南还靠近楚都彭城，您即使派几十万军队去攻打，也很难十拿九稳……"

郦食其这时胸有成竹地说："我倒是愿意试一试，看能不能凭三

寸不烂之舌，劝说齐王归汉，争取兵不血刃，就能收服齐国。"刘邦并不是太相信郦食其的话，郦食其有点见识，也很爱犯错误，这点刘邦心里很清楚。但是刘邦向来不打击下属献计献策，想了一下说："你这么肯定，那就麻烦你走一趟!"郦食其非常激动，立誓不辱使命。

当晚，刘邦、郦食其这对性格相投的君臣开怀痛饮，尽欢而散。第二天，刘邦亲自送郦食其离开，没想到却把号称有三寸不烂之舌的郦生送上了不归路。

此时的齐王田广和齐相田横对于楚汉相争一直持观望态度，徘徊不前，郦生一来到齐国，齐王好像抓住了一根救命稻草，希望从郦食其口中得到更有价值的情报，于是对郦食其盛情款待。郦食其一见这阵势，便知有戏，信心倍增，酒足饭饱之后，便摇动如簧之舌，侃侃而谈。

他问田广："大王可知道天下的人心所向吗?"齐王笑笑，说："难说，依先生高见呢?"郦食其哈哈大笑，非常肯定地说："当然是归向汉王了!"接着，就将他精心准备的一大套长篇说词和盘托出，他说："汉王率先攻入咸阳，但项王违背约定，随后又杀害了义帝，大逆不道。汉王率军平定三秦，东出函谷关，讨伐项王，伸张正义。同时聚集天下各方的力量，扶立六国诸侯的后裔，攻下了城邑土地就赐予有功的将领，获得了财物也都赏给手下的士兵，与天下人分享利益，绝不独吞独食。因此，英雄豪杰和才人贤士都乐于为他所驱使。而项王则刚好相反，对别人的功劳视而不见，对其过失却耿耿于怀，将士们打了胜仗得不到奖赏，攻拔了城池得不到赐封，任人唯亲，一意孤行，结果导致天下人都反叛他，贤士豪杰都怨恨他，无人愿意为他效力卖命，逐渐成为众叛亲离的孤家寡人，失败是迟早的事。所以我说，江山迟早将归属于汉王!"

这些齐王不会不知道，但是并没有太多表示。郦食其说完人便开始说武功："汉王平定关中，剪除三王；北渡黄河，攻灭魏豹；东出井陉，阵斩陈余……这些并不是单靠人的力量，肯定有上天的帮助!现在，汉军扼守住了战略要地成皋，切断了太行山隘道；再说，英布的力量正在集结；东面，彭越让项羽疲于奔命顾头就顾不了尾；北线，韩信正在厉兵秣马，下一个攻击目标就是大王您了。"齐王听到这番话，有点坐不住了，站起来踱步。郦食其再接再厉："天下大势的走向已经十分明了了，我觉得大王不如及早归顺汉王，保全齐国，不然大军压境，玉石俱焚，那时后悔就来不及了！愿大王深思。"

齐王田广本来就与项羽之间有杀父深仇，他的父亲田荣最先起兵反叛项羽，兵败被杀，后来田广继位，继续与楚军抗衡。正是因为齐军吸引了楚国的注意力和力量，才让刘邦有机会乘虚而入回定关中；而刘邦长驱直入一度攻占楚都彭城，迫使项羽不得不从齐地抽调楚军精锐，也大大减缓了齐国的危机和压力。汉、齐两面客观上起了战略策应作用，形成了一个无形的反楚同盟。在感情上，诸田无疑是倾向刘邦的。如今楚河汉界，非此即彼，审时度势做出选择，自然以投靠汉王的可能性大得多，这也是郦食其有恃无恐、志在必得的缘由。

田广看了看丞相兼叔父田横，对郦食其说："先生旅途劳顿，先休息一下，晚上我们再细谈……"然后两人离去，反复计议，这对叔侄认为郦食其并非危言耸听，就决定归附汉王，先通知郦食其，然后派遣使者向汉王致意。东线无战事，心里的一块石头总算落了地，诸田放下心来。他们很喜欢也很感激郦食其，就留他多住些日子，天天酒肉款待，寻欢作乐。郦食其更是以为大功告成，志得意满，乐不思汉。

只是没想到，这件事出了变故。

这边的韩信在刘邦的一再敦促下，率军东征，正准备从平原渡口渡越黄河，对齐国下手。他此时得到情报，说郦食其已经成功劝说齐国归降，不用动武；而齐国原先为了抵御汉军严阵以待的重兵也解除了戒备，一派和平景象。韩信认为既然没有仗可打，便打算停止前进。这时，出了一个好事之徒——策士蒯彻。

蒯彻是著名的舌辩之士，曾成功说服秦朝的范阳令徐公投降陈胜，燕赵之地闻风而降的城池达30多座，一时间风光无限，这时，也想凑个热闹。他挑动韩信说："汉王诏令将军攻打齐国，郦食其不过是他另派过去试试运气罢了，与将军何干？再说，郦食其这个人，不过是个摇唇鼓舌的好大喜功之徒，他单骑入齐，卖弄三寸不烂之舌，如果真的凭口舌便降服了70多个城池，岂不是说明将军统兵数万也抵不过一条舌头？那您做了好几年大将军，反倒不如一个书生劳苦功高了！"蒯彻说这番话也许是出于嫉妒心，也许纯粹为了显示自己，目的并不明了，但是却改变了郦食其的命运。按理说韩信是不屑于跟一个策士争功的，但是，战乱时代，情势瞬息万变，韩信的进攻也有更深的理由，蒯彻的话起到了一定的催化作用，于是继续进军。其实这个时候，刘邦派来传达最新命令的使者已经在半路上了。

汉四年（前203年）冬十月，汉军渡过黄河，突袭历下。毫无戒备的齐军措手不及，一败涂地，汉军一直打到齐都临淄。田广得悉汉军逼近的消息，紧急召见郦食其，正颜厉色地说："天地良心，我待先生不薄吧？这究竟是怎么回事？你如何解释？这一切你不跟我们说清楚，我就不客气了，油锅都为你准备好了！"郦食其在此前也得到了消息，心情异常复杂，但是百口莫辩。他先是在心里埋怨韩信不该多此一举，也有点责怪汉王的命令下达得不够及时，还觉得愧对诸田。田广的质问，他不知怎样回答，只是觉得自己非常窝囊，事到如今，做任何解释都是多余的……

田广那番不由分说的斥责，让郦食其非常委屈，也非常反感。郦食其正色说道："反正我问心无愧，也无须解释了，不就是一个死吗？"说着走向了沸腾的油锅。

郦食其被烹的消息传到了刘邦耳朵里，刘邦少了一个喝酒吹牛的朋友，自然非常难过，也更加痛恨齐国。不久，韩信得到了齐国归附汉王的命令，也觉得郦食其死得可惜。

汉四年（前203年）十一月，韩信大破齐、楚联军，杀死了楚将龙且，平定齐地。至此，韩信东进1000余公里，从东、北两面形成对楚军的战略包围态势，直接威胁楚大后方。

韩信手握重兵，在天下占据非常重要的位置，经过反复思考，觉得兵权重要，想自立为王，于是派人向刘邦上书，说："齐国狡诈多变，反复无常，南面的边境与楚国交界，为有利于当前的局势，希望允许我暂时代理齐王，管理齐国。"

那时，刘邦在荥阳与楚军对峙，韩信的使者到了，刘邦打开书信一看，勃然大怒，骂道："我在这儿被围困，日夜盼着他来帮助我，他却想自立为王！"张良凑近刘邦的耳朵说："目前汉军处境不利，不如趁机册立他为王，很好地待他，让他自己镇守齐国，不然可能发生乱子。"刘邦顿时醒悟，脑袋一转，故意骂道："大丈夫平定了诸侯，要做就做真王，何必做个暂时代理的王呢？"刘邦优厚地款待韩信的使者，然后派遣张良前往齐国，册立韩信为齐王，征调他的军队攻打楚军。

项羽失去大将龙且后，害怕楚国本土受到攻击，于是派武涉前往规劝韩信反汉，韩信不听；范阳人蒯通也去游说韩信，希望韩信脱离刘邦，独树一帜，成三足鼎立之势，最后取代刘邦和项羽，称霸天下，韩信也没有答应。

总的来说，韩信对汉王是忠诚的，但是封王事件让刘邦和韩信结下了"梁子"，也为韩信最后不得善终埋下了祸根。

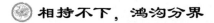

鸿沟分界，定大局

 相持不下，鸿沟分界

项羽终于有点扛不住了。汉军主力与楚军在荥阳、成皋相持不下，韩信在东、北两个方向形成对楚军的包围之势，彭越率兵驻扎梁地，不停袭击骚扰楚军，断绝楚军的粮食供给，这些都让项羽陷入不利的局面。

项羽并非没有智谋，但是缺乏逆境中的耐性，急于取胜心理占了上风，便想了一个糟糕的法子想让刘邦投降。这天，项羽做了一张高腿案板，把刘老爷子搁置在上面，向刘邦喊话说："你现在赶快投降，不然，我就把你老爹煮了熬汤。"刘邦心里不禁有些惊慌，心想："难道项羽真的会把老爹煮了？"这时张良过来，小声说："主公一定不能示弱，项羽要是聪明的话，不会做那种傻事的。再者，您还和项伯约为婚姻，相信他会帮您的……"刘邦定了定神，摆出一副豁出去的样子，也隔空喊话道："我和你曾经一块儿接受怀王的命令，相约结为兄弟，你还没有老吧，这事竟然不记得了？既然是兄弟，我的老爹就是你的老爹。如果你一定要煮了你的老爹，希望你能分给我一碗肉汤。"

刘邦的"流氓逻辑"一下子给项羽找了一个老爹，项羽大怒，马上要杀刘邦的父亲。在一旁的项伯赶紧劝阻说："天下未定，胜负很难料定。再说要夺天下的人是不会在乎家眷的，你杀了刘邦的父亲，对你也没有好处，只会增加祸患罢了。"项羽听了，也觉得杀一个老头子实在对当前局势没什么影响，就顺水推舟，听了项伯的话，命人把刘邦的父亲放了下来。

这个馊主意没有起到任何效果，项羽这时意识到自己拿刘邦没有任何办法，自己曾经是看不起刘邦的，此时却不能制伏他，这让他很闹心。这时，东边战事吃紧，项羽已经没有几个得力的助手，只得自己回击，攻打彭越。临走时，项羽对大司马曹咎说："你们一定要谨慎小心，守住成皋。如果汉军挑战，千万不要应战，只要别让他们东进就可以了。我在半个月内一定能平定梁地，回头再跟你们会合。"曹咎领命，项羽放过刘邦，率兵向东。

刘邦见项羽率领部队去打彭越，立刻派兵向楚军挑战。曹咎牢记项羽叮嘱，就是不出来迎战，刘邦接着挑衅，楚军还是不理。一连好多次，刘邦这边派去挑衅的人都累倒一大片，楚军就是不理睬。

刘邦心想："我就不信你们能有这么大的耐心！"让兵卒大肆辱骂，什么难听骂什么，持续了五六天。终于，在帐中强忍怒火的曹咎难以忍受，几乎气死，于是就把项羽的交代抛到脑后，领兵横渡汜水，打算惩罚汉兵。然而，刘邦密切关注楚军的动向，曹咎的部队刚刚渡到河中央，汉军就倾巢而出，把楚军打得落花流水，缴获了他们所有的金玉财物。大司马曹咎见大势已去，在汜水自杀身亡，楚军又损一名大将。

项羽很快平定了陈留、外黄，攻陷睢阳，听说曹咎被打败，赶紧率军赶回来。汉军这时把楚将钟离眛围困在荥阳东面，听说项羽赶回，立即收缩。项羽赶回荥阳时，汉军已经全部跑到深山老林去了，项羽恨得牙根痒痒。

楚汉对峙，一个想打，一个不愿意打，彼此僵持，难分胜负，空耗着粮食、时间和精力。年轻的兵卒厌倦了长期行军作战的生活，希望早日回到家乡；老弱者运送粮饷，早已疲惫不堪。军中气氛十分沉闷，让人心里都不舒畅。项羽被这种沉闷的局势弄得心烦意乱、焦头烂额，他决定速战速决，决出胜负。

这天，项羽让勇士出营挑战。汉军中有一个叫楼烦的兵卒，善于骑射，每次楚兵挑战，楼烦都把他们射死了。项羽怒不可遏，亲自出营挑战。楼烦搭箭正要射，项羽瞪大眼睛向他大吼一声，楼烦吓得都不敢正视，箭搭在弦上久久放不出去。项羽再吼一声，楼烦转身逃回营垒，不敢再出来。刘邦赶紧问手下怎么回事，才知道原来是项羽。刘邦见识过项羽的威力，虽然两人现在是敌人，刘邦还是觉得项羽是世间数一数二的英雄，这样的想法让刘邦心里有点安慰，起码自己的敌人是世上无人争风的霸王。

在鸿沟两军摆下阵势，汉字旗和楚字旗猎猎生风。刘邦亲自来到阵前，项羽看到刘邦，就隔着广武涧对刘邦喊话说："天下纷纷乱乱好几年了，还不是都因为你我二人。我希望跟汉王挑战，决一雌雄，不要再让天下百姓白白地受苦。"刘邦笑着回绝说："我宁愿斗智，不愿斗力。"接着，刘邦一项一项地列举项羽的罪状：

当初一同受怀王之命，说定了先入关中者在关中为王，你违背约定，让我在蜀汉为王。

你假托怀王之命，杀死卿子冠军宋义，自任上将军。

你奉命救了赵国之危，本应回报怀王，而你却擅自劫持诸侯的军队入关。

入关后你焚毁秦朝宫室，掘始皇帝陵，抢掠秦地财物，中饱私囊。

你不分青红皂白，强行杀掉秦降王子婴。

你采用欺诈手段在新安活埋 20 万秦兵，却封赏他们的降将。

你把各诸侯的将领都封在好地方，却迁移赶走原来的诸侯王，使他们的臣子为争王位而背叛国君。

你把义帝赶出彭城，派人在江南秘密杀死义帝。

刘邦犹如神助，历数项羽罪状，说得酣畅淋漓；项羽的脸一会儿红一会儿白，怒气冲天。

最后，刘邦还做了一个总结发言："你身为人臣，却谋杀君主。你为政不公，不守信约，天下不容，大逆不道。如今我率领义兵和诸侯们来讨伐你这个逆贼，只配让受过刑的犯人动手，无须我来向你挑战！"

就在这时，只听"嗖"的一声，一箭飞出，众人喊："汉王小心！"箭正好射中刘邦，那是楚军事先埋伏的带机关的暗箭。刘邦伤的是胸部，却按着脚趾说："强盗射中了我的脚趾！"手下将领忙上前扶下刘邦，项羽目的没有达到，还被刘邦像数落小孩一样数落，匆匆收兵。

刘邦因受箭伤而病倒了，为了稳定军心，张良让刘邦强行支撑着病体出去巡行，慰劳部队。汉军将士对刘邦的伤议论纷纷，猜测不断，但是见到刘邦像往常一样来营中看望他们，就放下心来。刘邦巡视军营后，病情加重，难以起身，就赶回成皋疗养。

这时关中开始流传刘邦伤重，将不久于人世的谣言，于是张良就建议刘邦伤势轻一点后入关到栎阳，以安民心。刘邦就按照张良的安排到达栎阳，摆设酒席，慰问当地父老，还杀了原塞王司马欣，枭首示众。关中百姓得知后欢欣鼓舞，都盼望汉王早日完成大业。

刘邦在栎阳逗留四天就重新回到军中，把部队驻扎在广武。出关

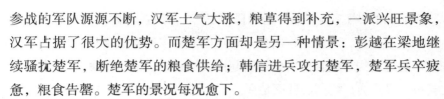

参战的军队源源不断，汉军士气大涨，粮草得到补充，一派兴旺景象，汉军占据了很大的优势。而楚军方面却是另一种情景：彭越在梁地继续骚扰楚军，断绝楚军的粮食供给；韩信进兵攻打楚军，楚军兵卒疲惫，粮食告罄。楚军的景况每况愈下。

刘邦想，该是解救老爹和吕雉的时候了。他先派陆贾去劝说项羽，要求放回自己的父亲，项羽不答应；又派侯公去劝说，项羽才答应释放他们，同意握手言和，与刘邦定下条约：二人平分天下，鸿沟以西划归汉，鸿沟以东划归楚。

跟刘邦打成平手，身为将门之后的项羽心中有点儿遗憾，有种略输的感觉。但是，无赖就是无赖，这次暂且让他一回，留得青山在，不愁没柴烧。项羽条约既签，立即罢兵回走东方。

在楚汉之争中给人留下了"逃跑"印象的刘邦终于吐了一口气，这下可以好好歇着了。当年灭秦的时候，刘邦喜欢和项羽相处，但是心中又害怕和他相处，在很多地方他自叹不如。楚汉之争这几年，刘邦占据优势的时候并不多，时时陷入被动，刘邦甚至想过自己也一把年纪了，就此放弃吧，但是总算坚持了下来。所以，刘邦对这个条约非常满意，对手毕竟是西楚霸王项羽，项羽的实力已大不如前，但是"瘦死的骆驼比马大"，能够从他的手里割出半壁江山，刘邦心满意足。老爹和结发妻子都回来了，自己也可以安安稳稳到关中做王了，刘邦陷入前所未有的轻松之中，听到帐外汉军官兵的笑谈声，刘邦心里美滋滋的，昏昏欲睡。

这时张良、陈平求见。刘邦以为二人是来祝贺的，没想到二人脸上全无喜悦之感，一脸的严肃。刘邦心中一惊，忙问："怎么了？项羽反悔了吗？"陈平说："项羽怎么会反悔？他怕您反悔才对！"刘邦听出话中有蹊跷，马上求助地看着张良，张良说："汉已经占据大半天下，诸侯又都归附于汉；而楚军已兵疲粮尽，现在正是上天亡楚之时，不如索性趁此机会把它消灭。如果现在放走项羽而不打他，可就是养虎为患、放虎归山啊。"

刘邦一听，脑袋瓜子立刻算过账来，一下子坐了起来，暗暗叫苦：

"这哪是和约哟，分明是一份投降书！"连忙说："你们说得对，差点让项羽诓了我，不行，这次我一定把他的老本都要过来！"他立即下令汉军越过鸿沟，从背后向楚军发起偷袭性追击，同时调集韩信、彭越、英布三股兵力，要彻底歼灭楚军。

垓下之战，已成定局

汉五年（前202年）十一月，鸿沟条约的墨迹还没有干，刘邦就撕毁条约。

项羽带着自己的兵马东归，日夜兼程，希望早日到达彭城，休养生息，楚军打了这么长时间的仗，也疲乏了。这日清早，寒风凛冽，项羽出帐，正准备上马，突然有人来报，说是汉王改变主意，派大军追赶过来，项羽听了勃然大怒，大骂刘邦无赖。战无不胜的西楚霸王项羽怎能咽下这口窝囊气，于是传下令去，回头迎击汉军。

楚军回家的梦想又一次破灭了，自然十分恼火，把这一股火都撒在汉军身上，也生出一股力量。两军相遇，刀光剑影，乘胜追击的汉军并没有占到便宜，损失很大，于是刘邦下令退守固陵城，约好日期，等待韩信、彭越的部队前来会合，一举歼灭楚军。

刘邦又一次被楚军团团围住，掘深壕沟坚守。这次被围和原来不一样，原来是自己实力不行，现在是时机未到，刘邦不急不忙，觉得一切尽在掌握之中。但是过了几日，韩信和彭越一点动静都没有，汉军出阵，一次次被楚军打了回来。刘邦着急起来，于是找来张良。

刘邦问："他们怎么都不遵守约定呢，这不是把我往楚军嘴里推吗？这可怎么办？"张良想了想说："这是主公您的问题呀。"刘邦丈二和尚，摸不着头脑。张良接着说："楚军快被打垮了，但是韩信和彭越还没有得到分封的地盘，所以，他们心里肯定有些想法，不来是很自然的。大王要是能和他们共分天下，我相信他们立刻能来。如果您不肯与他们分享天下，那……形势就难以预料了……"刘邦听了心想有道理，看来这两个家伙不来是嫌分的东西太少。

在这个节骨眼上，刘邦当然不能小气了，于是表态："我当然愿意与他们共享天下了，你快说，怎么个分法？"张良说："将陈县以东到海滨一带地方都给韩信，把睢阳以北到谷城的地方给彭越，使他们各自为自己而战，楚军就很容易被打败了。"刘邦一盘算，这地盘可不小呀，但表面上还是痛快地答应说："好，好。"于是马上派出使者送信给韩信和彭越，明确划分封地。

张良说得不错，信到没多久，韩信和彭越就带兵出发了。于是韩信从齐国起程，刘贾的部队从寿春和他同时进发，屠戮了城父，到达垓下。大司马周殷叛离楚王，发动九江兵力，随同刘贾和彭越一起会师在垓下。

形势急转直下，十面埋伏，逼向项羽。

项羽部队在垓下修筑了营垒，兵少粮尽，惨淡经营。深夜，项羽辗转难眠，孤灯独坐，心中越是筹划越觉得这一次劫数难逃。他心中十分烦闷，一个人喝酒，惊动了睡梦中的虞姬。自从彭越不断骚扰彭城，项羽就把宠妃虞姬带在身边。虞姬虽不懂行军打仗，但是以前每次看项羽无论胜败都是胸有成竹，这次却和以往大不同。虞姬起来为项羽披衣，这时，宁静中依稀可以听到歌声，两人仔细一听，原来是汉军营地传来的楚地的歌谣，项羽大惊失色："难道汉军已经完全占领了楚地？怎么汉军营中楚国人这么多呢？"虞姬无言以对。

项羽一下子苍老了许多，酒杯在手中颤动。曾几何时，破釜沉舟，以少胜多，大破章邯军，令各路诸侯将领不敢仰视；曾几何时，3万精兵，将56万汉兵打得落花流水，狼狈逃窜。刘邦是谁？有大丈夫的样子吗？这样的人怎么算是英雄呢？可是，我项羽就要输给他了吗？

项羽越想越心痛，如同被围困在陷阱中的猛兽，满腔悲愤与不甘。"虞姬，你以后该怎么办？"冰雪聪明的虞姬听到项羽的话已经明白大势已去，战乱中一个女人能有怎样的选择？虞姬顿时泪流满面，对项羽说："大王不必忧心，也不必记挂我一个女子，应快快谋划。"说着抽出一把雪亮的短剑，朝自己的脖子一抹，自刎而死。项羽来不及相

救，抱起虞姬，失声痛哭，闻声而来的部下，无不心酸落泪。

当夜，项羽骑乌骓马，带领 800 多骑兵，趁夜突破重围，向南冲出，飞驰而逃。

天快亮的时候，汉军才发觉项羽已逃，刘邦一面命令围剿毫不知情的楚军，一面命令灌婴带领 5000 骑兵追赶。

刘邦稳坐在军帐里，与张良、陈平等谋臣谈笑，"丞相四面楚歌的计策就是好，把项羽都逼得逃跑了……"刘邦平静地夸奖张良，内心却激情澎湃。多少人认为我不是项羽的对手，甚至连我自己也这样认为，但是项羽终究败在我手上了……

项羽渡过淮河，800 壮士能跟上的只剩下 100 多人了。项羽到达阴陵迷了路，还被一个农夫骗了，陷进大沼泽中。农夫为什么骗项羽呢？我们不得而知，总之，项羽走到了末路，天下没有人肯帮他。

几千汉兵追到沼泽，项羽又带着骑兵向东，到达东城，这时就只剩下 28 人。项羽心想这下逃脱不了了，就对他的骑兵说：'我起兵至今有 8 年，打过 70 多仗，所向无敌，几乎没有失过手，所以能称霸天下。到今天这种地步，是天要灭亡我，并不是我不会打仗！今日我必死，想让大家跟着我痛快打一仗。"接下来，项羽为了证明"天之亡我，非战之罪"，确定了三个战术目标：溃围、斩将、刈旗。他把骑兵分成四队，各朝一个方向，旋风般冲入敌阵，杀了一个汉将，汉军一下子就溃败了。这时，汉军骑将杨喜在后面追赶，项羽瞪大眼睛呵斥，杨喜连人带马都吓坏了，倒退了好几里。项羽与骑兵在三处会合，汉军不知项羽的去向，就把部队分为三路，再次包围上来。项羽驱马冲上去，又斩了一名汉军都尉，杀死几十人，聚拢骑兵，仅仅损失了两个人。项王问骑兵们："怎么样？"骑兵门无不佩服得五体投地。

项羽杀出重围，来到乌江边上。乌江亭长停船靠岸等在那里，对项羽说："江东虽然小，但土地纵横各有一千里，民众有几十万，也足够称王啦。留得青山在，不怕没柴烧，希望大王快快渡江。"出乎意料的是，项羽大笑，说："上天要亡我，我还渡乌江干什么！再说，我和江东子弟 8000 人渡江西征，如今没有一个人回来，我又有什么脸面去见他们？"接着项羽就把自己的战马送给了亭长，他却始终不肯渡过乌江。

项羽命令骑兵下马步行，手持短兵器与追兵交战。项羽勇猛非凡，一个人就杀掉汉军几十人，身上也有十几处创伤，他在交战中看到汉军骑司马吕马童，就说："你不是我的老相识吗？"汉军一片沉寂，忘记了厮杀，项羽平静地说："我听说汉王用黄金千斤、封邑万户悬赏我的脑袋，我就把这份好礼送你吧！"说完，自刎而死。

一代枭雄走完了自己辉煌的人生。

项羽死后，楚地全部投降，只有鲁县不降。刘邦率领天下之兵本想屠戮鲁城，但最后考虑到他们为君主守节不惜一死，心中佩服，就让人拿出项羽的头。鲁县见了终于死心，向汉降服。当初，楚怀王曾封项羽为鲁公，项羽死后，鲁县又是最后投降，刘邦按照鲁公封号的礼仪把项羽安葬在十谷城并亲自给他发丧，为自己的敌人流下了惋惜之泪。

第七章

乾坤既定，兔死狗烹

四年的楚汉战争，以楚霸王自刎乌江宣告结束，最终，刘邦统一天下，登上了帝位，并且沿袭了秦朝的制度。然而，他做了皇帝，却无时无刻不担心自己的皇位受到威胁，首先让他如鲠在喉的就是各地的异姓王。于是接下来就上演了一幕幕兔死狗烹、鸟尽弓藏的"好戏"：诛杀韩信，彭越冤死，萧何自污其名才得以保全性命。

刘邦称帝，汉承秦制

 刘邦称帝，定都长安

汉五年（前202年）正月，诸侯王和文武大臣联名上书刘邦，请求刘邦称皇帝："楚王韩信、韩王信、淮南王英布、梁王彭越、故衡山王吴芮、赵王张敖、燕王臧荼，共同请求大王陛下：秦王朝因行无道之政而被天下人推翻。大王先入关中，得秦王子婴，平定三秦，功盖天下，安定万民，救败继绝，功大德厚，又施恩惠于有功劳的诸侯王，使他们能设立宗庙社稷。现在对天下诸侯的分封已结束了，而大王您与诸侯王的位号相同，没有上下的区别。因此，大王的伟德就无法广布于后世，请求大王称皇帝尊号。"

面对诸侯王的上书请求，刘邦推让说："据说帝是贤者的称号，只是徒有虚名并无其实者，不能用。现在诸侯王都推选我，这怎么敢当呢？"于是，一帮诸侯王再次上奏说："陛下以一介平民起义，灭乱秦，声威震动海内；又从僻陋的汉中之地出兵，行威德，诛灭不义之人，平定四海，立下大功。大王的恩德已广传四海，诸侯王的王号已不足道之，愿大王登皇帝之位，以顺应民意，造福百姓。"刘邦说："诸侯王既然以为称帝号有利于天下百姓，那就这样定了吧！"诸侯王、卢绾等大臣300余人，与博士叔孙通一起选择良辰吉日，定于二月甲午日，拥戴刘邦加皇帝尊号。公元前202年二月，汉王刘邦在汜水之阳（今山东定陶境）即位，定国号为"汉"，史称西汉。汉王刘邦称了

帝，王后吕雉便被尊称为皇后，太子刘盈被尊为皇太子，刘邦已经死去的母亲被追尊为昭灵夫人。

刘邦被尊为皇帝，立即行使权力逐步巩固自己庞大的基业。他发布的第一道诏书就是封吴芮和无诸为王，以稳定广大的南方。他下诏说："前衡山王吴芮与两子一侄，带领着南方百粤之地的兵马，佐助诸侯，诛暴秦，伐无道，立有大功，诸侯共议应立他为王，而项羽却加以侵夺，剥夺其王号，称为番君。现在以长沙、豫章、象郡、桂林、南海之地册立番君吴芮为长沙王。"再下一诏说："前粤王无诸世代尊奉粤祀，秦侵夺他们的地盘，使他们社稷不得祭祀。诸侯伐秦，无诸亲自率领闽中的兵力佐助灭秦，项羽却忽视他而不立无诸为王。现封无诸为闽粤王，封以闽中之地。"

吴芮长期为官江南，深得人心；无诸为越王勾践之后，在闽越地区有相当的号召力。刘邦封吴芮、无诸为王，为汉皇朝取得了一个稳定的南方，为以后对异姓诸侯王的斗争打下了基础，这充分显示了刘邦在政治上的深谋远虑。

刘邦在泛水之阳即皇帝位以后，就率领文武百官西至洛阳，决定以洛阳为都城。五月，刘邦遣散士兵回家，以恢复和发展生产，安定社会。他下诏说："诸侯士卒在关中的，免除十二年徭役，回归本土的，免除六年徭役。有的老百姓以前在山泽之间聚居以求在乱世自保，脱离了户口名数。现在，天下已定，应回归原籍，恢复原来的爵位田宅，地方官吏应以文法教育说服而不要鞭笞他们。百姓因为饥饿自卖为奴婢的，一律赦免为庶人。军吏卒逢大赦，无罪的，失去爵位的，及爵位不及大夫的，一律赐爵为大夫。原来是大夫的，一律再加赐一级。凡爵位在七大夫以上的，都让他们食邑，不是七大夫以上的，一律免除他自己及家庭的徭役。"又说："七大夫、公乘以上，都属于高爵。诸侯将士及从军归乡的，很多有高爵。我曾数次下诏官吏，先给予他们田宅，对官吏有所求的应尽快满足。有高爵的人，也属人君，皇帝尚且尊重他们，而地方官吏却藐视他们，这是很没规矩的。先前的时候，秦代爵位至公大夫以上的，县令、县丞都为之行礼。现在，我对于爵位并不轻视，官吏又怎敢这样！况且法律规定，论功劳赏赐田宅，而未曾从军的小吏都已满足，有军功的却反而顾不上，这是守尉长官教导无方。现在命令官吏要善待高爵，以称吾意。有不按诏书办事的，从重论处。"

刘邦登基后的这一诏书，极大地推动了社会生产的恢复、社会秩序的稳定，为新建立的王朝的安定稳固打下了牢固的基础，这也显示出他身为开国帝王的不同寻常的政治远见。

刘邦移驻洛阳以后，派官员修缮宫室，加固城垣，打算长期以此为都城。这时候，齐地人娄敬被征发到陇西戍守，正好经过洛阳，见洛阳大兴土木，知道刘邦想长期定都洛阳。他放下小推车，穿着老羊皮袄，让同乡虞将军代为引见，只说要禀报要事。虞将军劝娄敬换一身新衣服，娄敬坚决不肯，他说："我穿帛衣，就帛衣见刘邦；穿褐衣，就褐衣见刘邦，绝不会换衣服的。"

经虞将军引见以后，刘邦召见娄敬，并问娄敬禀报何事。娄敬问他：'陛下以洛阳为都，难道是想同周代比盛大吗?"刘邦说："确有此意。"娄敬劝刘邦说："陛下得天下并不同于周代。周代先祖后稷，帝尧封之于邰，积德行善一直持续十余代。公刘时避桀于豳，太王因为受到狄人攻伐，所以离开了豳，迁居于岐山之阳，百姓争相跟随。等到文王被封为西伯，决断虞芮之讼，开始受天命称王，太公望、伯夷从海滨前来归附。至武王伐纣，有八百诸侯不约而同在孟津相会，都说商纣可伐，遂灭了商。成王继位为王，周公之属为之傅相，才营造洛邑。因为洛邑是天下的中心，四方诸侯纳贡述职，路途远近平均。有德者则容易为王，无德者也极易灭亡。凡是占据此地的，务必效法周代以德政召致天下诸侯，而不能凭借险阻，使后代骄奢淫逸，以致残害百姓。周代全盛时，天下和洽，四夷宾服，仰慕周朝仁德而争相臣服同天子，不屯一卒，不战一士，八夷大国之民没有不归附的，都竭力为其效命，到了周代衰败的时候，周朝一分为二，天下不从，周天子不能控制，并不是因为恩德菲薄，而是因为形势变化，力量变弱了。陛下从丰沛之地起兵反秦，收拢士卒三千人，以此卷蜀汉，定三秦，与项羽战于荥阳，争夺成皋，大战七十，小战四十，使天下百姓连遭兵祸，父子暴骨于原野，哭喊之声绵延不绝，身体伤残者不得康复，而想同周代成、康之时相比盛大，臣私下里以为不相配。"

然后，娄敬提出了立都关中的建议，他说："秦地有山河之险，关塞之固，猝然事情紧急，百万大军可立待而成。借用秦人的故业，占据肥美膏腴之地，这就是人说的天府之地。陛下若入关而建都于此，关东虽乱，而秦的故地可以保全。与人打架，不扼住喉咙，控制背部，就不可能获胜。若陛下入关而立都，凭借秦代旧地，也就是扼住了天下形势的喉咙而控制住了后背。"

听了娄敬的一番分析，刘邦虽觉有理，但还有疑虑，于是决定召集群臣商议。因为群臣大多是关东人，都说周代立洛阳为都，延续数百年，而秦在关中建都到二世就灭亡了，还是不如在洛阳建都。刘邦决定不下，决定召问谋士张良，想听听他的意见。张良对刘邦说："洛阳虽然东有成皋，西有崤渑，背靠黄河，南向伊洛，地理坚固，然而，地方太小，不过数百里，土地贫瘠，四面受敌，此地不宜用兵。而关中左有崤山、函谷关，右有陇蜀，面积辽阔，沃野千里。南有巴蜀的富饶，北有胡苑的利益；三面险阻为守，仅以东向一面而控制诸侯。天下安定，可以借黄河、渭河之便征运天下粮草，供给京师；若诸侯有变，则可以顺流而下，足以供给。这真是金城千里，天府之国。娄敬所说确实有理。"于是，高祖刘邦采纳了娄敬的建议，即日下令起驾西迁，定都关中。为了表彰娄敬建议迁都关中的功劳，刘邦还赐娄敬姓"刘"，并任命刘敬做了郎中，号为"奉春君"。

汉五年（前202年）后九月，刘邦下令把诸侯之子迁徙到关中，以巩固新都，并下令修建长乐宫。汉六年（前201年）时，刘邦住在栎阳（今陕西临潼），五日一朝见太公，以尽人子之礼。这时，太公的家令对太公说："天无二日，地无二王。太公虽然是父亲，终究是臣下，皇帝虽然是儿子，然而是万民之主，怎么能让人主来朝拜臣下呢？如此下去，威严如何得到应有的尊重？"后来，刘邦再去朝见太公时，太公居然执人臣之礼，到门口迎接，退着走。刘邦大惊，赶忙下车扶着太公。太公对刘邦说："皇帝是万民之主，绝不能因为我一人而改变天下秩序。"

五月，刘邦下诏说："人之至亲，莫过于父子，所以，父亲有了天下则传给儿子。儿子拥有天下，则尊归于父亲。以前天下大乱，万民遭殃，朕披坚执锐，冒着危难平定暴乱，封立诸侯，息兵安民，一切都是因为太公教导有方。诸王、侯、将军、群卿已尊朕为皇帝，而太公没有尊号，现在上太公尊号为太上皇。"

汉承秦制，巩固皇权

刘邦建汉后，首先致力于建立健全汉家的制度。因汉初的制度大都是继承秦朝而来的，所以历史上有"汉承秦制"之说。其实，汉在继承秦制的同时，又根据西汉初年的需要有所变革。在中央，汉初实行的也是"三公九卿"制度，地方则实行郡县制。

除此之外，汉朝还实行封国制，所谓封国制，就是让诸侯王治理封地属国。后来，经过刘邦的清理，汉初分封的七个异姓王，除了长沙王吴芮外，其余都被陆续消灭。此后，汉高祖又分封了九个同姓王，他们都是高祖的子侄兄弟，但此后同姓王仍然叛乱不断。

接着，刘邦通过处理同母异父兄弟季布和丁公来威慑群臣。楚汉之争时，他俩都是项羽大将。季布几次领兵将刘邦打败，丁公也领兵追击过刘邦，但最后放过了他。刘邦做皇帝后，记恨季布打败过自己，就把他抓了起来。但想到自己也需要这样的忠臣来辅佐，就不再记仇，不但放了他，还对他封官加爵。丁公听说后，觉得连季布这样给过刘邦难堪的人都能做官，他这个曾对刘邦有恩的人就更不用说了。不料，他却被刘邦逮捕下狱。刘邦在朝廷上对众臣道："丁公做项羽的将领时不忠，就是他这种人使项王败于我手。"刘邦下令处死了丁公，以警众人要做忠臣，不要学丁公。

在法律思想上，西汉以儒家思想为主，以法家思想为辅，取消秦朝"严刑峻法"的做法，废除连坐法及夷三族，提出了"德主刑辅"，

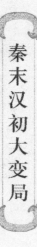

即以教化为主、刑罚为辅，达到宽柔相济、严松相当的统治效果。

由于秦末农民起义的打击，生产受到严重的破坏，社会经济凋敝，农民生活困难。刘邦采取了"休养生息"的政策，减免其徭役，减轻人民的负担，如减轻田租、什五税一、释放奴婢等。这些措施的实行，使百姓得以生息，民心得以凝聚，生产得以发展，国家得以巩固。到高祖刘邦末年时，经济已经明显好转，为平息、反击各少数民族的叛乱、侵扰打下了坚实的基础。

刘邦生于乱世，起兵反抗暴秦，经过一番血战，最终一统天下，建立了大汉王朝。在其统治期间，汉政权建立了一套行之有效的政治体制和经济制度。毫不夸张地说，大汉王朝是中国历史上实力最强大的王朝之一。中国的主体民族——汉族，即是由汉朝开始繁衍而来。由此可见，汉高祖刘邦不仅对汉族的形成做出了巨大贡献，对统一华夏和弘扬汉文化也做出了重要贡献。

封王封臣，制定朝仪

封王封功臣

汉六年（前201年），刘邦登上皇帝宝座以后，决定论功封赏。但是文臣武将整日争功吵闹，甚至拔剑击柱，一年多争执不下。刘邦想封他认为功劳最大的萧何为酂侯，食邑八千户，这引起了将领们的不满，他们说："我们这些武将冲锋陷阵，历战无数，大小各有功劳。而萧何没有在战场上立下赫赫战功，只会舞文弄墨，凭什么封赏在我们之上?"刘邦毫不客气地驳斥道:"你们知道打猎的事吗?"武将不知个中缘由,回答说:"知道。"刘邦又问:"你们知道猎狗吗?"武将说:"知道。"于是,刘邦奚落他们说:"打猎时,若没有猎人指挥猎狗,指示野兽踪迹,猎狗就捕捉不到猎物。现在你们武将攻城略地,犹如猎狗捕捉到了猎物,是功狗;而萧何,就是指挥你们获得猎物的猎人,是功人。而且,诸位只不过一人最多也是两三人随我征战,萧何却向我推荐了数十个随我一起出征的人,功劳是不能忘的。"武将听了这一番"功人""功狗"之论,再也不敢讲话了。

功臣受封定赏后获封侯爵者 100 多人。在讨论上朝位次时,武将们又将曹参抬出来。他们认为,曹参在战场上受伤 70 余处,功劳应位居第一。刘邦没有说话,但心里认为萧何功劳最高。鄂千秋深知刘邦的心意,就起身评赞萧何,为萧何说好话。他说:"曹参虽有攻城略地的功劳,只不过偶尔为之。陛下与西楚霸王项羽相持四年,士兵在失败之后,单身逃跑的就有很多次。然而萧何总能从关中调兵遣将加以增补,陛下并没有下令让萧何增兵援助,有好几次都是萧何调数万兵马刚好解除了陛下手下无兵的困境。汉与楚相拒荥阳数年之久,军中无粮,都是萧何通过水路,接济军粮以使粮草供应充足。陛下数次失去关东,都是萧何守住完整的关中以待陛下,终于成就陛下万世的功业。现在即使失去曹参这样的武将百余个,对于汉并不太缺乏,即使得到了也不一定就会统一天下。怎么能以一日之功而加于万世之功以上呢?还是应定萧何第一,曹参次之。"

刘邦马上表示赞同,立即发布命令,将萧何的功劳位次定为第一,同时允许他可佩带宝剑上殿,入朝不用下跪。为了答谢鄂千秋在关键时刻对萧何功劳的评价,刘邦还晋封鄂千秋为安平侯,增加食邑两千户;同一天,又封赏萧何的父子兄弟十余人,皆有食邑。经过这一番辩论,群臣不敢再争执,开始分封功臣。

在刘邦大封功臣的过程中,刘邦十分赞赏张良在建汉过程中的功绩,要把齐地 3 万户封给张良,但张良婉言谢绝了。他想起自己在秦末战争中与刘邦在留县(今江苏沛县东南)相识,提出"愿封留足矣,

不敢当三万户"，张良以君臣初识，相知弥深的留地请封，其间深义，不言自明。刘邦同意了他的要求，封张良为留侯。

封侯后，张良对人说："我家世代辅佐韩国，韩被秦灭后，曾散尽家财，想为韩报仇，终于如愿以偿。现在能凭借三寸之舌而受封万户侯，已经是一介平民所能得到的最高荣誉了。我既已满足，便当舍弃人间一切富贵，去追寻仙人的踪迹。"张良功成而退，对汉初统治来说，的确是一个大损失。但当汉王朝建立后，原来与汉高祖同甘共苦的重臣和开国元勋，或拥重兵，或居要位，都不啻是对皇权的潜在威胁，君臣之间的矛盾迟早要爆发，张良此举，是远避祸事、保全自身之明智之举。

之后刘邦又封陈平为牖侯。陈平推辞说："这不是我的功劳。"刘邦说："我采用先生的计策，克敌制胜，不是你的功劳，那又是什么人的呢？"陈平说："如果没有魏无知的引见，我怎么能进来拜见你呢？"刘邦说："你这个人，可说是不忘本的人。"于是又赏赐魏无知。

刘邦刚刚把天下平定下来，儿子年纪很小，兄弟又少，根据秦朝因孤立无援而灭亡的教训，他想用大封同姓为王的办法，来镇压和安抚天下。正月二十一，他把原来楚王韩信管辖的地方划分为两国：淮河以东53个县，称荆国，封他的堂兄将军刘贾为荆王；薛郡、东海、彭城等36个县，称楚国，封他的弟弟文信君刘交为楚王。

正月二十七，把云中、雁门、代郡等53个县封给他的哥哥宜信侯刘喜，称代王。他把胶东、胶西、临淄、济北、博阳、城阳郡70几个县，称齐国，封给他还是平民时的外妻生的儿子刘肥为齐王。另外凡说齐国方言的地区，也划给齐国管辖。

刘邦认为韩王信有勇有谋，他领有的韩国，北面跟巩县、洛阳相邻，南面紧接宛城、叶县，东面拥有淮阳，这些地方都是军事要地，刘邦对他很不放心。于是把太原郡31个县划出来，成立韩国，把韩王信调到那里做王，防御胡人，建都晋阳。韩王信上书说："韩国位于北方边陲，匈奴入侵了很多次，晋阳距边关太远，请求把首府迁到马邑。"刘邦答应了。

刘邦已封有功的大臣20多人，其余的人日夜争功，朝廷一时决定不下来，暂时无法进行封赏。刘邦在洛阳南宫，从阁道上望见许多将领常常聚集在一起，坐在沙地上议论纷纷。刘邦问张良说："他们这是在说什么？"张良说："陛下还不知道吗？他们是在图谋造反啊！"刘邦说："天下刚刚安定，是什么缘故使他们还想造反呢？"张良说："陛下从平民起兵，是靠这些人夺取的天下。如今陛下做了天子，但你封赏的都是陛下亲近喜爱的老朋友，诛杀的都是陛下平日怨恨的人。如今军吏计算功劳，认为天下的地方已经不够封赏；这些人担心陛下不能全部封赏他们，又害怕你记起他们往日的过失而杀他们，所以聚集在一起图谋造反。"于是刘邦忧虑地说："这事该怎么办呢？"张良说："陛下往日所憎恨的也是群臣都知道的人，其中你最恨谁？"刘邦说："雍齿和我有旧怨，他几次困窘侮辱我，我想杀他，因为他功劳多，所以不忍心杀他。"张良说："现在您赶快先封雍齿，他们见到雍齿受封，那么对自己会受封就坚信不疑了。"于是刘邦设置酒宴，封雍齿为什方侯，而且他催促丞相、御史赶快评功行封。群臣参加酒宴以后，都十分高兴，说："雍齿还封侯，那我们就不用再担心了。"

就这样，汉初的封王、封功臣的事情在吵闹声中结束，这也让刘邦感到，群臣缺少规矩，不懂礼节，这样就形成不了天下唯我独尊的局面，之后他接受了叔孙通的建议，制定了朝仪。

叔孙通制定朝仪

一向懒散放纵惯了的刘邦对君臣之间很多礼节都不适应，他不愿意受秦始皇所制定的那种严格的繁文缛节的约束，于是就在登基之后，取消了秦朝那些不必要的礼节。但是他手下那些草莽出身的英雄本来就不太守法纪，仗着自己有功，更是忘乎所以，公然在宴会上饮酒争吵，相互邀功，吵得不可开交。更可怕的是，这些人喝醉酒后还大发酒疯，狂呼乱骂，拔剑相击，几乎要动起手来，闹得皇宫里一塌糊涂，天翻地覆。一旦这些人喝醉了，就连一国之君的刘邦也觉得束手无策，毫无办法，对他的权威没有丝毫的畏惧。他这才深刻地意识到战争时期处理问题的办法在建国后已经不再适用了，现在需要的是大力整顿政府，赶快制定出一套新的、更适用的朝法礼仪和礼乐制度。叔孙通对刘邦推荐儒生，说道："儒生，虽然不能夺取天下，但他们却可以守住天下。我愿意到鲁地去，把儒生们征召出来，跟我的弟子们一道，制定朝廷的礼仪。"刘邦自己很担心这些礼节太难，连自己也做不到，就问："大概不会很难吧？"叔孙通说："五帝的音乐不同，三代的礼制也不同。礼仪制度是适应时代、人情而给人们的言论行为做出规范的。我愿意结合古代的礼制和秦朝的礼仪，制定出一套当代的新的礼制。"刘邦说："你可以试着办，但要让大家容易了解，估计在我能做到的情况下去制定它。"

鲁国是先圣孔子的故乡，儒家学说的发祥地。那里浓厚的儒家文化氛围，造就了一代代数不清的儒家英才，使儒学在那里得到一脉相传的发展。叔孙通和其他只会背诵经书、不达时务的儒生不同，也非常善于察言观色，揣摩人的心思。

正是他及时看出了刘邦的心思，才提出制定朝仪，随后他就奉命到鲁地，征召儒生30多人。其中有2个儒生不肯来，他们说："你叔孙通服侍的君主有将近10个了吧，你都是靠当面阿谀逢迎才得到亲近、富贵。现在天下刚刚平定，有些死去的人还没有来得及安葬，受伤的人还卧床不起，你又想制定礼乐了。你走吧！不要污辱了我们。"

叔孙通笑着说："你们真是腐朽的儒生，不懂得时代的变化。"他就带着所征召的30个人往西到京城去。在长安，他带领这30个人，加上刘邦左右有学术修养的近臣和他的弟子，共100多人，在野外进行新的礼仪的演习，进行了一个多月，练习得差不多了之后，他们请刘邦来看，刘邦看了以后说："这个我能做到。"于是他命令臣子们练习。公元前200年，长安城中的长乐宫落成，群臣齐来朝见，第一次实行叔孙通等人制定的汉代礼仪，成为中国历史上最早的有详细史料记载的朝拜仪式。

据史书上讲，这一天天还没有大亮，朝拜皇帝的仪式就开始了。

准备朝见皇帝的文武百官们，一个个披红挂绿，精神抖擞，按照官职的高低，在宫门外排成长队站立等候。廷中陈列着车骑步兵卫队，设置了各种武器和各色旗帜。在一声传呼令中，殿下数百名官员站立在台阶两边，武将立于西边，文官立于东边。刘邦则乘舆出现，百官都举着旗帜，左右侍卫高呼"皇帝驾到"，于是诸侯王以下依次奉贺。刘邦这天也特意打扮了一番，身穿崭新的龙袍，刚整过的胡须微微上翘，面色庄重，威严地看着下面站立两旁的众大臣，场面十分壮观，气氛肃穆。诸侯王、文武百官无不震恐。大礼完毕，又大摆宴席，殿上的臣子们都俯身俯首、毕恭毕敬地按照尊卑的次序先后上朝。

朝拜完毕，汉高祖要赏给大臣们饮法酒，大臣们把酒杯举到跟自己额头一样的高度，齐说道："谢酒！敬祝皇帝万寿无疆！"这个万寿无疆，就是长生不死的意思，酒的量也很少，只是为了礼仪上的需要而已，绝不许喝醉，所以称为"法酒"。在朝拜过程中，御史负责检查，凡是在礼仪上出了差错的就要被卫士们带走。大臣们再也不敢像以前那样随便和皇帝吵闹了，他们一个个都做得十分认真，唯恐出了差错而被带下去。整个宴会自始至终都秩序井然，没有人再敢任意地在此时高声喧哗。

刘邦看到这种情景，不禁感慨道："今天才知道做皇帝的尊贵啊！"于是龙颜大悦，封叔孙通为太常，专职制定礼仪。这时，叔孙通趁机进谏，为参与制礼作乐的弟子们和儒生们求官。素来看不起儒生的刘邦在高兴之余，接受了叔孙通的请求，拜封儒生为郎。先前不理解叔孙通，甚至埋怨他的儒生们也终于心悦诚服，称赞他是圣人。

叔孙通后来官至太子太傅，他在太子的改废问题上誓死捍卫太子，影响了刘邦的一些决策，为太子刘盈登上皇位立下大功。惠帝刘盈继位后，叔孙通继续担当太常之职，所以汉初的各种礼仪制度，全部出自叔孙通之手，司马迁曾评价叔孙通为"汉家儒宗"。纵观叔孙通一生的为人处世和他的功业，这样的评价是十分准确的，叔孙通和他的弟子确实可以称得上是汉代儒学的先声了。

白登之围，和亲匈奴

白登被围，巧计脱困

韩王信出身旧贵族，祖上为战国时期的韩襄王。秦末，汉高祖率军征战于河南，韩王信投奔汉王刘邦。刘邦占领关中后，拜他为大尉，让他率军攻打韩国故地，并在不久后赐封他为韩王。但是，韩王信在荥阳战败后，投降了楚军，很快又逃回汉营。刘邦没有计较，再次赐封他为韩王。此后，韩王信追随刘邦东征西战，功劳卓著。刘邦称帝后，韩王信被封在颍川。

后来，刘邦认为颍川是军事重地，担心韩王信日后反叛，便借口防御胡人，将其封地改为太原。韩王信上书刘邦，请求把都城定在马邑，得到批准。

不久，匈奴的冒顿单于带领大军包围了马邑。面对匈奴大军，韩王信自认无法抵挡，便向冒顿求和。刘邦得到这个消息后，开始对他有所猜疑，随后派使者前去责备韩王信。韩王信害怕汉高祖治他的罪，便投降了匈奴，此后竟然联合匈奴大军攻打汉朝边境，一直打到了太原。

汉高祖亲率大军出征，很快便击败韩王信，韩王信逃至匈奴人那里。其部将曼丘臣和王黄拥立赵国后裔赵利为赵王，继续率领韩王信的残兵反叛。冒顿单于派左右贤王领骑兵与王黄军联合，驻扎在广武以南至晋阳之间，企图阻止汉军北进，但被汉军打败，随后，又在离石被汉军击败。不久，汉军再次战胜匈奴军。

见汉军数次大败匈奴军，刘邦便准备北进，一举消灭匈奴。为了做到知己知彼，刘邦派出特使侦察敌情。特使回来报告说，敌方都是老弱残兵，不堪一击。刘邦仍不放心，再派刘敬前去观察。刘敬回来说："我看到的全是老弱残兵，但陛下想想，如果真是残弱不堪，他们怎么可能出兵呢？可见，他们是要引诱我们攻击，然后伏兵四起。所以我认为对匈奴绝对不可采取军事行动。"刘邦不认可刘敬的分析，认为此时敌兵羸弱，正好乘势攻击。但刘敬坚决反对出兵，于是，刘邦便下令将刘敬下狱。

果然不出刘敬所料，冒顿故意把老弱残兵暴露在外，而将精兵隐蔽起来，就是为了引诱汉军出兵。汉高祖以为敌军都是老弱残兵，他率领先锋军到达白登山时，汉军主力尚未赶到。正在这时，冒顿率领10万精锐骑兵突然杀出，把汉军重重包围。

汉高祖被围七天七夜，汉军内外不能接济，当时正值冬季，寒风凛冽，汉军冻伤、饿死者甚多。这时，陈平探知冒顿的王后十分受宠，于是决定利用她，他派使者带黄金、珠宝去密会王后。王后见到如此多的奇珍异宝，马上沉醉其中。接着，使者又拿出一幅美女图，请王后转交给单于。王后见画上女子十分美貌，马上心生妒意，问使者："此是何意？""汉朝皇帝被困在这里，想和单于化干戈为玉帛。我此番前来，就是想让王后在单于面前多多美言，但又担心单于拒绝，便准备将我大汉最漂亮的女人送给单于。但此女尚未赶到，所以将其画像先行送上。"使者巧妙地答道。王后闻听气愤不已，说："单于根本不会喜欢此女，你们不用献。"使者说："我们皇上说，如果将我朝第一美人献给单于，就可能使单于不再宠爱王后。但是，我们不这样做，就无法脱离困境。当然，如果王后有办法让我们突出重围，那我们就决不会把美人献给单于。"王后害怕失宠于单于，便答应了汉使的请求。

于是，王后对冒顿说："据说赶来救驾的汉朝大军明天就会到。"单于有些不信，问："此话当真？"王后说："当然，我们将汉朝皇帝困于白登山，汉军必会前来救驾。到那时，即使大王大败汉军，占据其城，也会因不适应当地生活而撤军；而大王若败于汉军，汉军为外夹攻，我们必死无疑。"说完恸哭不止。单于见状便犹疑起来，问："那本王该怎么做呢？"王后道："汉军困于此处已经七天，但却毫不混乱，汉朝皇帝必然是有神灵保护。大王若逆天而行，困死汉帝　就会受到上天惩罚。现在，我们让他活命，便可避免灾难临门。"次日，冒顿便下令弃守一个城角，汉军才脱围而出。刘邦回到军营后，马上特赦刘敬，并加封他为关内侯。

汉与匈奴和亲

刘邦北伐匈奴遭白登之围以后，匈奴更加紧了对汉朝北部边境的侵扰。汉八年（前199年），刘邦向刘敬请教对付匈奴的方略。刘敬为刘邦分析基本情况：汉皇朝刚刚建立，天下初定，士卒苦于战事，百姓也饱尝战乱之苦，百业待兴。匈奴是一个武力强大的游牧民族，用武力战胜他们相当困难。刘敬向刘邦提出了"和亲"的建议，劝刘邦将长公主嫁给匈奴冒顿单于为阏氏，另外把一定数量的金、帛、絮、缯、酒、米、食物等奉送匈奴，同时开放关市，准许两族人民交易。汉与匈奴约以长城为界，北面游牧地带，归单于管领，汉朝天子统治南面"冠带之室"农耕民族。汉匈双方各守边界，互不相扰。

高祖刘邦准备派遣长公主出嫁匈奴。吕后日夜哭泣，对刘邦说："臣妾只有太子和这个女儿，况且已经嫁了人，怎么能忍心弃之匈奴。"刘邦决定不下，未能立即实施刘敬的建议。

汉九年（前198年），为了缓和北部边境的紧张形势，刘邦决定实施刘敬的建议对匈奴的和亲政策。他命刘敬为和亲使者，将称为长公主的宗室女嫁与冒顿单于为阏氏，并携大量絮、缯、酒、米、食物等，与匈奴单于约为兄弟以和亲。

刘敬出使匈奴归来以后，向刘邦建议说："匈奴白羊、楼烦王，最近的离长安只有700里，轻骑一日一夜就可来到秦中。由于长期战乱，秦中残破，土地肥沃而人口稀少。希望迁徙关东大族齐诸田、楚昭、屈、景等到关中，既可对付匈奴，又对关东广大地区实行控制，是一个强本弱末的好办法。"刘邦采取了这个办法，迁徙齐诸田和楚昭、屈、景、怀诸大族和豪杰之士共有10余万口到关中。

刘邦为打击匈奴、加强北部边防，将名将周勃、樊哙等多次派出，对叛逃匈奴的汉降将韩王信、陈豨、卢绾进行打击，并将韩王信和陈豨杀死。刘邦还把自己的儿子刘恒封为代王，刘建封为燕王，以功臣宿将为辅佐，让他们在北部边防前线驻扎大军，对匈奴进行积极防御。

白登之围后实行的和亲政策，尽管是在汉、匈力量对比对汉朝不利的情况下实行的，带有某种屈辱色彩，但由于和亲政策的实行，使和平一直成为汉、匈关系的主流，使汉、匈两个强大民族之间避免了大规模战争的发生，从而使汉朝获得了一个宝贵的恢复经济、发展生产、人民有较长时间休养生息的和平环境。

韩信遭诛，彭越冤死

成也萧何，败也萧何

汉高祖刘邦与匈奴订下和亲之约，北部边地的紧张局势稍微缓和，来自匈奴的威胁暂告缓解。于是，刘邦集中主要力量，剪灭异姓诸侯王，以进一步加强汉王朝的统治。

汉初之所立异姓诸侯王，不过是一个权宜之计。这些异姓诸侯拥有一定的兵力，据有连城数十的封地，对汉朝是一种威胁。当汉王朝的封建统治秩序初步恢复之后，便开始了一场削夺异姓王权力的斗争。

这场政治斗争始于汉高帝六年（前201年），至汉高帝十二年（前195年）止，前后共7年时间。刘邦剪除异姓诸侯王，轻者削夺封号，重者夷灭三族，而首当其冲的，就是那位"勇略震主"的韩信。

韩信自齐徙封楚地，于汉高帝九年（前198年）春正月，在下邳正式当上楚王。项羽兵败后，他的逃亡将领钟离昧因平素与韩信关系很好，就投奔了韩信。刘邦记恨钟离昧，听说他在楚国，就下令楚王逮捕他。那时韩信初到楚国，到各县乡邑巡察都派军队戒严，寻找钟离昧的官差几乎无法下手，到楚地处处受到约束。有人据此上书，告发韩信要谋反，但是仅凭上述这两条，不足以作为谋反的罪证。而且除上告者外，没有人知道这件事，包括韩信本人也不知道。因此刘邦就此事询问大臣们的意见。一些将领主张发兵攻楚，击杀韩信。陈平的意见恰恰与此相反。他认为：楚王韩信能征善战，兵多将广。如果发兵攻楚，韩信即使没有反叛之心，也会起兵叛乱，到时候如果各地诸侯起来响应，打起仗来，后果难料。陈平献计让刘邦假装到云梦（今湖北应城南）游玩，并在陈地（今河南淮阳）约见各位诸侯，到时看韩信的举动，如果不来，就说明有反叛之心，大可名正言顺举兵诛之；如果韩信来了，可见机将其捕获，无须大动干戈。

韩信当然知道刘邦此次的目的，但如果不去，岂不被戴上谋反的帽子。后来经过深思熟虑，认为自己无罪，为什么不去呢，但又怕被擒，这时有人向韩信建议："杀了钟离昧去拜见汉高祖，高祖必定高兴，也就不用担心祸患了。"韩信把此事与钟离昧商议，钟离昧说："刘邦之所以不攻打楚国，是因为我在你这里，如果想逮捕我去讨好刘邦，我今天死，随后亡的定是你韩信，看来你也不是位德行高尚的人。"结果钟离昧自杀而亡，韩信持钟离昧首级去拜见刘邦，当即遭到逮捕，韩信如梦初醒，叹道："果然像人们说的'狡兔死，走狗烹；飞鸟尽，良弓藏；敌国破，谋臣亡'。现在天下已定，我韩信也该死了！"刘邦回到洛阳，因韩信谋反的证据不足，只是削夺他的楚王封号，贬为淮阴侯。

韩信自从被削夺封号之后，随即移居长安。他因刘邦记恨自己的才能，终日闷闷不乐，从此常常称病，不再参加朝拜。刘邦见韩信在长安城，不理朝政，心安不少。有一次，刘邦与韩信论及诸将统兵的能力。刘邦问他："你看我能带多少兵？"韩信回答说："只能带10万。"刘邦又问："你能带多少？"韩信说："我多多益善。"刘邦取笑说："多多益善，为何被我擒获？"韩信说："陛下不能带兵，善于带将，这是我被擒的原因。"这一席绝妙的对话，多少道出了刘邦善于用人的卓越才能，也说出了刘邦与异姓王之间的微妙关系，更是显示出了韩信狂傲的个性。当边将陈豨叛乱事件发生之后，他终于陷入了悲剧性的绝境。

在韩信被贬之后，部将陈豨被封为巨鹿郡郡守，他前来向韩信辞行。韩信屏去左右，拉着陈豨的手走到屏风后面说："你我可是兄弟吗？我有话想和你讲。"陈豨表示一切听从将军的命令。韩信说："此次调你所去的地方，是聚集天下重兵的地方，这样是容易引起别人怀疑的，当然，你是陛下亲信宠爱的臣子，如果有人说你谋反，陛下一定不会相信；如果再有人告你谋反，陛下难免就会产生怀疑；如果第三次有人告你谋反，陛下定会大怒而亲率军队征讨。如果发生这样的事情，我为你在京城做内应，就可图谋天下了。"陈豨平素就了解韩信的才能，相信他的计谋，表示一切听从韩信的指示。

陈豨到了代地，招募大量门客，而且待门客不拘礼数。有时也途经赵国，门客随行者千余乘。有人见陈豨的宾客如此之盛，又在外统兵多年，唯恐图谋不轨，便将情况告诉刘邦。刘邦经过反复查验，果然发现他的门客有不法行为。陈豨知道后十分恐惧，暗中派门客与韩信的部将王黄、曼丘臣取得联系。汉高帝十年（前197年）九月，陈豨与王黄等发动叛乱，并自立为代王，发兵攻打赵、代地区。刘邦亲自率兵前去征讨，韩信称病不随高祖出征，暗地里派人到陈豨处联络，要陈豨只管起兵，自己定从京城策应。韩信与家臣谋划：可以在夜里假传圣旨，释放那些在官府中的囚徒和官奴，然后率领他们去袭击吕后和太子刘盈。部署已定，只等陈豨方面的消息。这时韩信的一位门客得罪了韩信，韩信囚禁了他并准备杀他，于是门客的弟弟向吕后告

发韩信谋反的情况。吕后对此深信不疑，原想召韩信进宫，又担心韩信不肯从命。因此，吕后与萧何共谋，骗韩信说刘邦已经得胜，陈豨已经被杀，令列侯君臣进宫庆贺，萧何对韩信有知遇之恩，亲自去将韩信请来，并且说："虽然你终日有病，也该去庆贺一番啊！"韩信相信萧何，结果被吕后抓获并杀于长乐宫钟室。最后，韩信被诛灭三族，一代名将落得如此下场。

继战国孙武、白起之后，韩信是最为卓越的将领，他是中国战争史上最善于灵活用兵的将领，他在拜将时的一番话成为楚汉战争胜利的根本方针。他一人之下，万人之上，率军出陈仓、定三秦、破代、灭赵、降燕、伐齐，直至垓下全歼楚军，其中无一败绩，天下真敢与之相争。但最终死于妇人之手，后人评价韩信"成也萧何，败也萧何"，这或许就是韩信的命。

梁王彭越被碎尸

汉高帝十年（前197年）秋，陈豨据代地反叛汉朝。刘邦亲自率师前去征讨，至邯郸，为了进剿陈豨，同时派使者到梁征兵。刘邦显然是为防止彭越趁机反叛而对他严密监护。彭越称病不从，因为怕遭到刘邦的暗算，他只派了一个将军率兵赶赴邯郸讨伐陈豨。刘邦恼恨彭越未能亲自带兵前来会战，派人去责备彭越。彭越非常害怕，打算亲自到邯郸谢罪。彭越手下的将军扈辄建议说："君王刚开始不去会战，受到责备以后才去谢罪，去了必是大祸临头，不如发兵反叛。"然而梁王彭越并没有采纳扈辄的建议，而是继续称病。

梁国的太仆犯罪激怒了彭越，彭越想杀了他。梁太仆就从梁逃到邯郸，向刘邦密报说梁王彭越与将军扈辄合谋反叛。刘邦抓住这个把柄，派使者在彭越毫无察觉的情况下，将他擒获，押送洛阳加以囚禁。司法官审讯彭越后，结论是："反叛已经形成事实，请按有关法律处死罪。"刘邦削去梁王封号，将其贬为庶人，给他留了条命，流放到蜀地的青衣（今四川临邛）。

彭越被贬为庶人以后，路上满腹冤屈，行至郑（今陕西华县），适逢吕后路经此地。彭越向吕后诉说自己并无罪过，实在冤屈，请求吕后在刘邦面前为自己开脱，自己只想回到老家昌邑做一个平民百姓。吕后假装答应了他的要求，与彭越一起回到洛阳。

吕后将彭越带回洛阳以后，却对刘邦说："像梁王彭越这样的壮烈之士，将他流放到蜀地，就是给自己埋下祸根呀，不如就此杀了他。"刘邦让吕后全权处理。吕后即刻命令彭越的舍人出来诬告彭越再次谋反，彭越被廷尉王恬开依照吕后的指令定成夷灭宗族的大罪，刘邦批准了这个定刑。梁王彭越被处死以后，骨肉被剁成肉酱，遍赐诸侯王。淮南王英布接到梁王彭越的肉酱以后，面如死灰，兔死狐悲之心油然而生。

梁王彭越的大夫栾布出使齐国，回来后，在彭越的头颅下奏报，祭祀后痛哭一场。官吏将他逮捕，报告给刘邦。刘邦召来栾布，痛骂一番，想煮死他。侍卫正提起他要投入滚水中，栾布回头说："请让我说句话再死。"刘邦便问："你还有什么话？"栾布说："当年皇上受困于彭城，战败于荥阳、成皋之间，而项羽之所以不能西进，是因为彭越守住梁地，与汉联合而使楚为难。当时，只要彭越一有所偏向，联楚则汉败，联汉则楚亡。况且垓下会战，没有彭越，项羽就不会灭亡。如今天下已经平定，彭越接受符节被封为王，也想传给子孙后代。但陛下向梁国征一次兵，就因彭越有病不能前来疑心他造反；未见到反叛迹象，便以苛细小事诛杀了他，我担心功臣们会人人自危。现在彭越已经死了，我活着也没多大意义，请煮死我吧！"刘邦认为栾布之言有理，便赦免了他的罪，封他为都尉。

在汉军系统中，独立指挥军队同项羽作战，并立下大功的，首推韩信，次属彭越。不过，彭越同韩信一样，是抱着追求富贵功名利禄特别是兴宗耀祖、裂地为王的思想参加到秦末战争和楚汉战争中去的。随着其力量的发展和功劳的增加，其政治野心和要求不断膨胀，同他们的最高首领的矛盾也逐日加大。刘邦遭围困时彭越不去助战，刘邦因此而心中大为不满。后来刘邦率汉军主力追击楚军时，又因彭越按

兵不动而吃了败仗。虽然后来刘邦封彭越为梁王，但除掉彭越的决定已经深植刘邦心中，而彭越当时毫无察觉。

自始至终，虽然彭越并没有反叛，甚至没有反叛的想法，但他拥有的庞大封地和权力以及他的军事才能和军事力量，都严重威胁着君主专制的中央集权，这些人一日不除，天下就一日不宁。从这点说，梁王彭越和楚王韩信的悲剧都是必然的。

英布谋反，萧何污名

淮南王英布起兵谋反

汉高帝十一年（前196年），淮阴侯韩信被吕后诛杀，英布心中十分恐慌。这年夏天，梁王彭越又被汉王杀害，做成肉酱，赐给各个诸侯。当肉酱送到淮南时，正在打猎的英布大为恐慌，偷偷派人将军队聚集，随时注意邻郡的意外警报。

英布有个宠姬生了病，在医生家就医，那医生家正好跟中大夫贲赫是对门。贲赫就竭尽全力讨好这个宠姬，还请她喝酒。宠姬回来侍候淮南王，闲谈时谈到贲赫，称赞他是仁厚的长者。英布大怒："他是一个长者，你又如何知道？"宠姬便禀告了她与贲赫往来的情形，英布便怀疑他们之间有苟且行为。贲赫知道这事后很恐惧，便称病不出。英布见状更怒，想拘捕他。贲赫便扬言有变乱，乘传车赶往长安。英布派去的人没有追上他。贲赫上书刘邦，说英布有谋反迹象，应杀掉他。刘邦看了他的上书后，跟萧何商量。萧何说："这恐怕是他的仇

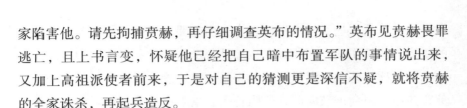

家陷害他。请先拘捕贲赫，再仔细调查英布的情况。"英布见贲赫畏罪逃亡，且上书言变，怀疑他已经把自己暗中布置军队的事情说出来，又加上高祖派使者前来，于是对自己的猜测更是深信不疑，就将贲赫的全家诛杀，再起兵造反。

英布造反的消息一传到长安，高祖就赦免了贲赫，且封他为将军。高祖召集各诸侯，问道："应该如何处置英布？"众人都说："应该发兵讨伐，活埋这小子。他怎么能这样做？"汝阴侯滕公就此事请教他的门客薛公，薛公说："英布谋反是必然。"夏侯婴问："皇上割地给他，又赐爵位让他称王，他为什么还要造反呢？"薛公回答道："皇上前不久杀了彭越，再早些还杀了韩信，他们三人，是功劳相同三位一体的，他一定会担心自己也要大祸临头，所以便要造反。"夏侯婴将此话告诉刘邦，刘邦于是传来薛公。薛公对刘邦说："英布造反不足为怪。但是，如果他采用上策，崤山之东便不再是汉朝的了；如果他采用中策，将很难预料双方的胜负；如果他采用下策，那么陛下就可以高枕无忧了。"刘邦问："什么是他的上策？"薛公回答说："向东攻取吴地，向西夺占楚地，吞并齐地，占据鲁地，传令给燕、赵让他们固守本土，那么崤山以东就要归他所有。""什么是他的中策？"刘邦再问。"向东攻取吴地，向西夺占楚地，吞并韩地，占据魏地，掌握敖仓的储粮，阻塞成皋通道，这样就与陛下难分胜负了。""什么是他的下策？""向东攻取吴地，向西夺占下蔡，然后把辎重送回越地，自己回到长沙，那么陛下就可以高枕无忧了。"刘邦又问："他将会使哪种计策呢？"薛公说："必用下策。"刘邦问："为什么他会采用下策而舍弃上、中策呢？"薛公答道："英布这个人，原是个骊山的刑徒，王位是他自己奋力爬到的，这些都使他只顾自身，不顾他人，更不会为老百姓做长远打算，所以说他必采用下策。"刘邦下令封薛公一千户，又立皇长子为淮南王。

当时，刘邦正有病，想把攻打英布的任务交给太子刘盈。太子的宾客东园公、绮里季、夏黄公、角里先生劝建成侯吕泽说："太子统领大军，立了功也不会再升迁了，没有功劳便会从此受祸。你何不赶快去请求吕后，让其寻求机会在皇上面前哭求说：'英布是天下闻名的猛将，擅长用兵。而我方众将却是曾经与陛下称兄道弟的故人，若让太子指挥这些人，无异于让羊去驱使狼，没人听命于他。况且假使英布知道，便会击鼓向西，长驱直入。皇上您如果带病上帷车指挥战斗，躺着指挥，众将领一定会为您效命。皇上虽然劳苦，为了妻子儿女还是要自己振作一下！'"于是吕泽立刻连夜求见吕后。吕后乘机流泪对刘邦哀求，说出了四位宾客的意思。刘邦说："我就知道这小子不配派遣，还是我自己去吧！"

这样刘邦亲征大军向东进发，留守朝中的群臣都送行到灞上。留侯张良生了病，也强撑起身子，来到曲邮，谒见高祖说："我本应随您出征，但实在有重病在身。英布那些楚国人剽悍凶猛，皇上要记住硬拼不是取胜之道啊！"又建议刘邦让太子为将军，监督关中军队。刘邦说："张先生虽然有病在身，请勉强辅佐太子。"当时，叔孙通是太子的太傅，张良代理少傅之事。刘邦又下令征发上郡、北地、陇西的车骑兵，巴蜀两地的材官及京师中尉的军队3万人，驻扎在灞上，作为皇太子的警卫部队。

英布造反之初，对他的将领说："皇上老了，讨厌兵事，肯定不能来。他的大将中，我只怕韩信、彭越，但他们现在也都死了，其他人则不值得担心。"所以决心反叛。他向东攻击吴地的荆王刘贾，如薛公所言，刘贾败亡死在富陵。在英布胁迫下，刘贾的全部兵士涯过淮河攻打楚王刘交。刘交发兵在徐县、僮县一带迎战，他把军队分为三支，想以互相救援出奇制胜。有人劝说楚王道："英布善于用兵，众人一直很怕他。何况兵法上说：'诸侯在自己领土上作战，士兵极易逃散。'现在楚军分为三支，敌军只要打败一支，其余的就会逃跑，怎么能互相援救呢！"楚王不听，结果英布攻破一支军队，另两支果然一哄而散，英布于是引兵西进。

汉高帝十二年（前195年）十月，刘邦与英布的军队在蕲西对阵。英布军队十分精锐，刘邦便坚壁固守庸城。远远望去，英布军队的布阵如同当年的项羽军队，刘邦心中甚是厌恶。刘邦与英布二人可远远望见，刘邦质问英布："你何苦要造反？"英布回答说："想当皇帝而已！"刘邦怒声斥骂他，于是双方大战。英布的军队败退而逃，渡过淮河，几次停脚也是屡战屡败。他只好与100多人逃到长江南岸，刘邦便另派一员将军继续追击。

刘邦凯旋，路过沛县，停下，在沛宫举行酒宴。召来旧友、父老、儿女长辈、家族子弟陪同饮酒，共叙旧情，欢笑作乐。酒喝到畅快时，刘邦自己作歌，欣然起舞，唱到慷慨伤怀之时不禁潸然泪下。刘邦对沛县父老兄弟说："游子悲故乡啊！我以沛公的名义起事诛灭秦朝暴逆，夺取了天下。现在把沛县当作我的汤沐邑，免除县中百姓的赋役，世世代代不予征收。"刘邦在沛县畅饮10余天后，方才离去。

汉朝将军在洮水南、北追击英布残军，大获全胜。英布曾与番君吴芮结有婚姻之好，所以长沙成王吴臣便以想和他一起逃到南越为饵诱骗英布。英布果然相信，随之而去，结果在布兹乡农民田舍被番阳人杀死。

🏵 自污其名，明哲保身

萧何是西汉初期的大政治家，"汉初三杰"之一。汉代建立后，以他功劳最高被封为"酇侯"，位次第一，食邑八千户。汉高帝十一年（前196年）又协助高祖消灭韩信、英布等异姓诸侯王，被拜为相国。

萧何计诛韩信后，刘邦对他更加恩宠，除对萧何加封外，还派了一名都尉率500名兵士做相国的护卫，真是封邑晋爵，圣眷日隆。众宾客纷纷道贺，喜气盈门，萧何自是相当高兴。这天，萧何在府中摆酒席庆贺，兴高采烈。突然有一个名叫召平的门客，身着素衣白履，昂然进来吊丧。萧何见状大怒道："你喝醉了吗？"

这位名叫召平的人，原是秦朝的东陵侯，秦亡后隐居长安城外家中种瓜，瓜味极甘美，时人称他为"东陵瓜"。萧何入关，闻知他的贤名，召至幕下，每有行事，便找他计议，获益匪浅。今天，他见萧何仍未领会他的意思，便说："公勿喜乐，从此后患无穷矣！"萧何不

解，问道："我进位丞相，宠眷逾分，且我遇事小心谨慎，未尝稍有疏虞，君何出此言？"召平说道："主上南征北伐，亲冒矢石。而公安居都中，不与战阵，反得加封食邑，我揣度主上之意，恐怕是在怀疑公，公不见淮阴侯韩信的下场吗？"萧何一听，恍然大悟，猛然惊出一身冷汗。次日早晨，萧何便急匆匆入朝面圣，力辞封邑，并拿出许多家财，充入国库，用作军需，汉帝刘邦果然十分高兴。

第二年秋天，英布谋反，刘邦亲自率兵征讨。他身在前方，每次萧何派人运送军粮到前方时，刘邦都要问："萧相国在长安做什么？"使者回答，萧相国爱民如子，除办军需以外，无非是做些安抚、体恤百姓的事。刘邦听后，总是不再说话。来使回报萧何，萧何亦未识汉刘邦何意。一日，萧何偶尔问及门客，一门客说："公不久要灭门抄斩了。"萧何大骇，忙问原因。那门客接着说："公位到百官之首，还有什么职位可以再封给你呢？况且您一入关就深得百姓的爱戴，到现在已经10多年了，百姓都拥护您，您还不断地想尽方法为民办事，以此安抚百姓。现在皇上之所以几次问您在做什么，就是害怕您借助关中的民心所向有什么不轨行动啊！试想，一旦您乘虚号召，闭关自守，岂不是将皇上置于进不能战、退无可归的境地？如今您何不低价强买民间田宅，故意让百姓骂您、恨您，制造些坏名声，这样皇上一看您也不得民心了，才会对您放心。"萧何听从了门客的建议，刘邦知道后果然变得高兴起来，一场弥天大祸烟消于无形。

萧何何尝不明白，对于一般的小官吏，刘邦并不怕他们有反心。所以，一有贪赃枉法行为，必遭严惩。对于自己这样的大臣，皇帝主要是防止他们有野心，对于贪赃枉法那些小事，反而是无足轻重了。为了释去主上的疑忌，能够明哲保身，萧何不得已违心地做些侵夺民间财物的坏事来自污名节。不久，萧何的所作所为就被人密报给了刘邦。果然，刘邦听后，像什么事也没发生一样，并不查问。当刘邦从前线凯旋时，百姓拦路上书，控告萧相国强夺、贱买民间田宅，价值数千万。刘邦回到长安后，萧何去见他时，刘邦笑着把百姓的上书交给萧何，意味深长地说："你身为相国，竟然也和百姓争利！你就是这样'利民'吗？你自己向百姓谢罪去吧！"刘邦表面上让萧何向百姓认错，补偿田价，可内心里却暗自高兴，对萧何的怀疑也渐渐消失。

镇国家、抚百姓的萧何，违心地干了侵害百姓利益的事情，心中相当愧疚，总想找机会补偿百姓。不久，萧何看到长安一带耕地很少，百姓缺衣少食，可是天子的上林苑中却有许多闲着的荒地用来放养禽兽。萧何觉得太可惜了，便上奏请皇上把这些荒地分给百姓去耕种，收了庄稼留下秸秆照样可以供养禽兽。汉高祖刘邦当时正在病中，见此奏章，一怒之下，下令将萧何逮捕入狱。

满朝文武以为萧何一定是犯了大逆不道之罪，怕连累自己，都不敢替他申辩。幸好一个名叫王卫尉的人，平日敬重萧何的为人，在侍卫刘邦时顺便向刘邦探问："萧相国犯了什么大罪？"刘邦余怒未消，道："休要提他？提起他朕就生气。当年李斯为秦相时，做了好事都归君主，出了差错就揽在自己身上。现在萧何受了商人的许多贿赂，竟要求我开放上林苑给百姓耕种，这分明是想取悦于民，自己得个好名声嘛，不知道把我看成是什么样的君主了！"王卫尉闻言奏道："陛下未免错怪丞相了。臣闻百姓丰衣足食，君上的欲望也不会得不到满足，相国为民兴利，化无益为有益，正是丞相调和鼎鼐应做的职务。民间百姓感激，断不会感激丞相一人，因为有这样的良相，必是贤明之君主选用的。还有一层，丞相如有野心，当年陛下在外征战数年，他那时候不费吹灰之力便可坐拥关中，何至反以区区御苑示好百姓，而去收买人心呢？"王卫尉见刘邦认真在听，顿了一下，继续说道："前秦灭亡，正因君臣猜忌，才给了陛下机会。陛下若疑忌萧丞相，不但浅视了萧何，也看轻了陛下自己呀。"刘邦听了，心里虽然很不高兴，但想想王卫尉的话毕竟有道理，于是挥挥手，当天就命人放了萧何。

萧何当时年纪已经很大了，见刘邦开恩释放了他，更是诚惶诚恐，谨慎恭敬，就光着脚徒步上殿谢恩。刘邦见萧何如此狼狈，心里也有些不是滋味，便安抚萧何道："相国不必多礼！这次的事，原是相国

为民请愿，我不允许。我不过是夏桀、商纣那样的无道天子罢了，而你却是个贤德的丞相。我之所以关押相国，就是要让百姓知道你的贤能和我的过失啊！"刘邦的这段话虽然言不由衷，但终于还是承认了萧何的廉政为民。从此以后，萧何对刘邦更是诚惶诚恐，恭谨有加。刘邦也照例以礼相待，但萧何为了一家人的安危，也只能从此对国事保持沉默了。

　　无论是在楚汉争霸时，还是在汉朝建立时，萧何的所作所为，都体现出一个古代政治家的智慧。他一生中，对国家忠心耿耿，对百姓关爱有加，使大汉王朝国泰民安。正是因为其显著的功绩，他今天仍然广受百姓敬仰与称颂。